THE SERIES
OF FRONTIER
科技前沿书系
SCIENCE
&
TECHNOLOGY

科技与防灾减灾

张伟超 著

山西出版传媒集团
山西教育出版社

引 言

——科技消灾

我们人类居住的家园——地球，既是一个美丽富饶的星球，又是一个多灾多难的星球。

47 亿年前诞生的地球，一直在不断演化，翻天覆地，移山填海，沧海变桑田，沙漠成绿洲，于是有了人类的繁衍休养、生生不息。地球还在持续不断发生一些微小变化，有些变化虽然很小，只是微调，但对我们人类来说可能就是天大的灾难。

频繁出现的旱灾、洪涝、台风、冷害、雹灾、火山、地震、滑坡、海啸、风暴潮、泥石流、森林火灾、农林病虫害等等自然灾害，不断地侵扰我们的生活。人类自己的各种社会活动对自然界的作用所引发的各种人为灾害，也搅得我们烦恼不已，难以平静。

自然灾害带来了人员的惨重伤亡，也引起了财产的巨大损失。人类自古以来在灾害中遭受的损失究竟有多少，那是无法估量，难以统计的。仅 20 世纪以来，死于各种灾害的人数有上千万之多。在 1971 年至 1985 年的 15 年间，全球就有 150 万人在 2305 起较大自然灾害中直接丧生，直接经济损失高达 16350 亿美元。据联合国有关部分提供的资料，1985 年以后的 5 年中，全球共发生地震、旱涝、台风、火山爆发等重大自然灾害 444 次，有 208 起台风造成了毁灭性灾难。有人估计，人类社会每年所创造的财富，大约有 5% 被各种灾害所吞噬！

自然灾害造成的损失还在增多和加大

联合国世界减灾会议发表的灾情报告说，世界上发生的大灾害（财产损失超过受灾国国民生产总值的1%，受害者超过该国人口的1%，死亡人数超过100人），在过去30年增加了2倍。90%以上的大灾害发生在发展中国家。20世纪90年代以来发生的与气候有关的灾害比20世纪80年代增加了5倍。1987年以前，全球发生的与气候有关的灾害造成的损失没有一次超过10亿美元；但到1990年到1995年间，此类灾害损失每次超过30亿美元的高达16次。1994年地震、风暴、洪水和干旱等灾害全球有597起记录在案，总的经济损失约为650亿美元。1995年全球有1.33亿人受较大自然灾害的影响，14.3万人因之死亡，近500万人无家可归。1996年全球共发生了大约600起自然灾害，导致1.1万人丧生。现代社会每年每30个人中就有一个人遭灾，每年灾害造成的直接经济损失高达数百亿美元，多么令人惋惜啊！

亚洲是世界上自然灾害最多、最严重的地区。据统计，亚洲1990年至1995年灾害死亡人数近43万，占全世界灾害死亡人数的65%。在这期间，全世界灾害损失最严重的国家中，孟加拉国排名第一，中国排名第五。中国是世界上自然灾害发生最频繁、受灾最严重的少数国家之一，在国际上曾被称为“灾害之国”，历史上有“三岁一饥，六岁一衰，十二岁一荒”之说。从公元前206年至公元1949年的2155年中，中国共发生水灾1029次，较大的旱灾几乎年年都有，死亡万人以上的大灾平均10年至20年出现一次。自1949年以来，平均每年出现干旱7.5次，洪涝5.8次，登陆台风7次，沿海重大风暴潮等海洋灾害7次。40多年来共发生7级以上地震50余次。一般年份，全国受灾害影响的人口约两亿，其中死亡者数千乃至上万，造成直接经济损失达500亿人民币以上，大灾年则损失更严重。1996年是中国继1991年和1994年后经历的又一重灾年。当年全国先后有18个省区遭受范围大小不等、程度不同的旱灾，20个省区、400多个县市遭受范围大小不等、程度不同的风雹灾，24个省区程度不同地遭受水灾，台风登陆使7个省区蒙受损失，发生里氏5级上地震26次，其中震级高、损失大的有4次，并发生了四川、青海雪灾，内蒙古草原火灾，云南元阳滑坡，贵州印江滑坡等重大自然灾害。全国农作物受灾面积已由20世纪60年代的3.34亿亩上升到5.96亿亩，重灾面积由1.39亿亩上升到2.19亿亩。全国受灾人口近3亿，其中受重灾人口约4000多万。

灾害，作为一种客观的自然现象，从总体上说是不可完全避免的。经常发生的自然灾害常常具有突发性，严重地威胁人类的生存和发展。在人类尚未彻底征服和改造自然之前，自然界的破坏力总要给人类带来或多或少的损害。但是，面对自然灾害的挑战，人类并不是无能为力的。为了平安地、更好地生活，人类在不断认识自然界的演化变异过程，掌握致灾成灾规律，增强防灾减灾的意识，依靠科学技术与自然灾害作斗争，预防和减免各类自然灾害对人类造成的损害。

在很久以前的远古，由于缺乏科学技术，人们只能求神拜佛，祈祷消灾灭祸。随着科学技术的发展，人类社会防御和减免自然灾害的能力逐步提高，人们越来越依靠科技消灾灭祸。据文献记载，面对尧舜时期的洪水泛滥，大禹站出来采取科学治水的思想和措施，用科学技术开始了我国最早的防灾减灾活动。秦时的李冰父子，以“深掏滩，低作堰”六字科学妙诀为指导，修建了兼具防洪、灌溉的大型水利工程——“都江堰”，使成都平原2200多年来一直成为“水旱从人，不知饥馑、旱涝保收”的“天府之国”，中华古老的科学技术创造了世界水利史上绝无仅有的防灾减灾的奇迹。

从古至今，历经千秋万代，通过先民的努力，中华大地上分散零星的小型提坝日积月累形成了千里堤防，可与万里长城媲美，成了中华民族防灾减灾的见证和标志。

新中国建立后，党和政府制定了正确的防灾减灾方针，始终把防灾减灾工作置于富国安邦、造福子孙后代的战略地位。与社会主义经济建设同步前进，我国依靠现代科学技术，积极整治江河湖海，兴修农田水利，打井种草保持水土，防治各种病虫害，保护和治理环境，防止各类事故的发生。防灾减灾方面取得的进步，大大提高了中国人民承受和抵御自然灾害的能力。

近半个世纪以来，我国整修和新建江河防洪堤防22.6万公里，防潮堤2600多公里，兴修了约8.4万座水库和一系列排灌设施，初步形成了防洪抗旱工程体系。除了治理长江、黄河两大水系外，在海河、淮河、辽河、珠江、松花江等流域，也都进行了有效的整治，通过这些较全面系统的水利工程，使新中国在防治洪、涝、旱、碱等灾害方面取得了非常积极的成果。与水利工程建设相关联，全国各地广泛造林种草，防止水土流失和荒漠化，减轻河流的泥沙淤积，改善生态环境。特别是被喻为绿色长城的“三北”防护林工程，造林面积达1000余万公顷，对于防御风沙侵袭和涵养水源、减少自然灾害发挥了很好的作用。长江上游和沿海防护林建设，也收到了良好效果。

水利、气象、地震、海洋、地质、农业、林业等部门加强了灾害监测预报系统的硬件和软件建设，形成了网络体系。全国已拥有8500多个雨情、水情站组成的水文监测网，2600多个气象站组成的气象监测预报网，433个监测站组成的地震前兆观测系统，280多个海洋验潮站组成的海洋灾害监测网，2000多个站组成的农作物病虫害测报网，还有森林火灾监测系统等。在预防地震、山崩、滑坡、台风、雨雪灾害等方面，我国科技工作者积累了丰富的经验。地震危险区划确定了抗震防灾重点区，并采取区域综合防御体系，城市抗震防灾、工程的抗震设防与加固三个层次的减灾措施，并已经对数以百计的大型工程进行抗震加固，全国抗震加固建筑物总面积已逾2.3亿平方米。在20世纪80年代初，我国科技工作者就曾准确地预报了湖北新滩滑坡，使得灾区能及时撤走人员，转移财物，最大限度地减轻了自然灾害所带来的损失。

自然灾害的发生是有规律可循的

科学家们发现，自然灾害的发生在时间上就有一定的规律。洪涝灾害多发生在夏季。我国南方旱灾多发生在秋天，我国北方却“春雨贵如油”，易发生春旱。森林火灾的易发期为3~5月份，称为火险季节；在一天之内，火灾易发生在7~20时，又以10~16时为集中阶段。全世界每年平均有50多座火山爆发，地质学家对历史上3477年来火山活动现象的研究表明，地球上绝大多数的火山爆发在6月。而地震，尤其是具有破坏性的大地震，多发生在人们熟睡的夜晚，好像有意与人类过不去。我国科学家发现，20世纪以来我国发生的大地震80%以上几乎都发生在农历初一、十五前后几天。究其原因，是因为每逢朔、望及其前后几天，月球及太阳对地球所产生的起潮力量大，为触发地球内部蓄积的地震能量创造了外因条件。这从一个侧面说明，自然灾害的发生虽带有偶然性，但从统计经验分析来看仍具有一定的规律性。根据不同自然灾害发生的周期性统计规律，可以预测灾害发生的时间、范围。不同灾害的出现有不同的规律性，气象灾害可以根据灾害发生的周期性特点预测，也可以根据灾害发生的因果联系来进行预测；地震灾害则一般根据地壳及岩石圈的构成运动规律或震前的伴发性前兆来预测。探索灾害发生的客观规律，揭示灾害的自然和人为属性，分析各类灾害的时间、空间、强度分布特征，研究其成因机理和致灾过程，并以此确定科学有效地防灾减灾的系统对策，运动现代科学技术手段预防和治理可能发生的灾害，人类可以最终达到防止或减免灾害造成损失的目的。

灾害的过程是自然性的，灾害的后果却是社会性的。自然灾害造成的巨大损失引起了国际社会的广泛关注。从20世纪80年代后期以来，联合国第42、43、44届大会，连续通过了关于“国际减轻自然灾害十年”的三项决议，呼吁各国政府和科技团体，通过各种途径，推广和应用已有的减灾知识、技术、方法和经验，把自然灾害所造成的损失减少到最低程度。防灾减灾活动正在各国蓬勃开展起来。我国对此作出积极反应，于1987年创办了第一家《灾害学》杂志，1989年成立了中国国际减轻自然灾害委员会，出版发行了《中国减灾报》。针对我国灾害损失日益严重而学校灾害教育又普遍缺乏的情况，清华大学专门开设了“灾害及其对策”课程，内容包括地震、火灾及其预防，化学毒物、急性传染病预防，环境保护及仪器放射性防护知识，还不断结合世界艾滋病日、国际减灾日等邀请校内外著名专家、教授讲课。1993年6月，国家主席江泽民在给灾害管理国际会议的一封信中说，“我们深知，我国要实现本世纪90年代经济和社会发展的宏伟目标，不能不更加重视减灾工作”，提出要“把减灾纳入国民经济和社会发展的总体规划中去”。中国防灾减灾的道路上绿灯大开，前景光明。

依靠科学技术是防灾减灾的基本途径

许多科学理论揭示了自然灾害的形成机理及其活动规律，为防灾减灾提供了强有力的支持；各种技术及其成果的推广和应用，为防灾减灾提供了强有力的手段。自古以来，人类在科学技术方面的发明创造奠定了防灾减灾的坚实物质基础。船、灯塔、挖泥机、运河水闸、混凝土、电话机、避雷装置、温度计、气压计、除草剂、杀虫剂、巴氏灭菌法……凡此种种科技发明成果在人类抵御自然灾害和减轻自然灾害的损失中发挥了巨大作用。现代信息论、系统论、控制论、对策论，为防灾减灾提供了新的理论和方法，除了农业科学技术、交通运输技术外，现代电子技术和计算机技术、能源科学技术、材料科学技术、空间科学技术、光导纤维通信、激光技术、生物工程、海洋工程、现代医学、环境科学等高新科学技术的发展，也为防灾减灾增添了新的手段和技术装备。我国曾多次利用卫星监测森林火灾、洪涝灾害，为指挥抢险救灾提供了科学依据。利用激光测地卫星和CPS导航卫星监测地壳板块运动，以进行地震的中长期预报；利用返回式卫星进行微重力条件下农作物种子培养的搭载试验，以培养出抗病虫害的新品种，减少农业损失；利用通信卫星提高了灾害预报的及时性和准确性；利用气象卫星测定震区震前局部温度变异，来观察和预测地震等均获成功。北京市还应用卫星导航，成功地进行了消灭蚜虫病的防灾减灾活动。

在依靠科技防灾减灾方面，我国现在所采取的措施，不少是头痛医头、脚痛医脚的治标之策，缺乏一个在紧急状态下具有统一协调能力的科学化综合管理机构。灾害来临，完全依赖于临时的行政管理体系，缺乏规划、预案和协调能力，而这一体系仓促上阵，由于环节多、信息反馈不及时，多头介入，难以协调，在科学决策和资源配置上缺乏预案，存在较大的盲目性。尤其是临灾确定的行政首长责任制，仍满足于人海战术，缺乏科学性，往往增加了间接损失。继续深入贯彻“以防为主，防、抗、救相结合”的方针，增强科技防灾减灾能力，需要我们对地球系统的整体有更多的科学知识，寻求各种自然灾害的发生规律及其灾害间的相互关系；需要我们掌握并不断提高监测、预测、预报以及信息传递的方法和手段；需要我们有更多的工程性、非工程性的科学技术措施。我们要以现代科学技术为依托，建立起完整的灾害监测预警系统、救灾保险和灾后评估体系以及综合性减灾信息网络系统和指挥管理系统，去实现防灾减灾。

国家科委在20世纪80年代末就组织地震局、气象局、海洋局、水利部、地矿部、农业部、林业部等直接负责防灾减灾的单位，组成了“中国重大自然灾害调研组”，针对我国重大自然灾害的调查和对策进行联合的立项研究。后又责成该联合研究组，针对未来10年到30年的灾害形势，规划“减轻自然灾害系统工程”，预期到2000年达到减灾30%，2020年前达到减灾50%的奋斗目标。自然灾害作为一个相互联系和影响的整体，构成灾害系统。减轻自然灾害系统工程的设计，以地球系统科学综合研究各种自然灾害的发生、发展规律。要将我国悠久而丰富的史料与现代监测资料相结合，对天、地、生、人这个复杂的巨大系统进行系统研究，组织涉及地质、地震、气象、海洋、水利、农业、林业、地理以及技术、社会和经济等各部门的专家，在以往海—气循环、岩石圈—地幔循环、天体—地球的影响和制约，以及自然—人类社会的相互作用等初级系统的研究基础上，进行更大范围交叉的综合研究，要发挥测、报、抗、防、救、援等六大措施的整体减灾效能。对自然变异的监测是防灾减灾的先异措施。只有建设好各灾种统一的高技术监测系统，才能通过监测提供数据和信息，从而进行示警和预报，甚至直接转入应急的防灾和减灾的指挥行动。灾情预报（包括灾情的预评估）是减灾准备和各项减灾行动的科学依据，应改善监测能力、内容和分析方法，迅速提高预报水平。抗灾通常是在灾害威胁下对固定资产所采取的工程性措施，在一般情况下抗灾的工程投入可取得10倍的减灾效益，应适当加大投入。防灾应注重两点，一要慎重制定建设规划，工程选址避开潜在的灾害；二要提高国民防灾意识，普及防灾科学知识和技术，加强公用和民用设施的防灾。救灾是灾情发生后最迫切的减灾措施，在这种极为复杂的社会化、半军事化的紧急行动中，要通过全面的救灾系统，完成减灾任务。灾后重建也是一项有很大减灾实效的措施，要通过政府的指挥调度、国内外援助和社区自救，迅速恢复生产和社会生活。

在人类面临生存环境挑战的时候，科学技术的作用不仅仅在于创造新兴产业和促使经济增长。为了平安，为了生存，为了更好地发展，为了防灾减灾消灾，我们需要更多的科学技术为之服务！

目 录

一

治水龙、降旱魃

——气象灾害的防范和减轻

地球似乎日益成为更加危险的地方。

20世纪60年代以来，世界各地不断发生气候异常现象，老天不同寻常的举止，严重地影响了人类正常的生产和生活。

1963年，中国发生大水灾，淹死5600多人，5000多万亩的农田受灾，直接经济损失达60多亿元。

1968~1984年，非洲撒哈拉地区发生持续17年的大旱，造成2亿多人受灾，死亡200多万人。

1970年5~6月，罗马尼亚洪水成灾，多瑙河河水泛滥，造成250人死亡，经济损失达5.5亿美元。

1974年3月，巴西全国暴雨成灾，造成1500人死亡，并发生了斑疹、伤寒等传染病。

1978年9月，印度西孟加拉邦遭受20世纪最严重的洪水灾害，1200多人死亡，财产损失达18亿美元。

1982年9月，暴风雨袭击中美洲，危地马拉和萨尔瓦多暴雨成灾，死亡1300多人。

1986年1~2月，欧洲大部分地区频繁出现暴风雪和暴风雨；印度东、北部遭受强大寒流侵袭；英国在寒潮影响下气温降至零下21摄氏度，近千人丧生；美国大西洋沿岸暴风雪成灾，积雪达30厘米，西部地区因暴雨造成严重山崩；2月5日的龙卷风横扫美国休斯顿威克斯机场，摧毁300多架飞机。

1986年8月，瑞士一场猛烈冰雹使4万辆汽车毁于一旦。

1986 年 12 月，伊朗南部发生百年未遇大暴雨，有 5000 人丧命，2000 幢户舍被毁。

1991 年 4～5 月，孟加拉国遭受强台风袭击，龙卷风时速达 171 英里，伴随而来的暴雨和海啸，使全国 1/10 的居民受灾，100 多万所住房被毁，死亡 14 万人，经济损失达 30 亿美元，占其国民生产总值的 10%以上。

1992 年 8 月发生的安德鲁飓风几乎把美国佛罗里达州一个 160 平方英里范围内的建筑夷为平地，损失高达 300 亿美元。

1993 年美国密西西比河流域发生的洪水造成损失 120 亿美元。

1994 年意大利发生的洪水，造成直接经济损失 93 亿美元。

1995 年中国和朝鲜发生的洪水共造成了 217 亿美元的损失。

…………

气候的形成、演变和出现异常现象是一个非常复杂的问题，要准确预测气候并加以控制而使之不危害人类是相当困难的。几千年来，人类社会在依靠科学技术减少气候灾害的道路上不断地奋斗着。

气候，在本质上是整个地球或其中某个地区一年或一段时期气象状况的长期特点。

那么，什么是气象？什么是气象灾害呢？

气象，是指发生在天空里的风、云、雨、雪、霜、露、闪电、雷等一切大气的物理现象。这些现象走向极端，就会泛滥成灾，形成水灾、旱灾、风灾、雾灾、寒灾、雹灾、雷击等，给人类造成损害，需要采取有效的科学技术措施，予以防范并减轻损失。

全世界每年因自然灾害死亡的人数中，有 61%是气象灾害所导致的。

近几十年特别是近几年，全球气候异常。气象灾害明显增多的原因是很多的，科学家们比较一致的看法有：一是 1991 ~ 1995 年初，赤道东南太平洋的海洋表面温度持续偏高，形成了近几百年中持续时间最长的一次厄尔尼诺现象。厄尔尼诺（Enlino，原意为耶稣之子）指每年圣诞节前，一股很弱的暖洋流从南美洲的厄瓜多尔及秘鲁以西的洋面向南流动，使洋面温度升高，盐度降低。每隔几年，这种厄尔尼诺现象强度增强，范围扩大。这时，海洋通过对大气的加热作用，影响到大气环流的异常变化，致使灾害性的天气长期增多。二是太阳活动的异常变化，其强弱对地球大气环流影响颇大。专家说，太阳活动偏强年份长达 7 年（1988 ~ 1994 年），且出现双峰或多峰型，这种异常也带来了气候的异常。三是全球变暖。近几十年特别是 1990 年以来，全球气候一直趋暖，1995 年是历史上有记录以来最暖的一年。一些科学家认为，由二氧化碳等温室气体过度排放造成的全球变暖使地球上的水循环受到影响，地表水蒸发加快，空气湿度增大，会使一些地区的水灾、旱灾、风灾和高温天气增多，可能会大大增加龙卷风、飓风和台风的威力。四是城市化导致气候变化无常。城市化不仅要消耗大量能源，增加温室气体，而且城市人口增多，人们被迫使用越来越有限的土地，因而加剧了气候变化对人类的不利影响。

中国是一个农业大国，对气象灾害的敏感度最大，水、旱、雹、冻、风等灾害对我国都造成过严重危害。在所有的自然灾害中，气象灾害造成的经济损失最大，约占 90%。1975 ~ 1986 年我国受旱面积就达 49562 万公顷，共计损失粮食 8800 亿公斤。我国每年因气象灾害损失粮棉几百亿公斤。中国农业不能再吃“哑巴亏”了！不采取有效的科技措施解决这个问题，任“哑巴亏”日积月累，将加重我国粮棉增产和农业生产发展的难度，后患无穷。有效的防灾减灾，要对我国的气象灾害有个科学的认识。

中国疆域辽阔，南北跨温、热两大气候带，气候多种多样，有着鲜明的特征。大陆性季风气候显著则是中国气候的共同特征。形成这种气候的主要原因，一是纬度位置的影响，二是季风的影响，三是地形的影响，四是洋流的作用，五是青藏高原特殊位置的制约。中国季节变化非常明显，由于季节变化不稳定，气候变化异常，因而产生各种灾害性天气。常见的灾害性天气有雨涝、干旱、霜冻、寒潮、台风。寒潮、梅雨以及台风就是在极地大陆气团和热带海洋气团的控制下，季风进退而产生的特殊气候现象，影响中国广大地区。由寒潮带来的霜冻或持续低温天气，如果出现在晚秋或早春，很可能发生作物冻害。在内蒙古和西北沙漠地区，狂风卷起黄沙后在黄土高原又吹起疏松的黄土，在长江以北往往形成“沙暴”，它常可淹没农田、打死幼嫩作物。梅雨对我国江淮一带农作物生长影响很大，梅雨季节来临后，降水迅速增加，可以给耕地提供更多的水分，江河湖泊的水量也随之增加。但如果雨量过多，可引起洪涝，加之长时间内日照不足，对作物生长很不利。台风是北太平洋西部以及南海一带热带海洋上形成的强烈热带气旋。在西太平洋形成的台风，每年平均有10个侵袭我国。台风往往带来狂风、暴雨、巨浪、海潮等危害性天气和海况。

我们要用现代科技武装起来与气象灾害作斗争。

虽然5000年前的甲骨文就记载了我们祖先对天气的预测，虽然现代意义上的气象站已有150年的历史，虽然人类抵御自然灾害的能力日新月异，中国乃至世界的农业今天仍要祈祷苍天的保佑。风调雨顺，农业增产，五谷丰登；灾害频仍，必定减产，人畜遭殃。

人类防灾减灾需要更多的科学技术。

随着气象科学的发展。天气变化无常的神秘面纱正在逐步揭开，人类观风测雨、降水斗旱的本领越来越大。1994年8月，17

号强台风横扫我国浙江地区，由于各级气象台站提前预报了台风登陆的时间、路径及强度变化，各地采取了各种防灾减灾措施，使损失降到了最低限度。

为了防灾减灾，提高人们的气象意识，加强国际气象科学合作，联合国设有专门机构——世界气象组织，出版刊物《世界气象组织公报》。世界气象组织还决定把每年的3月23日定为世界性纪念日——世界气象日，并要求各成员国每年在这一天举行纪念和宣传活动，广泛宣传气象工作的重要性及其作用；世界气象组织与联合国环境计划组织、国际科学联合会一起制订了世界气候计划，共同负责组织各国的科学团体和科学家共同研究气候资料及其应用和气候变迁及其原因，以提高气候变迁的预测能力和人类影响气候的能力，减少气候灾害损失，增加气象科学技术的社会经济价值。

为了防灾减灾，世界上许多国家都把最先进的高科技装备用于军事领域以外的气象业，诸如每秒10亿次乃至百亿次的电子计算机。当人造卫星发射成功后，最先考虑的民用项目就是气象和通讯。我国曾于1988年和1990年先后用长征四号运载火箭从太原卫星发射中心成功地把两颗“风云一号”气象卫星送入太阳同步轨道，结束了中国仅从地面观测气象的历史，使中国跨入了世界上少数几个有能力自己研制、发射和运用气象卫星抗灾防灾的国家行列。“风云一号”装有两台甚高分辨率扫描辐射仪，共有5个探测通道，可探测白天和夜间的云团、地表图像、海洋水色图像、水体边界、海洋表面温度、冰雪覆盖及植被生长情况。卫星气象中心将这些资料加工处理为云图照片、云分析图、地表地征影像等气象产品后，可及时提供给各级气象部门，提高了中国监视灾害性天气的能力以及天气预报的时效和准确性。两颗“风云一号”气象卫星，对我国气象预报、台风暴雨等灾害天气预报等发挥了积极作用。1997年我国在西昌卫星发射中心，用长征三号运载火箭发射了自己研制的“风云二号”气象卫星。“风云二号”与“风云一号”不同，它不是太阳同步轨道气象卫星，而是地球静止轨道气象卫星。它能覆盖以中国为中心的约1亿平方公里的地球表面，可以居高临下进行观测和提供我国及邻国的云图、温度、水汽、风场等气象动态，对进行中长期天气预报及灾害预报起到重要作用。

新中国成立时，全国仅有101个气象台、站，而且设备仪器简陋，资料残缺不全。目前，各省、市、自治区都有了气象科学研究机构，拥有一整套现代化的监测手段和通信手段。中国气象科技事业现代化进程在很多方面，诸如运用电子计算机等现代化手段，已居国内各界领先水平，并在一些领域达到国际先进水平。除气象卫星外，中国拥有亚洲最大最完善的气象通讯枢纽；还建成了一座100立方米的亚洲第一流现代化云室，用做人工制雾、造云、生风和研究水相、冰相、水汽的凝结过程，以及探讨人工降雨最佳方法。一些地方还结合抗灾斗争，开展防霜、人工降雨、防雹等人工影响局部天气的试验研究。专家预测，在未来的10年中，气象科技将会有长足的进步，气象部门将装备比目前快1000倍的计算机，人类梦寐以求的长期天气预报和气象灾情预报将梦想成真，一个季度的预报将成现实，10天以上的预报将易如反掌；随着全球信息高速公路的开通，气象信息将很快走向地球每个角落的千家万户；世界天气监测网将把从世界各国收集到的气象资料综合分析，无拘无束地在全球交换。

迅速发展的未来气象科技，将最终承担起观云测雨、防灾减灾、趋利避害、造福人类的天职。

1. 镇水消灾都江堰

你见到过都江堰吗？

它已经2200多岁了!

辽阔的川西平原。岷江从北面蜿蜒奔腾而来，水浪翻涌，吼声如雷。这条气势汹汹的水龙曾给古老蜀地的先民带来无尽的水灾，后来却被李冰父子带领人民创建的都江堰给镇住了。

你看！来势凶猛的岷江水被一道竖卧江心的分水堤——鱼嘴一劈为二，驯服地流入了两条河道：外江和内江。流入内江的洪水又经过飞沙堰，在那里排掉多余的水及洪水中夹带的泥沙，然后从一道狭窄的峡口飞泻而去。进入川西平原纵横交织的灌溉网，滋润万顷良田。由人力劈山开凿而成的那道峡口，充当着内江总干渠上唯一的进水口，既引水灌溉，又排沙泄洪，称为宝瓶口。2200多年过去了，鱼嘴、飞沙堰、宝瓶口依然在滔滔江水中尽着他们的职责：分水、冲沙、灌溉。2200多年来，李冰父子“深掏滩，低作堰，遇弯截角，逢正抽心”的治河之道，使恣肆暴戾的岷江乖乖温驯地造福天府黎民。

不朽的都江堰!

古人治水，首推大禹。大禹之后，中国历代治水减灾工程，除了都江堰外还有许多胜迹，显示了中国古人防灾减灾的科技成果。

京杭大运河——我国古代最伟大的水利工程，始凿于公元前5世纪，后经隋、元两次大规模扩展，全长1794公里，沟通了海河、黄河、淮河、长江、钱塘江五大水系，对南北防灾减灾及经济和文化交流曾起过重大作用。

灵渠——在广西兴安县境内，兴建于公元前223~214年，沟通湘漓二水，联系长江与珠江两大水系，长34公里。主要设施是在湘江中以长方形石料砌成铧嘴状分水工程，后接左右延伸的人字形大小天平，把江水分入南北两渠分别注入漓江和湘江，因而有“三分漓水七分湘”之说。灵渠的斗门为船闸的先导，是世界上最早的运河通航措施。

木兰陂——在福建莆田市城南木兰山下，始建于北宋治平元年（1064 年），陂首为堰闸式水坝，用花岗岩石叠筑，长 113.13 米。南北两端建有两条总长 500 多米的护坡石堤和两个进出水闸，自此延伸的南北干渠 120 余公里，具有蓄洪排涝综合利用功能。

三江闸——在浙江杭州湾两岸，明朝嘉靖年间建造，具有排泄山阴、会稽、萧山等地的内涝和防御海潮倒灌的作用。闸由巨石砌成，筑于两座小山之间，长 1000 多米，有闸眼 28 个。此闸建成后，附近旱涝灾害大为减少。

修建这些工程，需要大量的数学知识和其他科学技术知识。

有了这些水利工程，就能够更好地镇水龙，消洪灾。

龙，是我国古代传说中的神异动物，长身似蛇，有鳞、有角、有须、有脚，能走、能飞、能游水，还能兴云作雨。孽龙总是无度地兴云作雨，兴风作浪，使山洪暴发，使河水泛滥，造成灾难，危害人类。

水灾是因降雨过多或强度过大（暴雨或大雨），引起江河决堤漫堤、山洪暴发、淹没田地、毁坏建筑、伤亡人畜的灾害。地球上几乎每年都有大水灾发生，遍及亚、欧、非、美各大洲。

据史书记载，从公元前 206 年到公元 1949 年新中国建立的 2155 年间，中国发生大水灾 1029 次，几乎每两年就有一次。

1931 年，中国发生特大水灾，有 16 个省受灾，其中最严重的 8 省受灾面积达 14170 万亩，占 8 省耕地面积的 1/4 强，半数房屋被冲，近半数的人流离失所，受灾人口达 1 亿，死亡 370 万人。

黄河在历史上曾决口泛滥 1500 多次，大的改道 26 次，平均每 3 年一次决口，每 100 年有一次大改道。公元 1117 年黄河决口，淹死 100 多万人。公元 1642 年黄河泛滥，开封城内 37 万人，被淹死 34 万。1933 年黄河决口 62 处。1938 年蒋介石下令在河南花园口扒开黄河大堤，使得1250万人受害。

1954年发生全国性的大水灾，受灾面积达2.4亿亩，成灾面积1.7亿亩，国家当年对灾害的救济费为3.2亿元。

1975年8月5~7日，在河南驻马店地区发生了我国近30年来最严重的洪涝灾害，在年平均降水总量为800毫米的地区，3天最大降雨量达1605毫米，天空像被捅漏了似的，3天下了2年的雨水，暴雨引起山洪暴发，使两座水库的土坝漫水溃决，淹没农田113万公顷，冲毁京广铁路线100公里，死亡数万人，直接经济损失超过100多亿元。

进入20世纪90年代以后，除1993年、1994年略有停顿，洪水已连续4次肆虐我国。1991年夏江淮地区大面积的洪涝灾害，成为全球关注的大水灾，直接经济损失超过500亿元。1996年主要水系先后发生大洪水或特大洪水，降雨时间之集中、强度之大、覆盖面之广为多年罕见，全国半数以上的省区遭受了程度不同的洪涝灾害。

作为水灾频繁的国家，我国1/2的人口、2/3的耕地以及主要的大城市都处在江河洪水位以下，受洪水威胁的地区工农业产值占全国的2/3。

悬在我们头上的灭顶之灾何时才能消除？

综观中国的水灾，有如下基本特征：一是水灾的形式多种多样，江河洪水灾害、山洪暴发灾害、内涝灾害、渍水灾害及穿堤垮坝等其他灾害，都给人民生命财产造成严重威胁。在各种水灾中，由暴雨引起的江河洪水是国家防灾减灾的重点。二是水灾具有广泛性，大面积、大范围的水灾动辄波及数省乃至半个中国。三是水灾的危害区域具有相对集中性，主要集中在7大江河水系的中下游地区。四是水灾的季节性明显，集中在各地区的汛期，通常在每年4~9月份，其中华南在4~6月，华东及华中在6~8月，北方则在8~9月。

为何水灾那么“偏爱”中国？

因为中国地处亚欧大陆东部，是世界上典型的温带季风区，雨季集中。夏秋刮东南风，冬春刮西北风，夏秋多雨，冬春干旱，全年的降水主要集中在6～9月，降水量占一些流域全年降水量的60%～80%。中国的地形又加重了这种降水的不平衡，西高东低的地势形成三个台阶，正好与东南季风相逆，西北地势高，且是大江大河的源头，东南地势低，是河流入海必经之地。汛期一至，暴涨的河水由高向低狂泻而下，东南就会吃紧，加上我国植被条件差，几十年内森林遭到滥砍滥伐，河流上游水土流失严重，泥沙俱下，淤塞河道，加重了灾情。真是青山秃、灾害多。人不给水出路，水不给人出路，大禹治水时就懂得的防灾减灾规律，却被人忽视了。一些主要水系上游的许多内湖年复一年地被填土造田，人口爆炸使以往的荒坡、沼泽、林地、河床被蚕食干净，使中上游产生的巨大降水，无法在短时间内由狭窄的河道通过人口稠密的东部，奔向大海。每当洪水袭来，各地仅采取应急的加高堤岸来堵，而不是采取疏浚河道、增加蓄洪排洪能力等有效措施。平时则把河流作为丢弃秸秆、垃圾、固体废弃物的天然垃圾箱，人为的破坏使河床越来越高。天灾加上人祸，势必使灾情越来越大。

近些年来，城市水患也越来越严重。究其原因，乃是城市的热岛现象和越来越多的高楼大厦造成了日益严重的“雨岛”效应。科学家认为，城市温度比周围郊区乡村高的“热岛”现象，加剧了暴雨的强烈程度。热岛中的空气比周围相对冷的空气轻，当城市上空有降雨云团移来时，一接近市区就会由于热对流的作用对暴雨产生“诱导增幅”效应。同时，市区重叠的高楼大厦所组成的巨大人工屏障，阻挡了空气流动。空气大部分只能沿高楼向上升，这样助长了降雨云团的发展，导致降雨增强而形成“雨岛”。在日益严重的“雨岛”效应下，城市下水道的排水系统在防灾减灾上跟不上需要，就造成了日益严重的城市暴雨涝灾。

“治国先治水”。一个国家遭受的打击不外乎两个主要方面：一是外敌入侵，二是自然灾害。自然灾害造成的破坏往往不亚于一场一定规模的战争，有的灾害损失不亚于扔一颗原子弹。即使到了现代，科学预报、防范灾害的能力虽大大增强，人类在突发大灾大害面前依然会遭受重创。要使全民族都知道，我们是在水患严重的国土上搞社会主义现代化建设的，面对水灾的挑战，治与不治，结果大不一样。

我国著名的“北大仓”——黑龙江垦区，1981 年被一场大洪水淹没了上千万亩良田，损失粮食 10 亿多公斤，全年粮豆总产只有 17.5 亿公斤。痛定思治。垦区上下从此怀着“卧薪尝胆”的心情兴修水利，建堤防 2278 公里，水库 141 座，建成防洪治涝耕地 1300 万亩。10 年后，垦区遇到了比 1981 年还严重的洪涝灾害，但结果大不一样，粮豆总产达 34.3 亿公斤，比 1981 年增长了 95%以上。苦心治水带来了满意成果。

北京市北部山区 1991 年遭受了近百年罕见的特大暴雨，在经过小流域综合治理的地区，山洪流速大大减缓，山区人民的损失大为减轻。近年来，京郊小流域进行科学治理，建坝、种树，工程措施和生物措施形成了较好的蓄排防洪体系，削减洪峰达 80%，并防止了很可能出现的山体滑坡和泥石流，在洪水面前显出了效益。

广西柳州市在 1988 年 8 月、1994 年 6 月、1996 年 7 月，先后三次遭受特大洪涝灾害，水灾损失一年比一年严重。1996 年 7 月 19 日，柳州市洪峰水位达 92.43 米，比警戒水位高出近 11 米，人们眼睁睁地看着湘桂铁路的咽喉——柳江铁路大桥被洪水吞没；市内其他几座大桥的桥孔，有的消失了，有的变成了细缝；全市被洪水分割成若干个孤岛，四层楼以下，全部成为“水宫”。全市 90%以上地域被洪水淹没，造成停电、停水、停气、交通瘫痪、部分通讯中断。洪水再上涨一点点，华南工业重镇柳州将陷入“没顶之灾”，100多万人将淹没在一片汪洋之中。究其原因，主要是水患意识不强，缺乏防灾减灾的得力措施，城市防洪基础设施建设严重滞后，防洪能力低；投资机制不健全，防洪建设资金筹措不力；水情的预报预警系统和相应的通讯、交通、指挥调度等体系和设施尚不完善，严重制约了防汛抗洪减灾的效率。

勿临渴而掘井，宜未雨而绸缪。

水利的社会效益是全面而巨大的。我国目前主要的江河防洪体系保护着全国一半以上的人口和2/3以上的工农业产值，水电工程生产全国20%的电力，灌溉系统使全国2/5的耕地上生产出2/3的粮食和3/5的经济作物。建国40多年，我国水利工程的直接经济效益达8000亿元以上。因此，对于防汛抗洪减灾这一水利事业的经济效益，不能计较于眼前的一得一失，而应放眼长远未来。

对全国来说，减灾就意味着增加国民生产总值。对行业来讲，水利是投资回报率很高的产业。

湖北省1995年取得的防洪除涝效益为367.8亿元，而当年投入水利的资金为2.3亿元；山东省的32座大型水库和10座中型水库1995年取得的防洪效益41亿元；在1995年辽宁省发生的特大水灾中，辽宁中部几大水库产生的防洪减灾效益近200亿元，而修这些水库总共才花了20亿元，投入产出比高达1:10！这还没有将这些水库平时产生的兴利及减灾效益计算在内。

在1995年的抗洪减灾中，全国排涝泵站昼夜不停地开机排涝，总排涝340亿立方米。辽宁的大伙房、吉林的白山、丰满、湖北的柘溪、江西的拓林水库等大型水利枢纽，削减洪峰都在50%以上，其中丰满水库削减洪峰80%。据统计，这年防洪、排涝、抗旱，全国共减少直接经济损失约3000亿元。而这些水利工程的投资，按当年价计算仅为400亿元，1949~1987年的39年间，国家对长江、黄河、太湖等大江、大河、大湖的投入计416亿元，而取得的防洪除涝效益近5000亿元，投入产出比超过1:10。水利还有兴利效益，除促进农业生产外还有那无法用货币衡量的巨大的生态效益和社会效益。防洪抗旱减灾，投资水利，是很值得的！

依靠科学技术与水灾作斗争，人类采取了各种有效的办法。

首先是以加强灾害性天气监测、预报和信息传递，作为防范和减轻水患的突破口。从湖南来看，清代乾隆以前尚无专门的水文机构，用近代方法观测雨量始于宣统元年（1909年），现在不仅早已使用上了自动记录雨量的仪器——虹吸管雨量计，而且组成了用现代科技设备装备起来的现代气象水文系统，所辖台站遍及全省。目前，我国已基本形成了由国家气象中心、区域气象中心、省级气象台、县气象局（站）组成的五级天气预报、警报服务系统，对暴雨洪水预报的准确率已达国际先进水平。我国综合运用国内外先进科技成果和经验，对1981年7月荆江分洪，1981年8~9月龙羊峡水电工程抗洪，1983年7月陕西安康毁灭性暴雨，1984年7月华北、东北大暴雨等四次重大灾害性天气作了准确的预报，为抗灾决策提供了可靠依据，减少了人民生命财产的重大损失。仅在1995年的湖南大水中，气象部门的准确预报就避免了近40亿元的损失。

以现代信息论、系统论、控制论为依据，进行科学决策，科学组织抗灾，可减少水灾带来的损失。1991年淮河发生了仅次于1954年的建国以来的第二次大洪水，太湖水位比1954年的最高水位还 高0.14米。国家防汛总指挥部和各地防汛指挥机构，根据汛情及时科学决策，指挥调度，充分发挥现有水利设施的蓄洪、滞洪、泄洪等作用，大大减轻了洪水造成的损失。在迎战淮河洪水过程中，首先充分利用上中游水库拦蓄洪水，15座大型水库共拦蓄38亿立方米的洪水，削减洪峰60%～90%；其次是及时运用淮河中游的蓄（滞）洪区，滞蓄洪水40亿立方米；再就是充分利用下游的泄水工程泄洪，从而确保了淮北、洪泽湖、运东等大堤及其保护区近3000万亩农田，淮南、蚌埠等重要城市和津浦铁路以及煤矿、发电厂的安全。

以现代管理科学为基础，加强对防洪抗灾工程的科学管理。防范和减轻水患造成的危害，除取决于高标准的防洪水利工程外，还取决于非工程措施，如保留洪泛区、健全洪水防治机构，特别是健全防洪抗灾工程的管理系统和管理手段。为了加强对防洪抗灾工程的科学管理，我国利用卫星通信、回收控制、运程高数据传输等技术，建立起了水库自动化管理系统。为了防止防洪大堤涌沙冒水和水库的大坝、副坝以及坝与山体接触缝渗水、漏水，各地科技人员推广先进技术，总结运用电法探测隐患、劈裂和高压定喷灌浆、土工织物、化学补强、白蚁防治等新技术、新材料、新工艺，加速病害工程治理，取得了较好的减灾效果。

依靠科学技术修建堤坝等水利工程，始终是防洪减灾的一个有效办法。因为财力所限，中国的防洪工程大多标准偏低。近年在这方面加大了投入，启动了一些大的工程，如治理淮河、治理太湖，进行三峡工程建设。依靠现代科技，荷兰近日建成了一条造价近10亿马克的移动防洪大坝。从空中俯视，这条防洪大坝很像两座平放的埃菲尔铁塔，仰卧在莱茵河最后一段通航河段“尼文水道”的南北两岸。两条巨大的铁臂长250米，重1.4万多吨。它们的上端通过直径10米的世界上最大的万向球固定在地面，下端是两条弓形空心钢墙，长214米，厚15米。如果鹿特丹周围的水位有超过3.2米的危险，空体墙就会漂浮起来，人们借助万向球接头将其移动到河道上，在那里注满水，下沉到一个基座上，一座能抗3.5万吨水压的巨型拦洪大坝在很短时间内即可形成。在洪水危险过去后，可以马上把水抽出，再将其转动到岸上，整个操纵过程只需要5小时，由电脑控制，完全自动化。

防范和减轻水患，除修建水利工程外，还有一个很有效的办法——植树种草。雨水降到光秃的地面后，坡度大，水很快就流走了，如果在光山秃岭种草栽树，水就会渗入地下，不会很快流走，减少了水土流失，河里的水也就不会猛然上涨，因此人们把森林称为“绿色水库”。我国的小流域综合治理技术就有效地运用了这种科学方法。小流域治理，运用多学科的综合性技术措施，因害设防。在黄土丘陵沟壑地区，把生物措施（种草、草田轮作、防护林等）和工程措施结合起来，把治沟和治坡结合起来，从顶部到沟底，层层设防，节节拦蓄，保持该流域水库寿长水清，发挥减灾增产效益。在残垣沟壑地区，在塬面整地造林，塬边林草镶边、打垣边埂，沟坡整地植草、种灌木，沟底建淤地坝，设四道防线。在河川区则采取乔、灌木结合的生物固岸措施和工程措施，紧缩河槽，扩大河滩，发展引洪灌溉，将沟坡拦蓄不了的泥沙引到河滩缓地。

在依靠现代科技防范和减轻水灾方面，我国还广泛地应用了遥感技术，利用计算机数字图像处理系统和光学设备作水土保持，河口、湖泊、河道演变以及工程地质等方面的解释工作。已经取得的主要成果有：长江三峡坝址地质构造及坝区区域稳定分析，珠江口磨刀门浅海地形解释，不同侵蚀类型水土流失现状调查，三江平原淡水淹没范围调整，黄河河套地区盐碱地调查，遥感技术在水利抗洪工程建设上的应用显示了宏观、快速、动态、全天候的优点，为全面综合治理大江、大河、大湖提供了科学准确的依据。

淮河流域位于我国中原腹地，人口和耕地均占全国的1/8，人口密度及耕地率居各大流域之首。淮河流域是我国灾害频率最高的地区。新中国成立后，淮河是第一条进行全面治理的大河。

经过40多年的科学治理，已初步形成了防洪、排涝、灌溉、水运的工程体系。黄河夺淮所造成的水系紊乱局面已初步改观，昔日“大雨大灾、小雨小灾、无雨旱灾”的状况已有明显改善。但要战胜自然灾害对人的侵害需要一个长期过程，所以水旱灾害仍时有发生。1991年夏，淮河流域建国后第二次大洪水，造成直接经济损失335亿元。大灾之后必须大治。党中央、国务院提出要加快淮河的治理。国家投资61亿元，10年内在淮河上兴建18项大型水利工程，全面提高淮河流域防洪排涝能力。20世纪90年代的治淮工作，要继续贯彻蓄泄兼筹、综合治理的精神，依靠科学技术，加强统一治理。在上游，要努力做好水土保持工作，提高蓄洪能力；在中游，进一步提高防洪排涝能力，扩大干流行洪通道；在下游，巩固和扩大入江水道，新辟入海水道。工程完成后，淮河流域的防洪除涝能力将大为提高，重要城市圈堤、淮北大堤和洪泽湖大堤防洪标准将达到100年以上。到那时，再遇大水，依靠水利工程的作用，抗灾能力将大大提高，灾害损失将大大减少。

太湖流域周围有江、浙、沪两省一市，流域内城镇集中、工业发达，是我国的精华地区。在这块周边高、中间低的“碟形”洼地，最突出的问题是缺乏流域性骨干排洪河道，以致流域防洪能力低，遇稍大暴雨，河湖水位壅高，导致洪涝灾害频繁发生。太湖流域的治理要坚持蓄泄兼筹、综合利用的科学原则，重点解决杭嘉湖、湖西以及阳澄淀泖、青浦松江等地区的洪水出路。国家在太湖流域投资31亿元，“八五”期间基本完成规划确定的太浦河、望虞河、杭嘉湖南排工程、环湖大堤、湖西引排工程、红旗塘等10项骨干工程。工程完工后，减灾效益十分显著。

洞庭湖区是我国重要的商品粮棉基地和工业原料基地，工农业总产值已超过500亿元，约占湖南全省的1/3，全省40%的商品粮、90%的商品棉、50%的商品油和70%的商品鱼均由湖区提供。因自然淤积和围湖造田使得湖面面积锐减、地低湖高，灾害频繁。建国后的47年中，发生较大洪涝灾害的就有33年，其中大洪灾13次，使湖区人民付出了惨重的代价。湖区人民说："现在年年都是头上顶着一碗水，每到汛期都提心吊胆过日子。"为了防灾减灾，科技人员提出了种种方案并作出了一些努力：在湖区上游大搞绿化，减轻水土流失，减缓湖床淤积；建成三峡大坝，发挥拦洪作用，减轻湖区洪灾；在湖区上游的湘、资、沅、澧四大水系修建水库，发挥拦洪作用，顺应自然规律，逐步退田还湖；加高、加固堤坝；分区轮回调洪储淤，使田垸低与河湖高的局面逐步改观。

小浪底工程，是我国治理黄河水患的战略性工程。它是仅次于三峡的水利枢纽工程，也是世界上最具挑战性的工程之一。工程位于黄河河段最后一个峡谷出口，其下游是黄淮海平原，地理位置十分重要，坝址控制黄河流域69.4万平方公里，占黄河流域面积的92.3%，控制花园口以上黄河汇流量94%，能控制黄河入海泥沙达100%，处于承上启下的重要地位。小浪底水利枢纽集防洪、防凌、灌溉、减淤、供水、发电六大作用于一身。其中首要作用是防洪，小浪底工程建成后可使黄河下游防洪标准由60年一遇提高到千年一遇。

为了长江流域的防灾减灾，中国将在2012年建成长江三峡大坝；三峡工程将是未来世界的八大水利建筑之一。三峡工程实施综合开发，最最重要的是长江中下游防洪的需要。富饶的江汉平原有1500万人、2300万亩土地置于洪水位之下，仅有十年一遇标准的大堤保护，使这里的经济发展受到制约。修建三峡，能将该地区的防洪标准提高到百年一遇以上。三峡工程是世界上防洪效益最大的水利枢纽。三峡水库总库容393亿立方米，单从库容上讲并不是世界上最大的水库，但三峡水库运行时预留的防洪库容为221.5亿立方米，水库调洪可削减的洪峰流量达每秒2.7

万～3.3万立方米，是世界水利工程之最。三峡水利枢纽能有效减轻下游洞庭湖区及湖南、湖北等省的防洪压力，对减小水灾引起的环境破坏、灾后疫情，保障人民生命财产安全，有不可估量的作用。除此之外，三峡工程建成后，还能为华中、华东及川东地区提供大量廉价电力，缓和能源供应长期紧张的矛盾；使宜昌、重庆间航道条件获得显著改善，为发展航运，使万吨级船队实现汉渝直达创造条件；可以增加长江中下游枯水期的流量，为改善中下游航道和南水北调创造条件。

从都江堰到长江三峡，中华民族依靠科学技术进行了一次次与自然灾害的抗争，在历史长河中竖起了一座座镇水消灾的丰碑……

2. 凭人力，抗天旱

旱灾，是久晴、高温、持续少雨或不雨的气象灾害。由于长期缺雨而又缺乏灌溉，影响作物正常生长或使作物枯死造成大量减产，缺水甚至使人畜饮水发生危机。

在我国，一年四季都可能发生旱灾，大部分地区春旱发生机会多、程度重、持续时间长，其余地区则主要是夏旱、秋旱或冬旱。

在古代，由于缺乏科学技术，每逢干旱天气，人们或向苍天顶礼膜拜，或向龙王供奉祭品，以求得甘霖的降临。

请看两则抗旱免灾的中国神话：

黄帝与蚩尤大战于涿鹿。当黄帝的军队被重重包围时，只好调应龙前来助战，可是蚩尤弄起一场猛烈无比的大风雨，吹得应龙东摇西摆，根本无法施展才能。于是，黄帝只得叫女儿“魃”上前助战。据说，魃是个秃头，样子很丑，但她却有一种大本领，那就是她的身体里奇热无比，能把石头烤化。果然，她走上战场，一下子发出强大的热量，把蚩尤弄起的狂风骤雨消融得无影无踪，还杀死了许多蚩尤的军队。应龙乘着魃造成的战机，在空中奋勇杀敌，大获全胜。只可惜，魃发出热量后就再也不能上天了，只好住在赤水一带。每当她跑出来游玩时，必定带来干旱，所以后人把她叫做“旱魃”。一有旱灾，人们就敲锣打鼓举行驱赶旱魃的仪式，她听到后，就羞愧地回老家赤水去了。

尧帝的时候，不知为什么天空中突然出现了10个太阳，毒热的光芒把大地都烤焦了，所有的禾苗都晒干枯了，甚至地上的铜铁砂石都快晒得熔化了。原来，这10个太阳都是帝俊和妻子羲和的儿子。他们家住东海外一个叫汤谷的地方，那里有一颗大树，名叫“扶桑”，有好几千丈高，1000多围粗。平时9个太阳住在下面的枝条上，一个太阳住在上面的枝条上。他们轮流出现在天空，一个太阳回来了，另一个太阳才出去值班，进进出出都由母亲驾着车子相送。可有一天，10个太阳一齐跑出去，在天空中大闹不止。这下子大地可遭了殃，到处是龟裂的土地，枯萎的草木，人们饿得肚子直打鼓。没有办法，人们只好把一名叫女丑的女巫抬到山坡上去曝晒，据说这么一来天就会下雨。可没想到，十个太阳一会儿就把女丑给晒死了。女丑的死并没有给人们带来预想中的雨水。万般无奈的人民只好祈祷天帝的慈悲了。天帝也觉得这样闹下去太不像样，就让天国中一个擅长射箭的天神到人间去，这个神射手名字就是羿。羿领了天帝的使命，带着妻子嫦娥降临凡间，一口气射下了九个太阳，终于为人消灾免难。

水，是农业的命脉；

水，是工业的血液；

水，是人类文明的源泉；

水，是我们赖以生存和发展的宝贵资源。

从事医学的科技人员告诉我们，人体组成的70%是水。不仅人体肌肉、肝脏、大脑等的“含水量”均在70%～80%，连看来与水无关的骨骼，含水也高达22%。人其实就是一个盛水的大容器。水是生命的源泉，没有水，生命也就结束了，人类也就消亡了。

从茫茫的太空遥望地球，地球是一颗蔚蓝色的星球。这是因为地球上70%的面积是由水覆盖着。地球其实是一颗水球。尽管地球表面覆盖着大量的水，但是全球能供人类使用的淡水资源，只占总储水量的2.53%，而且在这些淡水中，绝大部分又是很难为人类利用的两极冰盖。其余的淡水又有将近一半含在土壤和空气中，人类真正可以利用的河湖地表水和地下水，只占全球淡水储量的0.34%，约105万亿立方米。

地球表面的淡水，分布又极为不均。世界的“雨极”是印度的阿萨密邦的乞拉朋齐，这个地区一年之间最高的降水量达到过26000多毫米，相当于北京42年降水量的总和。世界最干燥的“旱极”在南美洲智利的沙漠里，那个地区从1845~1936年的91年间没下过一滴雨。1982年中国南方和北方同时发生了洪水，但就在这一年，大西北的罗布泊却是极度的干旱。

少得可怜的淡水资源，又因为人类的过度开采和浪费、工业污染的影响以及干旱沙化等天然因素的作用，而变得十分匮乏。人口、工业布局和水资源分布的不合理，使得地球上发生了世界性的水荒。

据联合国有关部门统计，目前世界上有80多个国家和地区缺水，全球有近40%的人口每日因缺水而苦苦挣扎。水已经成为导致人类社会危机的一个主要因素。由于严重的缺水，国际间的抢水、争水纠纷已经愈演愈烈了。世界气象组织前不久认为：21世纪全球将面临更严重的淡水危机。20世纪初以来，淡水的消费量增加了6倍，到2025年，全球人均年用水量将减少2/3。现在，全球10亿人口缺水，28亿人口缺少洁净的饮用水，每年有2500万人因水污染而死亡。到21世纪，世界人均用水量将只有1950年非洲人均用水量的1/4，工业、农业和生活用水之间将产生不可协调的矛盾，严重阻碍着社会的发展和进步。水荒，将成为未来战争的隐患。

中国也在世界缺水国家之列。目前，我国水资源总量为2.8万亿立方米，居世界第六位；但人均占有量仅2340立方米，只相当于世界人均水平的1/4，排第88位，已被列为世界12个缺水国家的名单。我国水资源分布很不均匀，长江以南及长江流域占全国水总量的81%，而北方地区尽管土地面积很大，但水资源量仅占19%。我国水资源持续利用保护方面正面临严峻的挑战：一方面是我国的人均水资源占有量相对地较少，另一方面水资源数量和质量仍在继续下降或恶化。因此，依靠科学技术开发、利用、保护水资源和防治水害、干旱，科学用水和节约用水，已是刻不容缓。

频繁的旱灾对社会经济和人类生存的危害程度与水灾相比有过之而无不及。

连续两年遭受严重洪涝灾害的朝鲜，今年又受到持续高温和干旱的威胁。朝鲜有关方面初步统计，截至1997年7月19日，干旱成灾的农田面积已达几十万町步（1町步约合15亩）。受干旱影响，一些地区的江河、水库的水位下降，水源不足，正值抽穗期的玉米打蔫，水田龟裂，使农作物生长受到严重威胁，严重影响人民生活。

在中国众多的自然灾害中，旱灾是危害范围最广的灾种。据不完全统计，从公元前206年至公元1949年，中国发生大旱灾1056次，导致数以千万计的灾民死亡。光绪初年的华北大旱灾，从1876年到1879年，整整持续了4年之久，覆盖北方五省，并波及到苏北、皖北、陇东和川北等地区，造成灾难畸重，仅遍地饿殍就达1000万人以上。1928~1930年西北、华北旱灾大饥荒，万里赤地，旱灾以陕西为中心遍及大半个中国，旷日持久。一望无际的龟裂土地上，是毫无生机的残破村镇，无数的鸠形鹄面的逃荒人流到处涌动，大约1000万人倒毙在荒原上。建国以后，农业生产并没有摆脱旱灾的危害，水荒波及到工业部门及城市，从1950～1992年间因旱受灾农田面积超过4亿亩的就有14年。1972年全国干旱波及华北、长江中上游和华南广大地区，华北受旱农田占全部农田的90%，绝收面积达5%以上。

黄河是中华民族的母亲河。近年来，她似乎不胜重荷、日显憔悴，上游来水量不断减少，终于断流。“黄河上下，顿失滔滔”。“望断秋水不见流”。

好一幅令人恐慌的黄河断流图！

1972年，黄河首次在下游山东省的利津水文站断流15天，从此断流频繁。1990年以后则年年断流，且断流时间愈来愈长，1992年82天，1995年122天。截至1996年，因断水和供水不足造成工农业累计经济损失已达268亿元。曾经每年给山东带来百亿元经济效益的黄河，如今却因缺水使德州市139家企业长期处于停产和半停产状态，胜利油田也因此而每年减产原油30万吨。黄河断水，更造成山东东营、滨州等市10余万人每天为等着接水在公用水龙头前排长队。据专家分析，黄河断流的主因是黄河流域大部分地区干旱，使黄河本身径流量日益减少，需求量却在逐年增加；其次是各种人为因素加剧了缺水态势。黄河断流，不仅制约沿岸地区的工农业生产发展，而且会对当地的生态环境产生严重危害。

水，已经向我们敲响警钟。

新中国建立以来，我国修建了大量的供水工程，以防旱灾水荒，成绩十分可观。但随着经济发展用水需求剧增，供水工程建设滞后，水的供需矛盾日益尖锐，缺水问题已严重制约国民经济的发展。农业方面，我国灌溉面积一直徘徊不前，每年缺水量达300亿立方米，年平均受旱面积达3.6亿亩，约占耕地总面积的

24%，年损失粮食产量约250亿公斤。另外，在我国的山丘地区、黄土高原、牧区等贫困、边远地区，全国农村尚有8000万人、6000多万头大牲畜的饮水困难没有解决。在我国辽阔的牧区草原，有约占可利用草场1/3的草地（约0.7亿公顷）供水不足或根本无水，严重影响畜牧业的发展，城市人口迅速增长和工业化使城市缺水问题也日益严重。目前，全国已有300多座城市缺水，100多座城市严重缺水，年缺水量达54亿立方米，每年因缺水损失的工业产值约1200亿元。在黄淮海平原、西北能源基地、辽河平原、胶东半岛及沿海经济发达地区，供水不足已成为城市经济进一步发展的"瓶颈"。

由于天旱水荒，水成了国际贸易中意想不到的进出口货物。日本商人发现，水在阿拉伯国家是一种贵重的商品，20世纪90年代便着手向阿拉伯出口水。第一个输入这种商品的国家是阿拉伯联合酋长国，该国每年进口大约2000万吨水，用来灌溉农作物。丹麦格陵兰岛上的冰山，那10万年前形成的冰被认为是最纯净的冰，也成为了出口商品。这个岛每年只出口10~12吨冰，销往日本和美国。

凭着人类的智慧，依靠现代科学技术，旱灾水荒是可以战胜的。论其成因，旱灾是太阳辐射、地球表面热量的过度增大和地球大气层中气候方式的改变导致降水偏少引起的。同时，旱灾还是气象、地理、土壤、植被和人类盲目毁林开荒恶化生态环境等多种因素综合影响的结果，而这些因素并非人力不可能改变的。对春季农作物来说，"春雨贵如油"，而我国北方则易发生春旱。原因在于春季暖空气的势力还很弱，不能影响到黄河以北地区，主要雨区还停留在长江以南，黄河以北雨量仍很稀少，下雨机会不多。但人类在这种自然现象面前不是无能为力的。旱灾水荒问题已引起有关国际组织和各国政府的高度重视。1993年1月18日，第47届联合国大会确定，自当年起，每年的3月22日为

“世界水日”。许多国家已依靠科学技术，采取兴修水利、海水淡化、污水处理和植树造林蓄水保水等科技措施来扩大淡水来源和提高水资源的利用效能，抗旱防灾。

如果对旱情作出预测预报，就能更好地防灾减灾。科学家们在这方面作出了有效的尝试。上海气象局两位高级工程师在1965年发表了一篇文章，对长江下游地区的旱涝趋势作了预测，准确地预报了近30年旱涝的基本趋势和1978年的大旱，为防灾减灾作出了贡献。他们为了作好长期预报，收集了大量资料，将上自公元前903年下至1909年共2812年的旱涝资料，以及1873年上海有气象记录以来的记载进行全面分析，绘成曲线，找到历史上旱涝灾害的趋势性和准周期性，然后根据“相似”法则，作出了准确的较长时期的气候预报。为了从古气候学的角度研究地质历史和人类历史时期的气候变化，掌握导致气候变化的原因，并预测今后气候的变化趋势，我国科研人员经过5年辛勤努力，完成了国家自然科学基金会“八五”重大项目——我国干旱半干旱地区15万年来环境演变的动态过程及发展趋势的研究，揭示出西太平洋边缘海的海洋因素是冰期我国内陆干旱的原因之一。这一研究成果总体上达到了国际先进水平，为我国旱情的预报预测提供了依据。随着现代科学技术的发展，气候学家们正在努力建立一个物理依据充分的气候变化模式，然后用巨型电子计算机预测未来的旱情。

通过种草植树和水利建设以积蓄、涵养水源始终是防御旱灾的重点。我国已经加快保持水土和水利建设的步伐，在综合治理、全面整治七大江河的基础上进一步兴建具有良好调蓄功能的骨干水利工程，增加蓄水、引水、提水能力，提高水资源的开发利用率，增加供水量。引水工程就有无坝引水、有坝引水和引潮灌溉。引黄入晋，引黄济青，引滦入津，以及南水北调工程都属于规模很大的引水工程。其中南水北调工程将长江水分东、中、西三条路线，大跨度地引调至黄河、淮河、海河流域，这一跨世纪工程堪称人类抗旱防灾减灾的一大壮举。“九五”期间，在耕地面积基本不变的前提下，粮食产量要增加500亿公斤。农业专家指出，要向“水”要粮。40年间，我国集中建设了一大批农田灌溉工程，灌溉面积从2.4亿亩发展到7.5亿亩，增产粮食1.5亿公斤、棉花130亿公斤、油料150亿公斤。只有加强水利建设，将旱田变成灌溉田，才可大大提高粮食亩产量，从而形成新的粮食增长点。

收蓄雨水，不失为抗天旱的一种好方法。日本除了采取开源措施和提高水的利用率，鼓励全社会利用循环水外，还很重视对雨水的利用。早在1980年，日本建设省就开始推行雨水贮存渗透计划，有效地补充涵养地下水，复活泉水，恢复河川基流，改善生态环境。利用雨水贮存渗透的场所一般为公园、绿地、庭院、停车场、建筑物、运动场和道路等。采用的渗透设施有：渗透池、渗透管、渗透井、透水性铺盖、浸透侧沟、调节池和绿地等。在东京都，已经有10%左右的人行道采用了透水性的柏油路面。雨水通过透水性柏油路面入渗地下，经过收集系统处理后加以利用。此外，日本还在一些城市的建筑物上设计了收集雨水的设施，将收集到的雨水用于消防、植树、洗车、冲厕所和冷却水补给等，有部分经处理后供居民饮用。我国陕西省根据省内许多地区干旱严重缺水的问题，1996年制定了“甘露工程”计划，动员村自为战兴修水窖，在雨季收蓄雨水，三年内解决412万人的饮水困难问题。水窖，当地群众又称“旱井”，它的作用是收蓄地表水，并采取防渗漏措施，以防收蓄的水渗入地下。第一年缺水地区就兴建各类“甘露工程”858处，铺设输水管道180多公里，解决了80万人和牲畜的饮水困难，发展窖灌农业2万多亩，使这些地区加快了脱贫致富的步伐。

在20世纪的今天，面对干旱，人们已不再去祈求无用的神灵，而是举起科学的法宝去改变天气变化，经过几十年的探索，人类已能在一定条件下进行人工降雨，缓解旱情。人工降雨就是在云中播散催化剂，促使它下雨的科学方法。科学告诉我们，云是由水汽凝结而成的，以0℃为界分为暖云和冷云。冷云降雨必须具备两个条件，一是温度低于0℃的水滴——过冷却云滴；二是冰晶，冰晶使过冷却云滴蒸发，并将蒸发出的水汽转移到自己身上，使其增大变重，上升气流托之不住，使降落融化成雨。对有充分的过冷却云滴而无冰晶的冷云，人工加进催化剂（如固体二氧化碳、碘化银），使其里面出现冰晶，就能引起降雨。暖云降雨，是因为大水滴和小水滴共存，二者因下降速度、惯性不同，大小兼并，增大为雨滴降下来。对仅有许多小水滴而缺乏大水滴的暖云，我们通过人工加入吸湿性催化剂（如食盐、盐水、氢化钙等），促使云内出现大水滴，就能降雨。在干旱缺水地区急需降雨时，人们可用飞机、火箭、炮弹、气球为工具，根据云的类型播撒催化剂，就能造成降雨。人工降雨只有40来年的历史，我国对人工催化冷、暖云降水进行了大量试验，能在有利天气条件下，使局部地区下雨。随着科学技术的发展，人类呼风唤雨的本领会更强。

通过海水淡化也是解决天旱缺水的一条有效途径。地球上的海水，数量庞大，取之不竭，用之不尽，从技术上、经济上解决了海水淡化问题，人类就不怕缺水了。我国海水淡化技术已达到可灌溉农田的水平。由上海巨星高技术公司研制的GSS型海水淡化装置，将海水处理后，去盐率达99.6%以上，生产出的淡水水质优于国际卫生组织提出的饮用标准。在大规模海水淡化处理时，每吨成本仅在5～10元之间，使海水淡化达到了可用于灌溉农田的水平。

农业和工业用水分别占世界用水总量的70%和25%，走节水型工农业的发展道路已受到重视。以色列从20世纪80年代以来，农田灌溉普遍采用电脑控制的滴灌技术，使农用水减少了30%，它还将全国近70%的废水进行处理后又用于农业灌溉。淡水先养鱼，再灌溉。美国德克萨斯州的一些农场把老式的沟渠式灌溉改为可以使水均匀分布的“涌浪”式灌溉，节水效益明显。中国传统的灌溉方式，渗漏蒸发损失很大，浪费严重，农村大部分地区水的有效利用率只有40%左右。所以在灌溉方式上要来个革命。外国依靠高科技、高投入，全部埋设地下管道，农业生产工厂化，我国暂时还搞不起。我国北方在干旱少雨的条件下，探索创造了很多节水灌溉和各种旱作农业经验，开发应用了管灌、喷灌、渗灌、微喷滴灌、“座水种”以及旱作沟播、秸秆覆盖、“双沟”种植、虚实耕作法等蓄水保墒旱作技术。在工业用水方面，日本采用节水的生产方法和废水处理循环使用，使工业用水重复利用率达70%以上。美国和德国的工业用水重复利用率也都在60%以上。运用现代科学技术，节约生活用水也大有潜力可挖。

人类还在努力通过培育抗旱作物，开发旱地农业去防灾减灾。欧洲科学家正在培育抗旱基因作物。科学家们今年7月告知欧洲委员会，基因工程技术有助于培育对肥料需求量较小，可在盐渍土壤生长的抗旱作物。参加耗费5000万欧元的“技术优先计划”的130个实验室，将于明年发表关于这项植物生物技术计划的最终报告。巴黎大学的多米尼克·德维耶纳及其同事负责协调其中一项研究计划，并在玉米中发现了至少4种抗干旱基因。我国河南省依靠科技先后改造700多万亩旱地，推广旱地配套技术面积2400万亩，把山区丘陵旱地跑水、跑肥、跑土的“三跑田”变为“三保田”，坡改梯田与生物栽培技术相结合，平均每亩增产粮食75公斤以上，取得显著成效。

西北是中国最大的干旱区，但同时又是世界上水资源最丰富的区域。据测算，其冰川出山径流量总计963.8亿立方米，其中可永续利用的约52.8亿立方米，西北地区人均水资源超过5000吨。

气象学家初步计算出，一年里空气总水量可达1176万亿吨之多，是地球表面水总量的8.4倍。若按地表或地下水使用后循环周期400年计算，天空水可用的总量为全球淡水总量的112倍。

日新月异的现代科技将进一步完善开发水资源的手段，最终解决人类社会缺水问题。

凭人力，抗天旱，靠科技，治水荒，旱魃奈我何?

3. 猎获飓风的人

风灾是因暴风、台风或飓风、龙卷风、风沙等过境而造成的气象灾害。

飓风或台风是人们对热带气旋的俗称。

热带气旋是热带海洋上的一种强烈旋转的大气涡旋，在北半球作反时针旋转，南半球作顺时针旋转。其直径平均约1000公里，垂直高度一般可达15~20公里，持续约一周左右。它与其他气旋的最大区别是具有台风眼，其特点是眼区风平浪静，眼区外围则是狂风巨浪。发生在大西洋西部的西印度群岛一带海洋上的这种极强烈的风暴，俗称飓风，而发生在太平洋西部海洋和南海海上的热带气旋则被东亚人称为台风。

热带气旋常常带来狂风、暴雨和暴潮，对人民生命财产危害极大，是一种极其严重的灾害性天气。据联合国公布的资料，全球1947~1980年死于台风的总人数为49.9万人，居十大自然灾害之首。近年台风灾害更加严重，平均每年造成2万~3万人死亡及60亿~70亿美元的经济损失。1970年11月的一个台风登陆，造成孟加拉国30万人丧生。1991年4月的另一个强风暴导致该国13.9万人死亡，1000万人无家可归。1992年8~9月先后两个飓风袭击美国，造成经济损失达300亿美元。1922年6月，一次强台风在我国汕头一带登陆，造成海水上岸，房毁堤破，6000多人丧命。1992年16号台风袭击我国华东沿海，造成直接损失近100亿元。太平洋每年约有40多次台风发生，我国是受台风袭击最多的国家，年均7次台风登陆。台风造成危害的同时，带来的丰沛降水又往往是久旱缺水地区缓解旱情的主要因素。因此，趋利避害，减轻台风灾害的损失，具有十分重要的经济和社会效益。

台风虽然是个凶猛的庞然大物，却并不是老虎屁股摸不得。

我们常在电视、广播、报纸中获悉有关台风的气象预报。气象台根据台风影响的时间和程度，分别发布“台风消息”、“台风警报”、“台风紧急警报”、“台风解除警报”。预测和预报台风，历来是一项重要的防灾减灾手段。为了更准确地掌握台风的产生、发展以及它的行进路线等，气象科技人员很早就梦寐以求地企图深入到台风中心去探测，以求掌握第一手资料。1943年，美国空军上校达克沃克驾驶一架单引擎教练机，第一个冒险飞入大西洋上的一个飓风眼进行气象探测，从而获得了“飓风猎人”的称号。在高空穿越云墙进入台风中心进行气象观测，飞机饱受颠簸，甚至在个别情况下会遇到打雷闪电。因此，除了勇气之外，驾驶员要有高超的飞行技术，气象探测飞机的结构必须非常牢固。在达克沃克获得“飓风猎人”称号后，曾经有不少人继续尝试这种冒险行为，其中一架探测飞机飞入台风眼中便杳无音讯了。现代科技已今非昔比，无论是飞机的结构、设备和飞行人员的素质，都有了很大进步，今天，为防灾减灾让飞机穿入台风中心进行探测已成为不足为奇的日常例行业务了。

20世纪70年代，我国气象学家成功地进行了一项实验：在实验室装置里出现了一个微型台风，这个微型台风的照片居然同人造卫星拍摄的台风照片完全一样。把台风“搬”进实验室后，通过实验，可以搞清楚影响台风因子各自的作用，观测到一些本来很难观测到的现象，进而可以更好地找到台风的规律，还可以在实验室中验证人们已有的某些认识。这种模拟实验，同其他气象科学研究手段相结合，相互验证，取长补短，可以大大加快台风研究的进度，更好地防灾减灾。

台风是一种既可怕又可爱的天气系统，人们希望通过人工方法影响台风，兴利除弊，使台风在刚刚登陆时风力能减弱，不造成危害；而在进入需要雨水的干旱地区时，仍能发挥它供应雨水的作用。在国外，人工影响飓风的试验已进行了多年。科学家们用加入催化剂的方法，发现的确能减弱飓风的风力。虽然减弱的程度不大，而且效应不能持久，但的确用人工影响了台风。我们的目的是在台风登陆时，使它的破坏力减弱，而在它进入内陆后，仍能很好地供应雨水。那么，如果能够做到较长时间大大减弱风力就行了。虽然现在还很难办到，但总有一天会成功的。对台风进行防灾减灾，还可在沿海地区营造防风林，加固沿海地区的海防堤坡，改进种植制度和合理布局沿海地区的农作物，使农业生产在关键时期避过台风盛期。

你看过美国灾难巨片《龙卷风》吗？

那飘忽不定的“幽灵”呼啸而来，呼啸而去，真令人恐惧！

最初，只见一束卷须状物从云端冉冉下垂，看上去十分纤柔，似乎不会造成什么祸害。但突然，它生出三个漏斗，并围绕着那束卷须可怕地跳动起来。这时，从泥泞的道路上开来的一辆汽车中，一位科学家正透过车子后窗玻璃，神情紧张地看着一个由飞沙走石组成的螺旋在向他而来，他胆颤心惊地发现，他所打算跟踪的龙卷风此时也正在跟踪他。

这情景并非电影《龙卷风》中的某个镜头，而是现实科研活动的一个片断，车中的那位科学家名叫大卫·琼斯，是美国“国家强风暴实验室（NSSL)”的一名研究人员，也可以说是一个准备猎获龙卷风的人。

龙卷风是产生于雷雨云底部下垂的强烈旋转风，中国人称它为“龙吸水”。这可能是积雨云下伸出的那个长长的象鼻子酷似从天而降的龙吧，因为它与神话中那从波涛中窜出，腾云驾雾的蛟龙十分相似。实际上，龙卷风是一个猛烈旋转着的圆形空气柱，像个巨大的漏斗。其上端与云相接，下端有的悬挂在半空，有的与地面相接，与地面相接的称为“陆龙卷”，与水面相接的称为“水龙卷”。龙卷风的直径普遍较小，多数只有25~100米，最大的也超不过1500米。龙卷风的平均移动速度为15米/秒，最快也只有70米/秒，但由于其中心气压极低，中心附近的风力极大，通常在每秒50米以上，最大的曾达每秒361米。这可是12级大风的11倍呀！龙卷风是个非常厉害的家伙，有很强的破坏力，它所经之处拔树倒屋，毁坏庄稼，甚至将长长的火车、巨大的轮船掀个底朝天。

我国宋朝科学家沈括，是最早记录龙卷风的人，他在《梦溪笔谈》这部书中曾谈到龙卷风。那是公元1077年，发生在山东武城县的龙卷风，使房屋变成废墟，死伤不计其数。

伤亡人数最多的龙卷风，1925年3月18日发生在美国，它经过密苏里州、伊利诺斯州和印第安纳州，使689人被摔死，2000多人受伤。造成财产损失最大的龙卷风也发生在美国，1974年4月，芝加哥南方89公里处的龙卷风危害了13个州，除摔死315人外，还造成了5亿美元的财产损失。抬升力最大的龙卷风发生在中国上海，1956年9月24日，它把一个重11万公斤的储油罐卷起，抛到100米之外。卷起水柱最高的龙卷风发生在澳大利亚沿海，1989年5月16日，它卷起的水柱高达1528米。1923年9月1日，日本东京出现了一天次数最多的龙卷风，那一天，那里发生的大地震带来大火灾，火灾引起的烟云、水汽产生对流云和龙卷风，在24小时之内竟然出现了120个龙卷风。美国被称为“龙卷之乡”，是发生龙卷风最多的国家，从1963～1966年三年间共发生了2659次龙卷风，平均每年约886次。

在中国国家气象中心的雷达屏幕上，预报人员紧张地跟踪雷雨云，有时会发现一种“钩状回波”，这说明那儿形成了龙卷风。为了减灾防灾，科技人员在努力研究龙卷风的成因之谜，寻找消灾的办法。从事风暴研究工作的美国科学家们为了探测龙卷风的秘密曾想过不少办法。如设计过一种高尔夫球状的无线电传递器，使之飞入旋涡中心，将数据传送到地面计算机；也有人设想向龙卷风发射装备仪器的火箭以及用无人驾驶飞机探测等等。科学家研制了一种能对产生龙卷风的风暴内部强气旋区进行探测的雷达。它利用了无线电波会因它所探测的物体或前进或后退而产生频率变化的原理。当风暴云内的水滴开始旋转时，水滴在雷达屏幕上就显示出愈来愈紧密的旋涡，这种雷达能在龙卷风到来前平均3～8分钟发出一次警报。俄克拉何马州立大学地方高级预测中心的凯文·欧葛梅尔，因研制出预测风暴的计算机软件而获得1997年美国技术创新奖。龙卷风灾并不是像有些人说的那样是人类面临的最无可奈何的自然灾害，通过研究逐步作出较准确的预报，采取正确的避险和临灾应变措施是能够防灾减灾，避免或减轻损失的。

每到冬春，在我国北方常有阵阵西北风吹得沙尘满天，视物不清。大风有时还吹损建筑，致人伤亡。其实在我国南方有时也会出现这样的天气，大风劲吹，飞沙走石，天空灰黄，日月模糊。这就是风沙，严重的风沙称为沙暴，百姓们叫它黑风、黄风。

1993年5月5日下午3时～5时，一次来自西伯利亚的特强沙尘暴袭击了我国西北包括新疆、甘肃、内蒙古、宁夏等省区在内的广大地区。在约两小时内造成85人死亡，31人失踪，264

人伤残，各种直接经济损失达 5 亿多元，其破坏力不亚于一场地震或一次洪水灾害。

戈壁沙漠和黄土高原都是质地疏松的沙土，一旦被风吹刮，就会飞扬空中。当来自西伯利亚的西北风，吹过沙漠地带和黄土高原后，就会挟带沙土南侵，使得沙尘遮天蔽日。风大少雨，尘沙更甚。

风沙灾害，危害广泛，破坏农业生产设施，造成农作物的机械损伤，使林木枯萎，土壤风蚀沙化，还造成人员伤亡事故和陆海空交通事故。而作为一种高温、低温、旱风等构成的综合气象现象的干热风，也主要是风在起作用，它是我国北方小麦产区的主要农业气象灾害，是造成农业减产的重要原因之一。我国北方小麦主产区几乎每年都有干热风灾害。1982 年，我国有 2.17 万亩作物遭受了干热风灾害，粮食减产 30 多亿公斤。

风沙灾害既具有突发性，来势凶猛，又具有渐变性，逐年加重。依靠科学技术抵御风灾的肆虐，既要做好预测预报和各种临灾防范措施；又要着眼长远，治理并保护好生态环境，我国建造的“三北”地区防护林体系第一期工程已有效地减轻了当地的风沙灾害，显示了生态工程技术防治风沙的成效；还要运用综合农业技术措施减轻风沙的危害，如培育抗灾品种、浇麦灌水、调整作物播种季节、加强牧区棚圈建设、保护草场等。

人类是地球上的主宰，手执科学技术的法宝，在风灾面前是可以有所作为的。

4. 驱散冷冰雪雾

冷害、冰雹、雪灾、雾灾，也是常见的主要气象灾害，危害范围广，损害程度大。

冷冻灾害，包括冷害和冻害。冷害有南方的倒春寒、寒露风和北方夏季的低温灾害；冻害有霜冻害和冻雨害。我国北方几乎每年都有冷冻灾害发生，南方地区的双季晚稻、越冬小麦、油菜等多种农作物也深受其害。此外，经济林生长、动物生长、人类生存也不时遭到冷冻的侵害。

寒潮，是我国境内发生次数较多、活动范围较广的一种灾害性天气。寒潮指寒冷的空气如潮水般地涌来，使一个地方的温度在24小时内降低10℃以上，且最低气温达5℃以下。受寒潮侵袭，常常风向迅速转变，风速增大，气压突然上升，温度急剧下降，同时还可能下雨、下雪、出现霜冻。近40年来，我国平均每年约有5次寒潮侵袭。强寒潮引起急剧降温，往往影响农作物生长发育，秋季晚稻抽穗扬花时若遇上这种天气会造成稻谷空壳、瘪粒而减产。1969年1月26日～30日，寒潮到达长江流域，降温14～20℃，冬小麦、油菜和果树遭受严重冻害。

我国西北的农民常说“四月八，黑霜杀”。西北海拔高，天气冷，农作物生长季节短，所以最怕霜冻，尤其是春季的晚霜冻。气温下降到0℃以下，近地水汽就会在地面或草木上凝结成白霜。西北地区因春季少雨干燥水汽少，天气突然变冷没有水汽凝结成白霜。但庄稼叶子会受冻变成黑色，称为黑霜。黑霜实际不是霜，而是庄稼冻伤的表现。黑霜的杀伤力很大，常使幼苗大量死亡。每年农历四月初八左右很容易出现一次比较严重的霜冻，因此农民们有此一说。中国除海南省以及广东、云南两省的个别地区外，其余各地均有霜冻发生，每年受霜冻害的面积占全国总面积的8%强。山西省在1954年有54个县的冬小麦遭受霜冻，危害面积达1000多万亩，造成严重减产。

冻雨是一种灾害性的天气。冻雨指过冷却的小雨、毛毛雨，即一种温度低于0℃还未凝固的“过冷水滴”，因为直径小、凝固点低，还来不及冻结。冻雨接触到固体后，会立即凝聚成冰层，冰层越聚越厚，就形成了“雨凇”。雨凇若凝结在电线上，会压断电线，中断通讯。雨淞凝聚在树木或高杆作物上，也会使主杆压倒冻坏。冻雨会冻死农作物和蔬菜；冻结地面，影响交通；严重的冻雨还会压塌房屋，伤亡人员。在冬季或早春时节，中国的很多省份特别是山区常有冻雨天气出现，给生产和生活造成危害。

冷冻灾害是一种全国性灾害。1992 年全国因冷冻灾害有 5000 万亩农作物受灾，其中成灾 3000 多万亩，绝收 70 多万亩。造成经济损失以亿元计。香港 1996 年春节期间遭受冷冻，天气奇寒，百年仅见，有多人被冻死。

为了对付冷冻灾害，科技人员进行了大量研究，掌握冷冻灾害的发生规律，及时作出预测预报。1982 年全国出现灾害性天气，广西壮族自治区气象部门提前准确预报罕见的“倒春寒”，争取了抗灾时间，大大减少了烂秧损失。科技人员还通过强化田间管理，改善农田小气候，培育耐寒能力强的农作物品种，以防灾减灾。

美国奥克兰遗传公司的科研人员使细菌变性后获得一种防冻的细菌，这种细菌能防止霜冻对水果和块茎作物的冻害。有些农作物，尤其是冬小麦需要经过抗寒锻炼方能提高抗寒能力，获得优质高产。近年以色列的科学家发明了一项移动式果树园技术，把果树种在特制的塑料桶中，当果树收果后往桶中加入必需养料，再将其移到光照少、较寒冷的地方让其休眠，过了休眠期再将其移到温度高、光照好的地方，促使果树较快地开花结果，产量大增。这项技术可望改进后推广到其他农作物。

冰雹是一种灾害性天气，主要出现在夏季，所以夏季也称冰雹季节。冰雹降落的范围不大，但来势凶猛。较大的冰雹会击毁庄稼，损害房屋，伤害人畜。冰雹每年都要在中国出现 1000 多县次，全国 90%以上的县市都多次遭受过冰雹袭击。我国冰雹通常是西部多、东部少、山区多、平原少。西藏东部和四川西部高原地区是我国冰雹最多的地区，西藏东北部的黑河，下冰雹天数每年平均34.5天，最多的一年下了53天。

我国每年约有数千万亩农田遭受雹灾，死亡数百人，直接经济损失在10亿~20亿元左右。1979年4月2日，福建漳州市和厦门市郊区共5个县市遭受冰雹袭击，最大的一颗冰雹竟重达10多公斤。降雹之处，无数屋顶瓦片被击碎，摧毁小麦9万亩、秧苗1万多亩、经济作物7000亩。1991年3月上旬，湖南11个地市的43个县遭冰雹袭击，死73人，伤1902人，倒房2.4万间，损坏房屋57万间，直接经济损失2.4亿元。冰雹灾害突发性强，持续时间短，呈带状分布，灾情重，损失大。

要消雹需先测雹。人们在长期的实践中，积累了不少观云测冰雹的经验。冰雹云顶白底黑，中间略带微红色，形成白、黑、红纷乱交叉的云丝，而云边呈土黄色。冰雹云发展特别快，犹如浓烟滚滚翻腾，迅速推压过来，只要发现云中颜色有白有黑有红，就有下冰雹的可能。冰雹云的闪电次数和雷声也非同一般，它闪电次数特别多，闪电发生在云内不同部位之间，称为“横闪”，不像一般雷雨云闪电为发生在云和地面之间的“竖闪”；闪电时的雷声和回声混杂在一块，连绵不断，犹如推磨的声音，响个不停。

冰雹是从发展强盛的高大积雨云中降落到地面的固体。云中许多过冷却云滴在雹胚上碰撞冻结，使雹胚增大为雹块。人工消雹的关键就是设法减少云中过冷却云滴。一是用打炮的方法减弱上升气流，或播撒吸湿性核，使上升水汽难以升到过冷却云滴区，减少过冷却云滴的供应。二是加入冰核或冷却剂，使已形成的过冷却云滴减少。三是加入冻结核，利用上升气流将尚未与雹胚碰撞的过冷却云滴冻结，而不至成为雹胚，增大成为冰雹的原料。有的国家还采用在云块将要形成雹云前，加入催化剂，使云块不再发展成雹云。中国航天工业总公司第四研究院四十一所研制的“高效多用途增雨防雹火箭作业系统”，是人工消雹的新一代作业工具。与现行高炮发射的爆炸式撒播方式相比，这种火箭作业路径长，横向扩散远，播撒相对均匀。能形成更大的作业覆盖面，催化剂成核率要高出4～5个数量级。1995年，它被国家计委审定为“国家级重点新产品”，还被国家科委批准为“国家级火炬计划项目”，同时申报列入“九五全国推广计划”。在山东、河北、吉林、新疆、陕西等地试验，取得了催雨增雨，防雹减灾的满意效果，去年还出口到东欧等一些国家。

“瑞雪兆丰年”。雪，缓解旱情，减少病虫害，保护农作物生长。但不合时宜的雪也能致灾。雪灾有雪暴、雪压、雪崩、雪积、凌汛等，均会造成人畜伤亡和财产损失。

雪暴灾害的发生大多在春季。我国西部、北部畜群遇雪暴时常常损失极大。1966年春，新疆出现几次暴风雪，死亡各种家畜411万头。1996年春，狂风暴雪席卷欧洲大陆，严寒笼罩，事故大增，死伤多人，损失惨重。1970年5月31日，20世纪最大的雪崩使秘鲁容加依城遭灭顶之灾，死难者2.3万人。1977年10月25～29日，强寒潮使我国内蒙古、新疆积雪半米，草场被掩埋，牲畜大量死亡。春季江河湖泊的上游先解冻而下游未解冻时发生的凌汛，因下游的冰坝使河水陡涨，泛滥横流，淹没良田，危害人畜。从1883年及1938年花园口决口后，黄河下游发生凌汛决口21次，平均两年多一次，每次都造成惨重损失。

科学技术在雪灾面前不会无所作为。青海省气象台站准确预报了1982年3月～4月间6次暴风雪天气，使保畜防冻及时，仅玉树、海南和果洛等地区就挽救了濒于死亡的牲畜约90万头。

机场有雾，可使飞机不能按时起降，甚至偏离跑道造成机毁人亡。

海上有雾，易发生海轮与海轮、海轮与冰山相撞的惨案。

陆地有雾，可能影响铁路、公路运输线，使陆路交通事故濒发。

雾，不仅是农作物生长发育的一大祸害，而且给人类的生产和生活带来诸多不便，甚至个别情况下直接危及人的生命安全。

大雾，会减少阳光照射时间，从而影响光合作用，造成农作物植株矮小、病变、结实器官秕瘦或退化，影响产量。

“臭雾”，携带了许多杂质和病菌，能够引起植物病害的发生。

“火雾”，高温高湿常把农作物的植株熏黄，蔬菜果实被熏掉，从而降低农作物的产量和品质。

“海雾”，出现在沿海地区，其携带了大量盐分，能使农作物发生脱水枯萎等灾害。

“酸雾”，呈严重的酸性状态，对农作物的危害程度远远比“酸雨”厉害。

“毒雾”，直接危及人类的生命安全，1952 年 12 月 5 日至 9 日，连续 5 天的浓雾笼罩着英国伦敦，大街小巷充斥着呛人的臭味，来往行人不断咳嗽、流泪，交通警察被迫带上了防毒面具。这场浓雾竟夺去了 4000 多条人命，在这以后的 3 个月中又有 8000 多人因其相继死亡。究其根源，是烟尘、二氧化硫等污染物与浓雾共同作用，酿成了震惊世界的“毒雾杀人”惨案。

雾实际上是靠近地面的云。地球表面热量的散失，会使接近地面或水面的空气温度也降低，如果这些空气相当潮湿，那么当它冷到一定的程度时，空气中的一部分水汽就会凝结出来，变成很多小水滴，悬浮在近地（水）面的空气层里。小水滴多了，阻碍了人们的视线时，就形成了雾。

怎样消雾，成了科学家们防灾减灾的十分重要的课题。

经过研究，科学家找到了消除雾滴的两种基本方法：一是使雾滴蒸发掉，一是使雾滴沉淀下来。蒸发雾滴又有两条途径：一是升高温度，用燃烧石油等各种燃料，使雾滴汽化；二是利用大风车或直升飞机巡航，把雾外干燥空气混入雾内，减少雾内空气的相对温度，使雾内空气从饱和状态变为不饱和状态，使雾滴蒸发掉。使雾滴沉淀的方法，一般采用播撒冷却剂、人工冰核或吸湿性凝结核的办法。对过冷却雾，可播撒干冰，或在机场上风处蒸发丙烷液体，使温度下降，也可播撒碘化银等。对暖雾，则可播撒食盐、尿素等凝结核。1968 年冬，美国在阿拉斯加的埃尔门多夫空军基地，用人工消雾办法，清扫了空中走廊，使 185 架飞机安全起落。

饱受尘雾之苦的中国兰州市，日前启动了一项削山借风驱尘雾的工程。兰州市地处河谷盆地，四周为山岭阻挡。常年平均风速只有 0.94 米/秒，全年逆温天数高达 300 天以上，严重影响了大气流动和污染物稀释扩散，饱受尘雾之苦。有关专家论证指出，兰州仅需二级风，就可烟消雾散，呈现蓝天白云、阳光灿烂的景象。兰州市日前启动的这项通过削山引风治理大气环境的大青山土地综合开发计划，将使多年来“浓雾锁金城”的现象得到缓解。某些多雾旱区，雾能基本满足农作物对水分的需要。目前，科学家已发明了把雾气转变成液体雾水的方法，为多雾干旱地区的农业生产带来了希望。近几年，科学家通过研究还获得了用激光驱散机场浓雾的成果。科学家发现，利用大功率的红外激光器，照射空气中的浓雾，是机场驱散浓雾的一个有效方法。利用大功率的红外激光器照射浓雾，实际上是以红外线将空气中的小水珠和冰粒提高温度，使之蒸发而改善空气中的透明度。如果机场按飞机起飞和着陆的要求，用大功率的红外激光器对上空的浓雾照射，就可开辟出一条透明的空中走廊，做到名副其实的“拨开云雾见青天”。这种激光器还可驱散海洋和江河上的浓雾，确保航运安全。

5. 与雷公电母较劲

“大水冲倒龙王庙”。

《中国减灾报》以风趣的标题报道了1992年6月22日国家气象中心遭雷击的事情。

那天，国家气象中心计算机室在遭雷电打击后，大型与小型计算机突然中断，六条北京同步线路和一条国际同步线路被击断，另有一些计算机终端、微机等设备严重受损，中断工作46小时，造成直接经济损失数10亿元。与200多年前的富兰克林年代一样，闪电是靠避雷针吸引并入大地，使大楼、人及普通设备得到防护，安然无恙。可是循避雷针而流动的雷电流在四周产生的巨大的脉动电磁场却使计算机极为灵敏的微电子器件毁坏了，对于它们而言，避雷针成了“引狼入室”的祸首。近年来还出现了意料不到的新现象：没有见到落地雷也可成灾。1993年7月16日，北京一座居民楼内200台电视机同时被雷击损坏。1994年5月7日，广州市南方日报社的近百台电脑毁于雷击。凡此种种说明人类与雷公电母的较量又进入了一个新阶段。

全世界平均每天发生约800万次闪电打雷，每秒钟约有100次雷电出现。对人类危害最大的落地雷，其电压可高达几千万伏，峰值电流达1万安培，有时可达10万安培。雷电灾害表现为击毙人畜、摧毁建筑、破坏发电及通讯设备、引起火灾，造成空难等。世界上雷电最多的地方是被称为“雷暴王国”的印度尼西亚，仅爪哇岛的茂物，一年里就有322个雷暴日，雷电的次数约1.4万次，平均每天有30~40次。世界上遭雷击死人最多的地区是非洲的津巴布韦和肯尼亚。全世界每年有3000多人被雷电击毙，受伤者难以计数。全世界每年因雷电灾害造成的经济损失在10亿美元以上。

20世纪70年代以来，各国航天火箭发射频频出事，专家们逐渐醒悟到闪电是罪魁祸首。仅1987年美国一枚大力神/半人马座火箭遭雷击而造成的损失就高达1.7亿美元。全世界森林火灾频繁，主要起因也是闪电，雷电引起的自然火灾占了全球森林火灾的20%。化工、石油行业也有类似灾害，1989年我国黄岛油库大火的损失就达7000万元。我国每年因雷电灾害造成约百人死亡、伤者数以千计；每年因雷电导致的经济损失则以亿元计。

雷电这种自然现象比较复杂，迄今为止，人类还未能完全驯服雷公电母。在尚无有效办法阻止雷电出现的情况下，如能及时作出准确的雷电预报，就能使人们及时采取对应之策躲避雷击，最大限度地避免伤亡和损失。雷电预报虽然有很大难度，但科技发达国家已有了突破性进展，我国也已起步。准确预测雷击的时间和地点是十分困难的，因为雷电的放电频率变化范围太宽，必须同时配备很多雷电探测器才行。为此，深受雷击之害的美国在全国建立了约有125个网点的雷电探测网络，对袭击地面的雷电可以作出预警。这个雷电探测网络能准确绘制出美国东海岸各州的雷电活动图，并能帮助电力部门确定暴风雨的位置，以便电力部门将维修队伍部署在最必要的地方。近年，法国富兰克林雷雨气象公司也研制成功了一套预报雷电的系统装置。这个雷电预报系统，可以在雷击出现前12小时发出雷电预报，预报的精确范围在1~3公里之间。我国解放军总参谋部气象局从1985年起，利用“中尺度天气试验”对灾害性天气发生发展规律进行研究，研制了首套具有人工智能的雷电预报系统。该系统利用电子计算机自动处理卫星云图、雷达图像、各地天气预报等大量信息，可提供1~72小时内雷电预报，准确率达80%~90%。雷电预报大量应用了当今的高科技。随着我国高科技的不断发展，不久的将来，我们也会在我国的天气预报中听到雷电预报的内容。

面对雷公电母的威胁，人类并非只能望风而逃。为了战胜雷电灾害，最大限度地预防雷电，减免损失，科学家们研究出了各式各样的避雷装置。在高大建筑、烟囱、电杆、旗杆、铁塔上安装避雷针，在正常情况下可以防止雷击，但避雷针的保护范围有限且需经常检修。因此，不少国家已开始采取一些新式的避雷装置，如避雷线、避雷带、高脉冲针、多短针消散阵列等。为防感应雷击，科学家研制了“法拉第笼子”，将微电子设备机房用金属网屏蔽起来，感应雷击就可以完全被金属网隔离。近年来还出现了用氧化锡和氧化钴薄片制成的过压导电防雷器，它在平时是绝缘体，一旦有雷击出现，可迅速转变成导电体，将电流导入地下。

最先进的避雷器都有其局限性，而且不可能任何地方都安装避雷器。为此，科学家们设想，能否像人工消雹、人工消雾那样，用人工抑制和削弱雷电呢？于是有了人工“捕捉”惊雷的各种方法。有的是向雷雨云中撒播碘化银冻结核，减少云中带电粒子，使雷电不易发生。有的是向雷雨云撒播金属丝或镀金属的尼龙丝，使电荷散发，空间电场达不到产生雷电所需要的电场强度。还有的是直接向雷雨云发射火箭，有意识地主动去触发雷雨云中的雷电。最为先进的要数半导体消雷器和直接将惊雷引落地的引雷火箭了。由我国防雷科研工作者研制出的半导体消雷器，利用空间电荷屏蔽改善消雷器上空的电场分布，抑制迎面放电减少落雷，能防止西北方向的雷电和吸引东南方向的雷击，起着“把门”的作用，增强了保护区的防雷安全。虽然这种装置还不完善，也有争论，但它在防直击雷害的性能上远远优于国外产品。小巧的引雷火箭长仅487毫米，重4.3公斤，火箭尾部拖着一根细的钢琴丝，钢琴丝的一端埋在大地中。当火箭拖着千米的钢琴丝发射到高空中时，浓云密布的天幕上即出现一道2~2.5米宽的桔黄色闪光道，如同一把发光的利剑竖立在天地之间。雷电吸着钢琴丝直贯而下，只需三秒钟就可把惊雷“捉”下来，强大的电流把钢琴丝烧熔汽化，场面蔚为壮观。我国科学家已成功掌握了引雷落地的先进技术，先后研制了200多枚引雷火箭，并在兰州永登地区和北京康庄地区8次引雷成功。

根据科学常识，防雷免灾，个人在盛夏雷雨天气，特别要注意以下诸点：

△ 在雷雨天时尽量不要外出，尤其不要到空旷的野外去。

△ 如在野外遇到雷雨，要注意避开地面较高的部位，远离高大的树木、高压线铁塔和变压器、高大建筑的接地装置，可躲到洞穴、沟渠、低洼处、峡谷地。若有汽车可躲在车中，因为一般汽车设有避雷装置。

△ 在野外空旷场地遇到打雷一时无处躲藏时，应双脚并拢蹲下，头伏在膝盖上。

△ 雷雨交加时，手中的金属工具、手表、金属伞等要远离身体，要远离铁栅栏、拖拉机和其他金属物。

△ 不要在雷雨中骑车。骑自行车、摩托车要穿胶质雨衣。

△ 钓鱼爱好者在雷雨天到野外垂钓时，尽量避免使用碳素杆，因为它有导电性。不宜在靠近电杆的地方垂钓。

△ 雷雨天在室内不要靠近阳台、门窗、金属物体，不要使用电烫斗、电吹风、电铬铁、电剃须刀等电器，更不要爬上房顶去堵漏。

△ 打雷时要关掉电视机并切断电源，必要时还应拔下电视天线信号插头，别打电话。

△ 如果你的头发竖起或皮肤颤动，是已触电的信号，应立即向前弯腰低头或抱起一块木板。

二

为地球把脉安神

——地质灾害的防范与减轻

你知道大地的“肚脐眼”在哪儿吗?

我国陕西省的考古工作者1993年10月在三原县西北角的磋峨乡天井岸村发现一个直径260米、深36米的巨型圆坑。此坑被当地人称为“天井”,状如平底圆盆。据史书载,此处土原称为天齐原,上有天齐祠。“天齐”依《史记》之说,义为“天之脐”。因此,被称为“天井”的巨型圆坑可说是古人造出的“天之脐”。考古工作者还发现,这个“天之脐”的圆坑中心与南面遥距数十公里的汉长陵和汉长安城的中心处于同一条南北线上,并向南延伸至秦岭山麓子午谷口,形成一条长达74公里的笔直的南北向建筑基线,与子午线几乎重合,夹角误差仅为±11′。令人惊奇的是,经复杂计算与反复对比优选后新测定的现今中华人民共和国的大地原点,恰恰也选在这条西汉基线北部的东侧,东西相差仅2′左右,几乎重合。

“天之脐”位于我国大地原点。你说巧不巧?

沧海变桑田,地球的自然变异,包括人类活动诱发的自然变异,无时无地不在发生,当其变异强度给人类的生存和物质文明建设带来严重危害时,即构成地质灾害。

在遥远的古代,人们对地震、地陷、火山喷发的观察和记载,积累了大量的地球科学方面的丰富的知识,形成了最早的地球科学的萌芽。地球科学既是一门最古老的学科,又是最年轻的学科。地质学的理论,包括著名的“大陆漂移说”在内,许多理论至今也没有发展成真正成熟的理论，仍然不过是一种假说。整个地球一直处在不断变化之中。在漫长的地质年代中，地球经历着缓慢的变化。渐变之中也有质变。地球在历史上发生过多次激烈的灾变，也就是说，地球的表面曾经发生过多次大规模的激烈的地壳运动。每次“大灾变”发生时，总是伴随着新的山脉的隆起和旧的山脉的沉没，影响着地球上的一切生物。“大灾变”中的小变化，对人类文明发展来说，都是一场不小的地质灾害。

我国地形复杂，地壳活动，河流深切，加上人为因素的影响，致使地震、火山爆发、地面沉降、地裂缝等地质灾害对我国有很大危害，迫切需要科学技术防灾减灾。我国地质灾害的防治得到了多方面的重视，防灾减灾的科技活动正逐步加强。

随着科学的发展，人们利用先进的仪器设备，对地球进行多方面的精密测量和研究。科学家们的最新研究结果表明：地球自转速度不一，在一年之内的各季不均匀，各年之间也有差异；地球的体积在膨胀，因大洋底部的扩张运动使地心密度变小，而地球体积增大；每年约4万吨的“宇宙灰尘”落在地球上，使其重量在增加，地轴在摆动，地球在升温。俄罗斯教授西尼亚科夫通过研究认为，地球物理共振对整个自然界，对技术设备、动植物机体都会产生重大影响，可能是引发自然灾害特别是地震等地质灾害的主要原因。我国科学家根据大量的地质考察资料、生物化石和历史文献发现，10万年来黄海几度剧烈变化，以前曾是大草原。中科院院士马宗晋根据各种数据和资料明确提出了一个有趣的科学推论：地球并非理想的椭球体，而是从内到外普遍存在着复杂的非对称现象，北半球在缩小，南半球在扩张。为进一步加强我国对地质灾害的监测能力，已被列入面向21世纪科学工程的中国地壳运动观测网络已正式开始实施。这一网络包括4个部分：由25个连续观测站组成的基准网，由56个定期复测的全球定位站组成的基本网，由1000个不定期复测的全球定位站组成的区域网和数据传输与分析处理系统。这一网络将成为全世界地球动力学研究的重要实验基地。

1. 地震的“克星”

世界测地震仪器的“鼻祖”——我国东汉张衡研制的候风地动仪，在尘封了 1800 多年后最近在张衡的故乡河南复原成功，再现于世。

该地动仪是根据《后汉书》的记载用青铜复制铸成，主体高 2.96 米，直径 2.68 米，形状有点儿像一个酒坛子，立于 28 星宿组成的八方“灵台”上，内有都柱施关，外面四周铸着 8 条龙。这 8 条龙的龙头对着东、南、西、北、东南、西南、西北、东北八个方向，龙嘴是活动的，每条龙的嘴里都衔着一颗小铜球，龙头下面，分别有一个张大了嘴的铜蛤蟆，要是哪个方向发生了地震，正对这个方向的龙嘴就会自动地张开来，铜球“当”的一声恰好落在铜蛤蟆的嘴里。

候风地动仪就是地震灾害的“克星”之一。

公元 138 年，这个地动仪才造好不久，有一天正对着西方的龙嘴突然张开了，铜球落了下来，说明洛阳的西方发生了地震，可是由于洛阳的人都没有感觉到地震，于是人们议论纷纷，讥笑张衡的地动仪不灵。过了没几天，陇西郡（现陕西西南部）有人来报告，那一天当地发生了地震，大家这才相信张衡的地动仪真的灵敏。

地震是人们最恐惧的自然灾害。

地球内部的变动引起地壳震动，便是地震。地震是释放能量很大、瞬间破坏力很强的自然灾害。唐山大地震所释放的能量相当于 400 多枚投在广岛的原子弹，转瞬间就把一座城市弄得面目全非。地震按成因可分为构造地震、火山地震、陷落地震、激发地震。其中以构造地震破坏性大，影响范围广。火山地震强度较小。激发地震是由于核爆炸、人工深井注水、水库蓄水等诱发或触发的地震，影响范围虽小，危害却极大。

“烨烨震电，不宁不令，百川沸腾，山塚碎崩，高岸为谷，深谷为陵”——这是《诗经》最早描述的周幽王二年（公元前780年）陕西地震恐怖的地面破坏情况。不仅如此，地震还会引发火灾、水灾、山体滑坡、毒气污染、瘟疫等一系列灾害，给人类生存带来极大破坏。地球上每年发生约1500万次地震，其中具有破坏性的在1000次左右，造成较严重灾害的里氏7级以上的大地震约20次。据统计，从1900～1985年，全世界共发生死亡1000人以上的地震100次，总计死亡130余万人，其中14次地震造成万人以上死亡。从20世纪50年代以来，全球大地震造成的经济损失达2000多亿美元。

1976年7月28日凌晨3时41分，北京开往大连的129次列车在人们的酣睡中驶过唐山东北。突然，漆黑的夜空掠过三道蓝光，蘑菇状烟雾腾空升起，随即山崩地裂，大厦坍塌。列车在大地的剧烈颤动中被夹在刹那间扭曲的铁轨上无法动弹。一条长8公里，宽数米的裂缝穿过唐山市中心。顷刻之间，一座具有100年历史和100万人口的工业城市，顿时变成一片废墟，24万人还在睡梦中便殁于瓦砾，16万人重伤致残，经济损失达数百亿元。北京和天津也受到严重波及，地震破坏范围超过3万平方公里，震感范围达11个省、市、自治区，总面积约相当于我国国土面积的三分之一。这就是20世纪震惊中外的中国唐山大地震。

地面破坏最大的地震，是1964年3月28日发生在美国阿拉斯加的8.4级地震，它使震中区地壳破裂，地表水平位移最大达20米，震源断层位移最大达30米，被公认为当今地面破坏、地壳变动最大的地震。

引起最大火灾的地震，是1923年9月1日发生在日本关东的8.3级大地震，在木屋居多的东京烧毁房屋36.6万户，死亡和失踪者达14万人，其中多数是被地震引发的大火烧死的；横须贺市烧毁房屋2.5万户；横滨市烧毁房屋5.8万户。

引起最大水灾的地震，是1786年6月1日发生在中国康定以南的7.5级地震，因山崩使大渡河截流，10天后决口，发生了特大洪水，造成几十万人死亡。

震源最深的地震，目前世界上记录到的是1934年6月29日发生于印度尼西亚苏拉威西岛以东的地震，震源深度为720公里，震级为6.9级。

震级最大的地震，是1960年5月22日发生在智利的地震，震级达8.9级。那里从5月21日开始的一个月内，连续发生多次强烈地震，其中8级以上地震3次，7~8级地震10次。

死亡人数最多的地震发生在中国。据史书记载，1556年1月23日发生在陕西华县的8.0级地震，造成83万余人死亡。

中国是个多震灾的国家。

地处世界上两大地震集中发生地带——环太平洋地震带与欧亚地震带之间的中国，受太平洋板块、印度洋板块和菲律宾板块的挤压，大陆地区地震断裂带十分发育，主要地震带就有23条，均发生过强烈地震。中国发生的7级以上地震约占同期全球总数的7%，超过全球大陆地区总数的1/4。

中国地震活动具有频率高、强度大、震源浅及分布广的特点，是个地震灾害严重的国家。其中尤以人口稠密、经济发达地区更为突出。据《中国地震目录》统计，自夏代有文字可考的公元前1831年起至公元1963年，大于4.75级以上的破坏性地震就有3180次。1900年以来，中国共有29个省、自治区、直辖市发生过6级以上地震近600次，死于地震的人数达55万之多，占全球因地震死亡人数的53%。1949年以来，100多次破坏性地震袭击了22个省，其中东部地区涉及14个省份，造成27万余人丧生，占全国各类灾害死亡人数的54%；地震成灾面积达30多万平方公里，房屋倒塌700多万间。

根据统计预测和一些地震专家的判定，20世纪80年代后期到21世纪初，中国大陆地区将处在第五次地震活跃期，其间可能发生多次7级甚至个别更大的地震，面临的震灾形势十分严峻。

地震灾害具有很大的破坏作用，科学家们为了预防可能造成的危害，设想能像天气预报那样来预报地震。国际上有人提出“地震无法预测”的说法，我国科学家却表示了相反的态度。地质学家李四光就是坚持地震是可以预报的典型代表。

地震是一种自然现象，它的发生虽在瞬间但并不是孤立的。地震来临之前，常常会出现各种各样的征兆。地震前兆性异常种类很多，其中有些异常是我们在日常生活中可感受到的：动物行为反常；听到或看到异常的声光现象，如来历不明的空中巨响、地光现象、震前荧光灯自动发光；日本科学家还发现，由于震前地球岩块龟裂，带电粒子释放到空气中，会出现异常超长短波；天气极度违反常规或出现地震云——天空出现异常的带状云，好像把天空分成两半似的；地下水位、水质或气味发生剧烈变化；植物的生长违反季节规律，以及地形、地貌的异常变化等等。甚至人也有生理或心理反应，土耳其有一奇人，脚一痉挛，就预兆有地震发生。

为什么地震是可以预报的呢?

因为尽管造成地震的基本原因很多，但主要原因是地壳运动，地下的岩石受到力的作用，发生破裂，引起震动。地震前，岩石所受的力加大时，那里的温度、磁性、导电性和传播地震波的性能都会发生变化，人可以通过感官或仪器直接或间接地获取各种信息，预测地震的发生。

美国通过监测地壳运动预测地震获得成功。威斯康星大学的地震学家福德·瑟伯说:“几乎在每一次有一定震级的地震发生之前都会出现地壳的缓慢运动,准确率差不多百分之百。”

科学家认为,地震有其前奏——“慢地震”。在常规地震之前,会出现“慢地震”,即一种能量缓慢释放并伴有震级较小的特殊地震。“慢地震”造成的位移大小与其后伴随的常规地震剧烈程度有直接关系。

据国内外资料记载,地震大都发生在夜间。因为地震虽然是地球内部运动的反应,但有时当它蓄势待发而未发时,月球的引力所产生的固体潮便起了一触即发的作用,使积蓄已久的地震能量一下子迸发出来。地震不仅多发于夜间,且还常发生在阴历初一、十五的月相为朔望前后,因为这时月球的引力潮汐会达到较大值。我国唐山大地震就是发生在阴历七月初二的凌晨。其他天文现象与地震也有一定联系。

安装在太空飞行器上的专用仪器可以帮助科学家预测地震。俄罗斯进行的最新理论研究和试验性探索表明,所有的灾难性地震,无一例外地会发生地球电离层的局部变化,而太空飞行器能很容易记录到这种局部变化。根据这种局部变化,可以非常准确地在地震前 90 分钟到 3 昼夜之内预测出地震。在国际学术会议上俄罗斯向全世界学术界介绍了通过对地球电离层进行多频无线电透视,来短期预测地震的方法。我国利用遥感卫星热红外图像进行地震短临预报也取得了喜人成果。这项技术通过对卫星遥感热红外图像进行分析,找出红外异常与地震发生的关系,建立起模型,从而使卫星在地震短临预报应用中发挥了新作用。地理信息系统(GIS)、遥感(RS)、与全球定位系统(GPS)是我国 21 世纪优先发展的高科技项目。这些系统的建立和完善将把我国地震短临预报推上一个新水平。

1966 年河北邢台地震以后,我国开始了系统而全面的地震监测和预防工作。1971 年,国家地震局成立,使我国成为全世界设立地震方面的政府机构的唯一国家。我国在地震震例、前兆特性、预报方法乃至地震孕育理论方面进行了一系列深入研究。经过几十年，我国已建立起包括地震学、地磁、地电、重力、地震变形、应力应变、地下水动态、地热、电磁波、水化学等多学科手段的地震监测台网，为地震预报打下了基础。这个监测网，包括400多个专业监测台站，700多个地方台站和2000多个群众监测点。在一些地震重点监视区域，这些台站像哨兵一样，日夜不停地密切监视着“地球脉搏”的跳动。

我国已有了一支上万人的地震科技工作者队伍。我国还获得了100多次5级以上地震的实测资料，这在世界上是独一无二的。在最近20年里，我国地震部门共成功地作出了10次6级以上的地震预报。放眼全国，地震专用无线电网已经建成，地震专用卫星通讯网正在建设。全球任何地方的地震发生后，我国地震部门都能够“快速反应”，在半小时内测定境内5级以上地震和全球7级以上地震。

地震预报分长期、中期、短期和临震预报。其中，短期临震预报是真正的世界性难题，到今天仍未攻克。在中长期地震预报上，我国先后取得了不少成绩，标志着我国地震预报水平以无可争辩的事实进入世界领先行列。在1966～1976年这个地震活跃期内，我们曾经成功地对1975年2月4日辽宁营口——海城7.3级地震作出了短临预报，挽救了十几万人的生命，在国内外引起强烈反响，经联合国教科文组织评审，我国作为世界上唯一对地震做过短期临震预报的国家，被载入世界文明史册。此后，我国对1976年5月29日云南龙陵7.4级地震，对同年8月16日松潘——平武7.2级地震，也作了较准确的短期临震预报。20世纪90年代以来，我国又较成功地对几次中强以上的地震作出了预报，如对1995年6月30日～7月12日期间，云南孟连中缅边境连续发生的5.5级、6.2级、7.3级地震，均作了较准确的中、短期预报和临震跟踪预报，取得了公认的减灾实效。最近，中国国家地震局地质所研究员强祖基和他的助手们利用卫星遥感技术成功地预报了不久前发生在日本伊豆半岛东侧海域的5.2级、5.7级震群和发生在日本其他地区的5级以上地震，以及7月发生在台湾东部海域的5.1级地震，日本同行惊呼强祖基和他的同事们是“英雄”。专家承认，总的来看，我国的地震预报，目前仍处在经验性预报阶段。

我国在“九五”期间计划投入资金3亿多元，用于地震基础设施和技术系统建设及地震科学研究。目前，我国正积极运用多种高科技手段提高地震监测能力，这些技术包括：数字技术、全球定位系统、地理信息系统，遥感技术和空间技术等。

日本是一个地震多发国，为全方位预防地震，自20世纪60年代以来，就制定了一系列5年计划，把全部国土划分成若干不同的强化监测区、警戒区、特定观测区等，实施不同的观测监测体制，并投入大量监测仪器，建立了现代化的观测网络系统，使地震预报取得较大进展。堪称战后最大震灾的阪神大地震，迫使日本大幅度地重新研究过去的体制，增加预算，拓宽领域，开展地震综合研究。日本防灾研究的核心机构——防灾科学技术研究所，计划在35个不同地点增设微小地震观测设施和全球定位系统，并进一步充实地震观测网。

美国对地震预报的实用化一直持非常谨慎的态度，没有设立专门的地震预报研究机构，而是把地震预报工作同工程地震工作结合在一起做。美国比较注重地震预报中的基础理论研究，并以此建立地震发生模型，其扩散模型曾极度盛行。近年来，美国不少物理学家也参与地震研究工作，他们的加盟为最终敲开正确预报地震之门带来了新思路。

前苏联对地震的预报做过大量基础性工作，建立了中亚和远东两个地震预报实验场，同时有许多监测网点来进行前兆观测和综合预报的探索，曾在地震预报领域率先提出过波速比、水氢等项前兆现象。最近几年，俄罗斯科学家对地震的电磁现象和高空现象的研究有较大进展。

总之，人类对地震的预报多少摸到了一些门道，但要完全把握地震的规律，进入自由王国，还需要科学技术的进一步发展。

即使有了准确的监震预报，可以减少人畜的伤亡，但也避免不了对房屋建筑等的破坏。日本阪神地震的建筑分析表明，在总计约697亿美元的损失中，建筑物损失为580亿美元，占83%强。而地震中的不幸死亡者，89%是被倒塌的建筑物压死的。

难道地震灾害就无法消除了？

否！科技工作者找到了三条预防和消除地震灾害的基本途径。

其一，确定抗震防灾重点防御地区，避开地震灾害的袭击。不在可能发生强烈地震的危险区建造大型建筑，也不让人口过于集中。避不开的重要建筑，在危险区选择相对安全的地区做地基。据悉，我国已确定了12个抗震防灾重点防御地区，位于地震区的365个城市中有106个完成了抗震防灾规划，52个国家重点抗震城市，基本都有了规划，并正在实施。

其二，化整为零，使产生地震的能量分散逐步在平时陆续释放出来，消除破坏性地震的发生。像水库蓄水、油井注水、地下核爆炸等人工活动都可能触发地震。用人工方法触发的地震，一般是微小的地震，可以让那里地震带所蓄集的能量，通过一系列小地震释放出来，就能避免破坏性的大地震。这当然是最好的办法，但在目前还办不到，需要科技工作者的进一步努力。

其三，加强建筑物的抗震能力，避免遭受地震的破坏。地震中倒塌的大都是旧式木结构和砖瓦结构的房屋，许多近年来采用新方法建造的高层建筑，具有明显的抗震性。因此，采用新方法建造抗大地震的建筑是完全可以的。改进建筑工艺，增强建筑整体的牢固性，避免内装修的震害，地震灾害造成的损失是可以防止和减轻的。

近年来，国外科学家设计建造了不少抗震建筑，其中“弹性建筑”科学性强，防震效果最佳。最常见的防震建筑就是隔离体上的防震大楼。隔离层由分层橡胶、硬钢板组及阻尼器组成，建筑结构不直接与地面接触。阻尼器由螺旋体钢板组成，以减轻上下的颠簸。实验证明，这种建筑减震效果可达60%~70%。另一种是建在滚珠上的大楼，即在建筑物每根柱子或墙体上安装成簇的不锈钢滚珠，由滚珠支撑整座建筑物，纵横交错的钢梁把建筑物同地基紧紧地固定起来，当发生地震时，富有弹性的动钢梁会自动伸缩，于是大楼在滚珠上会有轻微的前后滑动，从而减轻地震波的破坏力。更为奇妙的是在弹簧上建大楼，其特点是由弹簧把连着地基的基础部分和建筑物主体分开，让建筑物主体处于一种漂浮状态，弹簧能吸收地震或其他震动冲击。实验证明，即使地基的加速度有300伽（烈度6~7度）的地震摇晃，传到建筑物主体时也将减少到原来的1/10。弹簧、滚珠、隔离体成了地震的“克星”。瞬间能使山崩地裂的地震，有了弹簧、滚珠、隔离体这样的法宝，也没有什么可怕了。

我国确立了防震减灾10年的目标，大中城市和人口稠密、经济发达地区具备抗御6级左右地震的能力。根据调查，遭遇6级左右地震时，工程设防与不设防的损失差别很大，其中人员伤亡比约为1:14，建筑物损坏比约1:4.2，经济损失比约1:5.1。而一般建筑物达到抗御6级左右地震的能力，只需增加约3~5%的投资，这对工程建设部门来说是可以承受的。当然，抗御能力是指减轻地震灾害的综合能力，除了建筑物的抗震能力外，各级政府组织指挥防震减灾工作及应急的能力、有效的地震监测预报、公众具有较强的防震减灾意识、能有效开展自救与互救对防灾减灾也有显著效果。做到这些，将意味着在遭遇中强地震袭击时，基本不会出现大量的人员伤亡和重大经济损失。

2. 揭开火山喷发之谜

惊天动地，烟火冲云。

1991年6月9日~20日，位于菲律宾首都马尼拉西北方110公里处的皮纳图博火山在沉寂600多年后再次猛烈喷发。

这座位于海拔1436米的火山喷发，在两周内造成300多人死亡，数百人受伤，20万人逃离家园，直接经济损失50亿菲律宾比索。火山喷发出的大量碎屑、灰、砂石、蒸气等直冲云霄。从火山上奔泻而下的熔岩和巨石流到20多公里以外的地方，在距火山40公里半径的区域降下了鸡蛋大的石头雨。四处纷扬的火山灰甚至落到了中国的海南和福建。

在此之前，日本的云仙岳火山也在沉寂了200多年后再次爆发，造成38人死亡，火山喷发的大量火山石几乎堵住了这座海滨小城4万多人的家门，使其无法出行。

这两座火山的相继喷发，不仅对附近地区的环境造成了灾难性的危害，空气污染、农田被淹没、河道淤塞、森林毁坏；而且影响了全球的气候和环境。专家们认为，皮纳图博火山喷射出的2万立方米火山灰已冲上大气平流层，在赤道至北纬30度之间飘浮，使遮盖地区的阳光照射减少而无法进行正常的光合作用，使农作物产量锐减，植物界的损失将影响动物的生存，人和动物因阳光不足和呼吸有毒的火山气体，损害健康。有毒气体还能形成酸雨，并能和火山灰一起在大气中吸收蒸气，使之形成较大的水滴，在某些地区形成暴雨或大暴雨。火山灰明显减弱亚洲大陆的太阳辐射，促使气候变化，导致中国北方异常干旱、江淮流域多雨多灾。

在我国西汉初年，华北地区曾发生过连年灾荒。气候湿冷，五谷不熟，庄稼不收。因饥饿而死者达数百万，甚至还出现人吃人的惨剧。连汉高祖刘邦也违心地批准了允许“出卖儿童”的法令。饥荒始于公元前大约207年，在公元前205年达到高峰，时间长达数年之久。最近美国科学家庞克文及广·斯拉文等人提出，是万里之外冰岛火山的爆发，造成中华民族史上这场空前惨烈的特大灾难。

1983年科学家对丹麦沼泽沉积物进行了研究，结果发现大约在公元前205年整个北欧的气候异常潮湿。庞氏联想到一位丹麦冰川学家根据冰层沉积物，确定北大西洋冰岛的一座火山曾在公元前210年左右发生过一次大爆发，理由是有科学家曾对格陵兰岛上的冰川进行了细致考察，发现在某一冰层的冰核内沉积的硫酸含量相当高，用放射性同位素年代测定法推知爆发年代为公元前210年左右，而这些沉积物只可能来自冰岛的火山活动。遮天蔽日的火山烟云，经高空的西风气流吹动，不出数月就可飘到东亚上空，形成一层乌蒙蒙的尘幕，阻挡了来自太空微弱的星光，难怪秦末的司天监（天文官员）注意到从公元前208年8月起有3个月期间夜里天穹昏暗，不见星辰。这是万里飘来的火山灰尘在作怪。这些火山烟尘遮天蔽日，在很长一段时间内阻挡并削弱了阳光，使大气环流发生巨变，因而造成灾害性天气，农作物因为冷湿的天气及日照不足，必然减产甚至颗粒无收，便引起大规模的饥荒。

近年来，全世界每年平均有50多座火山爆发，一年之中地球上火山喷出的火山灰有6.6亿立方米。每年火山爆发的气体、尘埃和熔岩等物质，不但使局部气候发生变异，而且影响全球的大气环境。中国目前发现的火山约有660座，他们主要分布在内蒙古高原、东北兴安岭和长白山、江淮地区、台湾地区、云南西部、昆仑山区等处。内蒙古高原有大小火山270多座，是我国最大的火山群。昆仑山脉火山区是我国发现的最新的火山活动区，至今这里已发现8个喷发中心，最大火山锥相对高度为264米。位于中朝边界的长白山顶白头山，海拔约2744米，是我国最高的火山，它曾于1597年、1668年、1702年三次喷发。

科学家发现，树木邻近地区哪一年有火山爆发，树木年轮中就有所“记录”，通常是那一年的树木的年轮比较狭窄一些。这是由于附近火山爆发，喷出大量的火山灰，影响了树木的生长环境，树木的生长就会缓慢，年轮则会长得较窄。当然，要从树木的年轮分析而推断过去发生火山爆发的次数，必须与过去各年的气象资料结合起来，才能比较准确地作出推断。

为什么会出现火山喷发？

火山喷发，是岩浆冲出地面时的自然现象。岩浆在一般情况下是被地壳紧紧包住的。由于地球内部温度很高，岩浆不能安静下来，老想逃出去。但地下的压力很大，岩浆要冲出去是不容易的。在地壳结合得比较脆弱的部分，地下压力轻一些，岩浆活动增强，冲出地面，就发生火山喷发。火山总是分布在那些地壳运动比较强烈，而且比较薄弱的地方。火山喷发的强弱，与岩浆冲出来的通道是否畅通有关。若岩浆很稠很粘、火山通道狭窄紧闭，一冲开就是一场大爆炸，对人类危害更大。

传统的“啤酒瓶”理论认为，火山喷发的时间主要由溶解在岩浆里的气体数量来决定。法国科学家提出了“压力锅”的新理论，认为不应将火山视为“晃动的啤酒瓶”，而应视为“压力锅”，“压力锅”理论有助于预报火山喷发的时间。他们认为，“压力锅”里上部是正在上升的岩浆柱，下部是储存的熔岩，而安全阀则是火山出口的岩壁上的孔隙度。但安全阀只有当岩浆漫到足以使压力积蓄，即把气体从壁孔里驱走的程度时才起作用。美国亚利桑那州立大学的乔纳坦·芬克博士对火山喷发后的岩浆样品进行分析后说，“压力锅”理论认为，如岩浆样品里的气体含量是上升而不是下降，那么就会再次发生火山喷发。他说，新理论使预报火山在何时喷发将成为可能，其方法是测量当地岩石的孔隙度和火山喷发后的岩浆样品里的气体含量。

前苏联科学家认为，火山喷发是从地球内部喷出的氢气流把地壳炸开而引起的。俄罗斯地质学家别洛夫揭开了火山爆发的时间之谜。他通过对6亿年以来地球上的火山爆发情况作认真细致的统计分析，结果表明：地球上每隔1.9亿~2亿年，火山活动就会出现一次高峰。而且，一年中的6月份火山爆发的总量最大，喷发出的火山灰和岩浆的总体积也最大。他认为，火山季节性爆发是由于太阳的引力场作用的缘故。因为在6月份，太阳和地球的旋转轴正好一致，引力相互作用的结果容易诱发火山爆发。1.9亿~2亿年的时间间隔正好和银河年相一致，即和太阳连同地球围绕银河系统中心旋转的周期相一致。

为了减免火山喷发引起的灾难性损失，避免飞机在火山灰上空飞行，美国国家海洋与大气环境管理局发明了一个卫星警告系统。美国联邦航空管理局使用这一世界范围体系的卫星警告系统，获得卫星提供的火山灰云往何处移动的情报，向飞机发出警告。因为当飞机飞过一片火山灰时，火山灰微粒就会跑到飞机发动机里面去。火山灰在极高热度下会熔化，然后流入更冷的区域，变硬之后成为玻璃一样的固体，拦阻了空气流入飞机发动机里，导致飞机不能正常运转，失去控制而失事，这一系统的投入使用将避免这方面的灾难。

3. “地陷东南”有人治

《淮南子·天文训》：“昔共工怒触不周之山，天柱折，地维绝，天倾西北，故日月星辰移焉；地不满东南，故水潦尘埃归焉。”

地陷东南，引起海水倒灌，似乎讲的就是今天称为“地面沉降”这种自然灾害。

地面沉降现象，主要指大中城市地区发育的一种工程地质现象。一般表现为区域性的地面沉降。由于地壳运动、海平面上升、自然压密、建筑物的荷重、天然气的开采、大量抽取地下水及其他人为因素，使地面下陷，建筑物下沉而不能使用。在沿海城市和地区，地面沉降还可能引起海潮倒灌。

1966年的一天，意大利西西里岛的海滨城市阿格里琴托，突然“轰”的一声巨响，一座占地约600平方米的房屋坠入一个深约12米的坑里，而附近的一些房屋也纷纷倾倒和崩裂，使一万人无家可归。

1981年5月8日，美国佛罗里达州的奥兰多市某公园附近一块像足球场那么大的地方，也在一声巨响以后，陷入一个大约八层楼房深度的深渊里。

我国山东省西南部的荷泽、东明地区，从20世纪70年代以来就先后发生过4次地陷，而湖南醴陵地区的陷落坑竟有5800个。这些地面陷落的范围不大。由于地壳形变和过量开采地下水，我国有20多个城市包括天津、上海、宁波、常州、嘉兴、西安、太原、北京等都发生了不同程度的大面积地面沉降。沉降速率最大的塘沽可达每年188毫米。我国还有200个县市发现了地裂缝。西安市地裂缝已严重影响城市建设，给建筑物造成了严重威胁。

地面陷落沉降和地裂缝，造成河流断流，桥梁扭曲，房屋倒塌，人畜伤亡，道路开裂，地下水管破裂，破坏农田、道路、桥梁和铁路交通，造成严重经济损失。广东凡口，地面塌陷1950个，毁坏农田1000多亩，破坏公路1.5公里，铁路4公里。湖南恩口地面塌陷，毁坏农田9500亩，民房18300平方米，毁坏小水库8座。地面沉降和塌陷，究其原因大致可分为天然和人为两种。天然因素是地壳运动、地质构造或沙土层受地下水流冲蚀而形成空洞，最后因承受不住上部的压力而沉降或塌陷。人为因素则与人们采矿和抽取地下水等有关。由于我国岩溶充水矿床分布广泛，全国23个省（区）的岩溶分布都有地面塌陷。据39个矿区的不完全统计，共有塌陷坑23931个，占全国各种原因产生的塌陷坑总数的79.76%。随着采矿强度不断加大，一些老矿区已呈“空壳”状，地面承受力小，随时有塌陷的危险。著名的煤区唐山，就曾发生过多起建筑物坠入地下的严重塌陷事故。由于地下水开采过量，苏州城在沉降。据苏州市城市规划局测量队调查，1957年至1983年，苏州城区平均年沉降率为20毫米，而1991年至1994年平均每年沉降达40毫米，平门火车站一带竟下沉80毫米。

地面沉降并不是不可控制的。我国科技人员摸清了地面沉降发生、发展的规律性后，运用人工回灌地下水的整套技术和方法，一定程度上控制了地面沉降。我们脚下的大地是由许多层次组成的。在地表下面，有不透水的坚实的岩石层、土层，也有透水的砾石、粗砂等组成的含水层，这含水层的水就是地下水。地下水是重要的水资源，人们抽取它用于生活和生产。但如果抽取过量，地下出现空洞，地面就要下沉了。地面下陷的速度和程度由地下水抽取量的速度和程度决定。如能掌握地下水的抽取量，合理开采，就可避免大地下沉，上海过量抽取地下水后，最严重的地区下沉了2.63米。1965年后，上海采取了计划用水、人工回灌、调整开采层次等综合治理措施，1966~1987年间，年平均下沉仅1.7毫米，基本上控制了地面下沉。

三

让黄沙变成绿海

——地貌灾害的预防与治理

请看地球上占面积29%的陆地在一年中的一些变化：

地球上每年约有160亿立方米泥沙被河流冲进大海；

地球上每年约有600万公顷的土地被变为沙漠；

地球上每年约有1700万公顷的热带雨林面积消失；

地球上每年约有50个国家遭受泥石流灾害；

地球上每年因滑坡给人类社会带来百亿美元以上的经济损失。

再请看看地球陆地上的中国：

中国领土约有960万平方公里，居世界第三位，面积与欧洲大致相当，约占世界陆地面积的1/15。960万平方公里不是一个枯燥的数字，表现为蜿蜒的山脉、奔流的江河、起伏的丘陵、坦荡的平原。

约320万平方公里的山地，大多土壤贫瘠，不宜农作，隔阻交通，妨碍交流。山区的土地质量远不如平原肥沃，还容易遭受地貌灾害的侵袭。

250万平方公里的高原，气温低，空气稀薄，降雨量小，不利于农牧业的发展，也容易遭受各种地貌灾害。

115万平方公里的平原地区，只占全部国土的12%，不仅太少，而且也逃脱不了水土流失和沙漠化这样的灾害骚扰。

在我们的国土上，因各种自然因素和人为因素的影响致使崩塌、泥石流、滑坡、水土流失、荒漠化等地貌灾害造成很大的危害，每年大小崩塌、滑坡数以百万计，有泥石流沟1万多条。20世纪80年代仅四川省就造成2000多人死亡和20多亿元的经济损失。现在全国受泥石流威胁的城市有70多个。水土流失、土地沙化日趋严重，如不治理，估计到2020年沙化面积将由17.6万平方公里增至30万平方公里，必使农牧业蒙受巨大损失。

为与地貌灾害作斗争，世界各国动员了各种科技力量和科技手段，包括高新科技。中国在1985年、1986年连续发射了两颗专用于国土普查的卫星，用遥感技术对9054平方公里的土地进行了普查，每一幅照片所覆盖的面积是航空测量的140倍，为防灾减灾提供了有重要价值的数据和资料。

1. 从大汗智逃绝境说起

《成吉思汗》一书记述了人类凭经验和智慧成功预防雪灾的一个范例：成吉思汗率领大军成功地避免了一次大雪崩造成的灾难。

那年10月份，蒙古草原开始下第一场大雪。铁木真按已往经验早已作好了过冬准备。而且他也预测出今冬有大雪。但是，他没有估计到今年头场雪来得这么突然，他还没有迁出大山里的营地就大雪封山了。他立即命令全军团拔寨而起，向山外进发。

一团团羊毛般的大雪倾泻下来，铺天盖地一片白色。大雪这时不只是从天而降，而是来自四面八方了。军团如一条蠕动着的长蛇在雪中艰难地爬行。铁木真命令各将领们不惜一切，催促军团飞快地走出山地。他明白这大雪比任何一个强大的敌人军团都要厉害百倍，能无声无息地吞噬掉任何强大无比的军团。

因为大雪密度太大，在大白天5步之外就很难看清东西了，铁木真正在睁大眼睛观察时，耳边传来异样的响动，如千军万马袭来，在这狂呼的大雪之中也辨得很清。

铁木真立即大声喊到："哲别，快让军团内闪开一条道，快，快！"（注：哲别为一将领名）他们还没来得及细想大汗这个命令是什么意思的功夫，黑压压的一群黑羚羊足有几千只如暴风般地滚了过来，它们毫无顾忌地从大军闪开的上百步宽的通道冲了过去。即使这样在拥挤之中仍然撞倒撞伤了上百士兵。

将士们个个吐舌。羚羊是柔顺的食草动物，怎么今天却如此凶猛了？

铁木真感到了事情的可怕性。他对哲别说："你赶紧命令士兵们扔下身上除了衣服以外的所有东西，连刀枪都扔下，还有马背上的东西。马能跑的牵着，跑不了的扔掉。快步跑，快快冲出前边的山口，快快离这侧高山远远的，再也不能耽误了！"铁木真的声音有些颤抖。

当铁木真随最后一批大军到达山口之时，天突然亮得出奇，然后漆黑一团，旋即一声震耳欲聋的轰隆作响之后，一股白色风暴自山中冲起，在人们都被震呆的刹那间滚动而过。待人们清醒过来，自山口向下望去时，几十丈深的山凹被填得平平的，有的地方比两侧山峰还凸了出来……

即使这样，铁木真清点兵马时，雪中依然葬身了2000余人，畜群以及粮食、车仗损失无计。

整顿兵马继续前进时，哲别走近铁木真问："大汗英明，你是怎么知道大雪崩要来呢？""黑羚羊是十分灵性的动物，尤其是它对气候的敏感超过任何同类。这种巨大暴风雪也是百年不遇的。我看几千只黑羚羊突然毫无顾忌冲向山口，如果它们没有预测到比人类还要可怕的敌人或灾难就要到来，它们是不会这么不顾一切的。所以我就猜想到了山崩和雪崩，就让兵团不顾一切地冲出山口。"

1946年12月23日，发生在阿尔卑斯山脉杜鲁米达山的炮火导致了一场大雪崩，使对峙的意大利与奥地利两国军队被活埋了

1.8万多人。

除了雪崩，还有山崩，统称崩塌。

1985年6月我国新滩山崩滑坡，造成很大损失。随后，长江南岸的链子崖和北岸的黄腊石，相继产生了数百万立方米的危岩体并迅速变形，一旦崩塌滑入长江，仅堵塞长江航运的损失一日就可达100万元。

巫江边上的小煤矿的不合理开采，诱发山体崩塌而堵住江面，使航运瘫痪，损失了8亿元。

据统计，仅川、滇、甘、辽、京5省区有迹可查的崩塌、滑坡就达41万处，年均死亡人数达928个。

崩塌，包括雪崩和山崩，通常发生在坡度较陡的山地。它是积雪或岩石在重力等的作用下发生坍塌下坠的一种地质地貌现象。地震时所造成的山体震动可以促成崩塌的发生。没有地震也可能发生崩塌，如不合理的工程经济活动或其他活动都可能造成或诱发崩塌。

雪崩是大量积雪突然崩落的现象，主要发生在山势陡险、降雪充沛的积雪区，主要由积雪重量、大风、新旧积雪面磨擦力减小，积雪底部融化，气温骤升等引起，也可由地震、火山、动物奔走、人群活动等诱发。雪崩的威力很大，每立方米有50吨的冲击力。小型雪崩一般有10万立方米，大者以百万、千万立方米计，且多夹带石块，可折断树木、堵塞河流、阻碍交通，压埋房层，伤亡人畜，造成巨大经济损失。我国的雪崩灾害主要发生在青藏高原喜马拉雅山脉积雪区。依靠科学技术，雪崩灾害是可以监测、预报、预防的。人们通常的防灾减灾办法是：在雪崩区的交通线或居民点附近修建挡雪的墙和堤；在山坡开挖起缓冲作用的水平梯田；营造防护林带，形成天然屏障；采用化学固雪剂防止雪崩；用盐类清雪或机械清雪消除雪崩隐患。

山崖上的岩石，因风化等原因而分崩离析，地心引力一旦使其达到维持不住的程度，就会垮落崩塌；没有完全破裂的岩石，也可能因地震等原因而分崩离析，崩塌坠落。山崩常常威胁人们的生存和生活，造成巨大灾难，不能置之不理。依靠科学技术，山崩所造成的灾难也是能够防治或减免的。注意监测，事先处理好那些可能崩落的岩石，或在一些易于发生山崩的陡坡险崖下修筑坡坝，就能减免或减轻灾害。

2.“管住”滑坡和泥石流

清晨。

雾还未散尽。

四川省凉山彝族自治州美姑县龙头山上一个牧羊人走出帐篷，顿时目瞪口呆，形若木鸡；山下的4个村庄消失了！他尖叫一声，扔掉鞭子，飞也似的跑向柳洪乡政府报告——

1997年6月5日凌晨1时，四川美姑县乐约乡境内的龙头山开始滑坡。刹那间，轰隆隆的一片巨响，震耳欲聋。巨大的响声使15公里外的柳洪乡都能听见。一场特大的山体滑坡重大灾害发生了。4000米长、1500米宽的泥石流呼啸而下，一下毁灭了乐约乡4个村16个组，150条生命在瞬间消失。

滑坡与泥石流两种灾害常常并发并称，是山区常见的突发性地质地貌灾害。我国每年因此类灾害造成的直接经济损失以百亿元计，其中由不合理的工程活动造成或诱发的人为因素至少占一半以上。真是一半天灾，一半人祸！

滑坡是斜坡上大量岩体和土体，在重力作用下沿着一定的滑动面整体下滑，造成坡上和坡下的农田、建筑物或被破坏或被掩埋以及人员伤亡的灾害。我国是一个多山和多地震国家，有史以来暴雨和地震引起的滑坡频繁发生，随着建设事业的发展，又不断出现水库、矿山、路堑和山城等的滑坡。

1933年8月25日，四川茂汶县迭溪地震时，周围30里山陵崩滑，迭溪城与龙池山两个巨型高速滑坡相对而下，堵塞岷江，形成堰坝高160多米，45天后塞住的水泛溢溃决，沿江数百里皆受重灾。

湖北远安县盐池河磷矿，由于地下采空，山体开裂，雨后位移骤增，1980年6月3日凌晨，100多万立方米的山体突然崩滑，坑口建筑物被毁，办公楼、宿舍、大量矿山机械和280多名员工瞬间被埋入20多米厚的碎石之下。

地质科技人员对滑坡灾害进行了多方面的研究，采取了各种工程措施，将滑坡造成的危害减低到最低程度。中国科学院成都山地灾害与环境研究所的科研人员，在1992年主持编写了“中国滑坡灾害分布图”。湖北省在20世纪80年代中期和90年代初发生了两次大滑坡，由于预测预报及时，当地政府措施得力，及时迁移和撤离人员，无一人伤亡并大大减少了经济损失，避免了大灾难的发生。防止或减轻滑坡的工程措施，包括消除雨水对山坡的危害，有打桩、修护坡、筑拦滑坝以及植树造林。遵循事物的客观规律，事先采取适当的科技措施，滑坡就不能恣意为虐了。

《泥石流》那部科教电影片中，曾具体形象地再现了泥石流突然爆发时的景象：一股粘稠的泥浆挟裹着巨大的石块，像山洪一般，以排山倒海之势，沿着峡谷奔泻而出，只见泥浆飞溅，山谷轰鸣；顿时在山外堆积成一片石海。这种常常发生在温带或半干旱地区的山区里挟有大量砂石的特殊洪流，称为泥石流。它最快时甚至可达每秒10米，上千吨的巨石可像飘浮在水中的木块那样，上下沉浮地被带到山下。泥石流常在雨季突然爆发，挟带泥沙石块，席卷而下，扫荡前进途中的一切，给人民的生命财产带来极大的危害。

泥石流灾害波及我国23个省区，影响山区城镇工矿、交通运输、农田村寨、水利设施等。我国山区铁路运输线旁，就有1386条泥石流沟威胁着3000多公里线路的安全运行，是一大隐患。科技消灾，要认识泥石流的发生和演变规律，对可能发生泥石流的地区作详尽的调查研究，抓好预测、预报工作，预防和减轻泥石流灾害造成的损失；要加强各种防护工程的建设，建拦沙坝，设停淤场，修防护堤，造排导渠，通过截、堵、疏等科学方法，消减危害；要特别注意加强和保护泥石流区域的森林植物，固沙固土，避免触发或诱发泥石流灾害的发生。

为了“管住”三峡的滑坡和泥石流，我国已启动了长江三峡工程库区滑坡监测工作。长江三峡工程库区不仅地形地质条件复杂，而且是多滑坡地区和滑坡易发地区。新启动的长江三峡库区滑坡、泥石流预测预报系统，将采用“3S”高新技术进行预测预报。建成后的滑坡监测网将对三峡库区那些具有潜在威胁的崩、滑体和变形中的岸坡以及新建城镇的地质情况逐一建立各自的形变预测系统，成为监控三峡库区运行的新城镇建设全过程的永久性设施。

3. 黄河总有澄清日

黄河是中华民族的摇篮。黄河也是世界上输沙量最大的河流。黄河每年输往下游的泥沙量为16亿吨，若用载重4吨的卡车，每天要运送110万车次，连续运一年，才能运完。舀起一碗黄河水啊，那真是“一碗水，半碗泥”！由于水土流失，黄河带走的是地表土，带来的却是贫困。依靠科学技术防灾减灾，才能消除贫困的根源。

请看黄河中下游的两组镜头：

内蒙古伊克昭盟，位于鄂尔多斯高原东部，地处黄河中下游的黄土高原边缘地带。

镜头A——明末清初。典型的丘陵沟壑区内的伊克昭盟，林木参天，绿草铺地，山清水秀，真是赏心悦目之地。因此，被称为“天之骄子”的成吉思汗曾将这里选作了灵寝宝地。

镜头B——现在。由于人为的乱垦滥伐过牧，草木越来越少，沟壑纵横、满目荒凉。年复一年，地表土一层层地被“刮”去，已形成大约2万平方公里的砒砂岩裸露区，特别是其中的3000平方公里土地，水土流失程度甚烈，被称为“地球上的月球”。水土流失使这里人的生存环境恶化到了极点。老百姓一年比一年穷，年年靠吃国家救济返销粮。事实告诉我们，水土流失与贫穷落后是一对“孪生子”。要治理贫穷，则要从治理水土流失这个“病根”入手。

晋西北黄土丘陵沟壑区的河曲县峪村，东靠绵延起伏的坡梁，西临波涛滚滚的黄河。

镜头A——解放前。曲峪一片荒凉，“下雨冲成鱼脊背，天旱干成铁片片”。老百姓为了生存苦苦挣扎，“男人走西口，女人挖苦菜”。

镜头B——解放后。曲峪村开始向大自然宣战，经过多次挫折和失败，逐步摸索出一套行之有效的科学治理方法：在农田建设上，水土、梯田、坝地并举；在山坡治理上，鱼鳞坑、水平阶、连环蓄水池同修并举；在生物措施上，乔木、灌木、牧草齐上。村临黄河岸边，先筑护河坝，以后年年在坝梁、坝内栽树，树木成长拦住了风沙，堤坝增高挡住了山洪，截住水土淤成滩地。树多、坝高、地淤平，不仅防止了黄河水害，而且改善了生态环境和生产条件，使曲峪村民逐步走上了脱贫致富的路子。

镜头C——现在。这个村已拥有一万多亩林草地，其中花果树面积达3500亩，年产干鲜果品35万公斤；形成了五公里长、20多米宽的黄河护岸林，把4300亩烂河滩改造成旱涝保收、稳产高产、渠系配套的林网方格田。全村治理面积已达到1.65万亩，占总面积的97%。1990年全村人均纯收入达480元。今天，一个山清水秀、百业兴旺的新村已伫立在黄河岸边。

只要依靠科学技术，尊重客观规律，百折不挠地把水土保持工作进行下去，黄河流域的水土流失是可以治理好的。

水土流失是暴雨洪水造成的并发性地貌灾害。造成水土流失的因素有自然和人为两方面。自然因素包括气候、地质、地貌、土壤、植被等；人为因素主要表现为人类不合理的经济活动的影响，如陡坡开荒，沿江河两岸开山采石或开矿，滥伐树木，农业经济结构和土地利用不合理等。人为因素是目前水土流失的主导因素。水土流失的危害主要在于流失土壤、降低土地肥力，淤积山塘、水库、渠道和河道，影响蓄水、航运和灌溉，导致洪涝旱灾频繁。

我国是世界上水土流失最严重的国家之一。水土流失面积达367万平方公里，占国土面积的38.2%。据推算，每年水土流失的土壤至少在50亿吨以上，相当于耕作层为33厘米厚的耕地1750万亩，仅黄土高原每年因水土流失带走的氮、磷、钾，就有约4000万吨，相当于全国每年生产的化肥总量。据不完全统计，40多年来因水土流失减少的耕地面积达4000多万亩，造成经济损失每年约100亿元。

由于水土流失，我国河流以高含沙量著称世界。江河、湖泊因泥沙淤积，降低了行洪、蓄洪和滞洪的能力，造成了小洪水、高水位、大灾害的后果。目前，黄河下游河床以平均每年约10厘米的速度抬升，已高出地面3~10米，成为地上悬河特殊景观。长江的情况也不容乐观，现在每年输入海洋的泥沙约5亿吨，已达黄河入海泥沙含量的1/3。据不完全统计，由于淤积，全国损失的水库、山塘库容累计达200亿立方米，相当于淤废库容1亿立方米的大型水库200座。

水土流失与贫困互为因果。凡是水土流失的地方，没有不是贫穷落后的。据1994年调查，黄河中游水土流失地区，人均产量只有300公斤，农民人均纯收入不过600元，远远低于全国平均水平；黄河中游共有306个县（市），“八五”期间国家扶持的贫困县就有126个，这足以说明水土流失是贫困的根源。

我国城市水土流失问题也正在日趋严重。据广东省对广州、珠海、佛山等十二个城市调查，从1986~1995年，人为造成水土流失475平方公里，平均每年47.5平方公里，共流失土壤5.28亿立方米，淤积河道、渠道1191公里。山西省太原市郊区因开发建设中不注意水土保持工作，去年8月上旬的暴雨使洪水、泥沙进入太原市区，淤积泥沙达一米厚，造成重大灾害。

据分析，城市水土流失既是不合理的人为活动造成的，也是伴随着城市进程而产生的。

此外，一些城市少数领导为在任期内上一些大工程、大项目，往往不惜以牺牲和破坏环境为代价，致使大量新建项目没有水土保持方案照样批准立项。

水利部有关人士认为，城市各级政府要把水土保持当作一项重要的公益性工作来抓，绝不能以破坏水土保持、牺牲环境为代价去求得经济的发展。

黄河水是从何处开始变黄的呢?

近年来，我国科学工作者通过实地考察发现，黄河从源头处约古宗列曲到扎陵湖、鄂陵湖地段，河流多流经基岩裸露的山区，水中含沙量很少，注入扎陵湖、鄂陵湖沉淀后更加清澈。但河水从鄂陵湖流出后奔流5220公里至达扎鄂陵湖乡地段时，水流即开始混浊变黄。究其原因，是达扎鄂陵湖乡一带分布着大面积第四系的松散沉积物，多黄沙泥土，很容易被水流带走，而这一带偏偏又密布着多条黄河支流，且气候多变，多雨雪风暴的袭击，引起山洪暴发。学者们测得此处黄河水中的输沙量为每秒803公斤。由此认定，黄河水是从达扎鄂陵湖乡开始变黄的。

黄河中游，从内蒙古的河口镇转向南流，奔腾于晋陕峡谷之中，到晋陕交界的龙门为止，习惯上称之为北干流。这段河长700多公里，流域面积约11万平方公里，其中有7.7万平方公里为剧烈侵蚀区，水土流失举世闻名。黄河的泥沙有60%以上来自这一地区。

黄河小浪底工程建成后，黄河泥沙问题将得到有效控制。拦沙减淤被认为是小浪底工程最引人注目的综合效益之一。计划在2001年正式建成蓄水的小浪底水库，设计用于拦沙的死库容为76亿立方米，可减少下游河道淤积78亿吨。再加上黄河两岸的种草植树和其他工程措施，可以使黄河的水质基本变清。

黄河终有澄清日。

水土流失是个世界性话题。尼罗河三角洲也存在严重的水土流失。由于自1964年阿斯旺大坝建成以来地中海沿岸水土流失加剧，到20世纪，埃及的尼罗河三角洲有消失的危险。防止水土流失已刻不容缓。许多地方水土保持工作失败的原因，往往不在于缺少技术方案，而在于环境意识淡漠。

治理水土流失是一项长期而又艰巨的任务，破坏易，治理难，巩固更难。依靠科学技术治理水土流失，要认真贯彻“防治并重，治管结合，因地制宜，综合治理，除害兴利”的方针，按照自然规律和经济规律办事，遵循资源开发的综合利用原则，促进良性循环；按照水土流失规律，实施水土保持措施，采用生物措施时要因地制宜地多搞乔、灌、草混交林，采用工程措施时应就地拦蓄径流、减缓径流、增加渗透、滞蓄泥沙。

防止土壤流失的最重要措施是让地表经常有植被。特别是像水果和葡萄那样的在植株间留下许多空地的多年生作物，用这种方法可以取得很好的效果。我国台湾的科学家说，在槟榔树之间种植间种作物可以使每公顷的土壤流失量从200多吨减少到不足一吨。如果在下一次播种前将收成的残留物留在大田里，也可以取得很好的效果。

我国治理水土流失速度加快。第一期治理工程自1983年开始，1992年竣工并通过国家验收。其范围包括9个省、市、自治区的43个县，涉及近8万平方公里土地 。从1993年起，国家又对这些省、市、自治区的9.7万平方公里水土流失严重地区进行第二期治理。通过治理，水土流失进一步减轻，生态环境得到显著改善。

1997年春，贵州省为珠江大规模营造绿色屏障的工程拉开了序幕。为珠江营造绿色屏障是我国继长江防护林之后启动的又一项跨世纪绿色生态工程。珠江是我国南方的一条大河，也是仅次于长江、黄河的中国第三大河，横穿贵州、云南、广西、广东等省区。下游的珠江三角洲是我国重要的经济产业带。由于对珠江流域过度的开发，这一地区水土流失严重。据介绍，由有关专家主持设计的总体规划已在去年底完成，并通过了验收。按规划，贵州将首先在罗甸等10个县（市、区）实施绿色屏障工程。到2000年，10个项目区营造的防护林，将形成500多万亩绿色屏障，起到初步遏制这一地区生态环境恶化的作用。据介绍，这项工程在云南、广西、广东等省区也将得到同步实施。

4. 给地球系上“绿腰带”

5月17日，是个特殊的日子——世界抗荒漠化及干旱日。

联合国防治沙漠化公约秘书处在这个特殊的日子，总是要发表公报告诫世人，当前世界荒漠化现象仍在继续加剧，并呼吁各国尽快批准和落实里约热内卢世界环境与发展大会通过的国际防治沙漠化公约。

人与沙的较量，不知进行了几百年、几千年。

面对那浩瀚沙漠的不断侵袭，强大的人类似乎在心不在焉之后又显得力不从心。日复一日，年复一年，疯狂的沙漠逼到了我们的家门口，吞噬着一片片良田沃野，占领了一座座城镇，使一些人食不果腹，使一些人背井离乡……

荒漠化，这种地貌灾害，正日益严重地威胁着人类的生存和发展。

荒漠化，主要表现为草地、耕地及林地的退化，它是各种自然、人为因素相互作用的结果，但主要是由于人类活动和气候变异造成的。自然地理条件和气候变异固然是形成荒漠化的某些必要因素，但其形成荒漠化的过程是缓慢的，而人类活动则激发和加速了荒漠化的进程，成为荒漠化的主要成因，如过度地耕种土地造成土地贫瘠；牧区放牧过多，毁坏草场；滥伐森林造成水土流失以及缺乏完善的排灌系统导致土地盐碱化等。

全球陆地面积占29%，其中荒漠及荒漠化土地占陆地面积的29%。全球每年有600万公顷土地变成荒漠，相当于一个斯里兰卡的国土面积。每年经济损失约423亿美元。据联合国统计，全世界受沙漠化威胁的国家和地区有100多个，现今约有12亿多人受到荒漠化的直接威胁，其中有1.35亿人在短期内有失去土地的危险。近20年来全世界荒漠化土地在继续扩大，吞噬土地的面积已相当于美国可耕地面积的总和。

沙漠面积最大的非洲大陆，由于20世纪以来最大的一次干旱，使撒哈拉沙漠正以每年数公里的速度向南延伸。非洲遭沙漠困扰的国家，已从过去的16个增加到34个，整个非洲大陆已有690多万平方公里的土地受到沙漠化威胁。

中国的荒漠化形势也已非常严峻，全国沙漠戈壁及沙化土地普查结果，我国沙漠及沙化土地总面积为168.9万平方公里，占国土面积的17.6%，近20年来沙化土地平均每年以2460平方公里的速度在扩展，相当于每年损失一个中等县的面积。我国每年因荒漠化危害造成的损失高达540亿元。按照《联合国防治荒漠化公约》确定的定义、指标，我国荒漠化土地面积 262.2 万平方公里，占国土面积的 27.3%，其中，风蚀荒漠化土地 160.7 万平方公里，水蚀荒漠化土地 20.5 万平方公里，冻融荒漠化土地 36.3 万平方公里，盐渍化土地 23.3 万平方公里，其他原因引起的荒漠化土地 21.4 万平方公里。我国受荒漠化影响的范围更大。而在干旱半干旱和亚湿润干旱地区，荒漠化土地所占比例已接近 80%。

据统计，我国与人民群众生活直接相关的草地和耕地的退化已相当严重，草地退化率已达 56.6%，耕地退化率也超过 40%。与此同时，天然林和人工林也受到严重威胁，出现大面积退化以至衰亡。塔里木河下游长达 180 公里的“绿色走廊”由于河流水量剧减而濒临毁灭，阿拉善绿洲已缩小了 5.7 万公顷，居延海已近干涸。

过度放牧是草地退化的主要原因。目前，我国干旱、半干旱及亚湿润干旱区许多草场实际载畜量远远超过了理论载畜量。在内蒙古，过度放牧导致 13.3 万余公顷草地严重退化。

在黄土高原等起伏地形的地区，陡坡垦耕是导致耕地退化的主要原因。据观测，坡度小于 5 度的坡耕地，每年每公顷表土流失量为 15 吨左右，25 度的坡耕地每年每公顷表土流失量可达 120～150 吨，而水平梯田则基本不产生水土流失。

毁林、乱挖中药材等则是直接导致土地荒漠化的人类活动。新疆荒漠化地区每年所需燃料折合成薪柴约为 350 万～700 万吨，都取之于林木，使大面积的荒漠植被遭到破坏。

另外，人口增长对土地的压力，是土地荒漠化的直接原因。据全国沙漠化普查资料，我国北方 12 省区的干旱、半干旱地区的人口密度平均为每平方公里 24 人，超过了该类环境条件的人口承载极限。

由于防治荒漠化意识的淡薄，在利欲驱使和人口压力下出现了边治理边破坏的局面。从总体上看，我国荒漠化仍在扩展，且有加重的趋势。特别是目前，乱垦滥牧、乱挖药材、乱采矿的现象仍有增无减，使我国防治荒漠化的局势更加严峻，如果不采取有力措施，荒漠化扩展的趋势将难以逆转。

沙漠肆虐，给人类造成了深重的灾难。

1903年，一场沙暴使哈萨克斯坦的2000万公顷良田沦为沙漠。

非洲撒哈拉沙漠南缘的萨赫勒地区，干旱引起沙漠化迅速拓展，3500万人被迫离乡背井，约百万人为此饥饿而死。

疯狂的沙漠，侵吞了我国美丽富饶的科尔沁草原和鄂尔多斯大草原，使之变成今日的科尔沁、毛乌素沙地。罗布泊湖也在滚滚风沙中消失。在我国北部万里风沙线上，仅三北地区，就有约2亿亩农田受害，数以千计的水库和灌溉渠失去功能，800多公里铁路和数千公里公路面临严重威胁。

全世界被这场灾难震撼了！人类对土地沙漠化的抗争，被列入联合国的议事日程。1975年，联合国大会通过3337号决议，呼吁全球“向沙漠化进行斗争”。1977年，联合国召开有90多个国家参加的世界沙漠化会议，庄严提出向沙漠化进军的行动纲领。前苏联、埃及、利比亚等国纷纷行动，制定规划，增加投入，把防治沙漠化列入国家经济发展的重要议程。

为迎接21世纪，英国已决定进行一项空前的跨国植树大行动——由伦敦东南郊区格林威治0°经线（子午线）为起点栽种树木，沿线经过欧洲的法国、西班牙，然后转入非洲，经过阿尔及利亚、马里、布基纳法索，最后到非洲西部的加纳为止，就像为地球系上了一条“绿腰带”。沿线栽种的树木，会因适应各地区土壤性质而有所不同。例如：在英国境内，将会栽种橡树、榆树或桃树等；在非洲，特别是阿尔及利亚与马里等雨量不足的沙漠地区，栽种一些耐旱树木。当子午线上种植的各种树木，有朝一日成长壮大之后，就犹如一条绿色的巨龙，连绵不绝，蔚为壮观。即使有些树木可能枯萎，但也可以立即补种，前仆后继，不断发展。植树造林是一件保护环境、利国利民的好事。筹划单位相信，这项行动将会提高各国人民对保护自然环境的共识。它们也相信，一旦完成了这一壮举，这条跨国林木带将会保存几百年，甚至上千年，就连在太空的宇航员们也能清楚地望见地球这条绿色的“腰带”。

阿拉伯联合酋长国是以盛产石油而闻名于世的富国之一，但其自然条件却十分恶劣：沙漠占该国总面积的65%，气候炎热，降雨量稀少，淡水奇缺，居民饮用水靠海水淡化，费用极高。

自1971年国家独立以来，阿联酋政府十分重视改造恶劣的自然环境，尤其在绿化方面大量投资，20多年来共种植了114个品种8000万棵树，为20万公顷的沙漠披上了绿装。如今，阿联酋首都阿布扎比已成为一座“沙漠中的花园”，高速公路和市内大街两侧绿草成茵，树木成行，鲜花盛开。其中有一种树格外引人注目：它们整齐、挺拔，有七八米高，耸立在石砖路上，树下无泥土，树干上找不到一根枝杈。其树冠呈圆形，绿叶茂盛并缀满了不同种类的花朵，简直如同传说中的“神树”，令人啧啧称奇。

原来这是一种利用现代科学技术栽种成活的“人造铁树”，树干是笔直的钢管，里面安有输水管，顶部是一个布满无数个网眼的大金属球，每个网眼中装满泥土，并种上不同种类的花卉。树下面铺有自来水管道，树干底部有一水龙头，打开后，水通过树干内的输水管直达树冠的大金属球，滋润各个网眼中的泥土，使得绿叶滴翠，鲜花争妍。这种一年四季都鲜花盛开的“铁树”，每栽种一棵要花费几百美元，因为浇花的水也是海水淡化而成的。

新中国成立后，党和政府带领人民在腾格里大沙漠打响了治沙第一仗。

包兰铁路，这一浩大工程的开工上马，显示出新中国的顽强精神和坚强毅力，它 6 次穿越腾格里沙漠。铁路线两侧沙丘起伏，“浮沙没胫，人马惮行”。在这样险恶的条件下修铁路，世界上还没有先例。

建设者们从我国国情出发，大胆突破禁区，与大沙漠展开了一场殊死的较量。中国的科技工作者们，发挥聪明才智，土法上马，用铁锨把麦草扎进沙漠，摸索出一种令世界注目的草方格沙障固沙法。在方格中栽植固沙植物，采用无灌溉条件下植物固沙，这就是举世闻名的沙坡头固沙奇迹！

于是，铁路两旁出现了一望无际的奇异景观：由封沙育草带、黄柳篱笆阻沙带、草障植物带、防护林带、卵石平台组成的“五带一体”杰作，终于制服了咄咄逼人的漫漫黄沙，使包兰铁路自 1958 年通车至今始终畅通无阻。

荒漠分布较广的新疆、青海、西藏、甘肃、宁夏、内蒙古等省区抓住国家建设“三北”防护林的机遇，积极探索防治荒漠化和建立保护区的途径，在实践中摸索出了各具特色的治理措施。内蒙古自治区额济纳旗七 道桥胡杨封育自然保护区采取“护、封、育、造”等系列工程技术措施，保护了近千公顷荒漠珍稀树种胡杨，其国家级攻关课题“荒漠河谷胡杨林复壮更新营林技术研究”已经通过鉴定。宁夏的沙坡头保护区则被联合国环境规划署授予全球环境保护 500 佳称号。

在内蒙，在青海，在新疆，在全国 9 个治沙试验站上，人类开始向沙漠逼进，全国治沙造林保存面积已达 1.5 亿亩，治沙造田面积 7000 多万亩。

中国科技工作者和沙区群众协同作战，含辛茹苦，创造了蜚声中外的治沙业绩。1987 年 8 月，联合国环境规划署与我国签订协议，以兰州沙漠研究所为依托，建立“国际沙漠化治理研究培训中心”。中国的治沙经验开始走向世界。

位于内蒙古科尔沁腹地的哲里木盟奈曼旗，在沙漠上种水稻一举成功，开辟了治理沙漠的又一条新路。奈曼旗8500多平方公里总面积中，有60%被沙漠覆盖，沙地面积广阔，耕地稀少。1994年，这个旗聘请严哲诛教授作技术指导，在20亩沙地上试种水稻一举成功，最高亩产达735公斤，平均亩产600公斤，亩效益达1000元。

复旦大学教授张薰华认为，自然生态系统是以有生命的植物、动物以至微生物作为培育对象的有序整体，其中森林是整个系统的支柱。因为，森林不仅提供近2/3的有机物质给陆地动物消费，而且庇护着动物的繁衍；同时，还是非生物环境中各类要素的调节器和保护者。如果毁林地为耕地，那么水土流失、大气和水污染以及土地荒漠化会接踵而来，农、牧、渔业就保不住，工、商、服务等各业也难以良性发展。过去由于认识的局限，只讲小农业（种植业），而忽视大农业（林、牧、渔业）的整体效益，从而导致我国国土已经1/3荒漠化。所以，重视农业首先必须重视林业，如果说农业是国民经济的基础，那么，林业应该是国民经济基础的基础。

依靠科学技术，增强林业实力，我国对今后科技兴林作出了纵深部署，在21世纪到来之前，重点抓好四个方面的工作：国家和行业的科技攻关，高新技术的研究，基础性研究和软科学研究，并把科技攻关作为主战场，重点解决生态防护林体系、生态林业工程技术和治沙工程技术等的研究，到2000年，使科技成果推广率提高到70%，重大科技成果推广在适宜地区覆盖率提高到50%，科技进步因素在林业增长中的贡献率提高到25%。

依靠科学技术，我国林业发展出现了十大壮举：

①全民义务植树成效显著。自1982年以来，有34亿人次累计义务植树180多亿株，开世界林业史上的先河。②飞机播种造

林加速了绿化进程。从1956年开始，全国累计飞机播种造林面积3亿亩，规模之大、成效之好、地类及植物种类之多，均居世界第一。③“三北”防护林体系建设工程。该工程横跨我国西北、华北北部、东北西部，占国土面积的42.4%，是世界上最大的生态工程。④平原农田防护林体系建设工程。该工程在全国680个县实现了绿化，4.8亿亩农田实现林网化。⑤沿海防护林建设工程。我国海岸线全长1.8万公里，现已营造1.4万公里基干林带，有效地抵御风沙灾害。⑥长江中上游防护林体系建设工程。工程于1989年启动，建成后，将在100万平方公里的长江流域增加森林面积3亿亩。⑦太行山绿化工程。从1993年全面铺开，绿化面积为1.8亿亩，被列入“中国21世纪议程”。⑧速生丰产用材林基地。国家计划用30年时间，建设3亿亩速生丰产用材林基地，目前已建成5000万亩。⑨防沙治沙工程。计划用10年时间，综合治理开发沙地，从1991年到2000年，在切实保护好现有林草植被的基础上，乔、灌、草相结合，封沙种草育林、飞播造林植草、人工造林并举，治理沙漠和沙漠化土地666万公顷。⑩封山育林。目前，全国每年封山育林面积达5.5亿多亩。

依靠科技，防沙治沙，改善生态，消灾减灾。这是中国人民的决心和行动，也是全世界人民的共同愿望。

四

杞人忧天与女娲补天

——天文灾害的抵御与减免

《列子》中有个寓言：杞国有一个人整天担心天会塌下来，以至忧愁得吃不下饭，睡不着觉。有一个人开导杞人说："天，不过是聚积起来的气，没有地方没有气。你的一举一动，一呼一吸，整天都在天里活动，为什么要担忧天会崩塌呢?"杞人说："天如果真是聚集起来的气体，那么，日、月、星辰岂不应当掉下来吗?"开导他的人说："日、月、星辰，也不过是聚积起来的能够发光闪亮的气团，假使掉下来，也不会打伤人。"杞人清除了疑虑，才安下心来。

这篇寓言的本意是讥讽那些为本不必担心之事而整天忧心忡忡、废寝忘食的庸人。但如果你由此认为人们不必为天外飞来的灾祸而忧心，那就大错特错了！

天上的流星与空气磨擦，烧掉了，变为灰尘，每昼夜就有1430万吨宇宙尘落到地球上。灰尘无孔不入，见缝就钻，就连封闭得紧紧的手表也能钻进去。灰尘是细菌的传播者，有可能带来传染病的大流行。危害更大的莫过于灰尘引起的爆炸——尘爆了。

有人为此而担心，你能说这是"杞人忧天"?

地球上每年从宇宙间落下的大小不等的陨石达2600亿~7200亿块。1490年4月4日，我国甘肃省庆阳县上空突然一块陨石从天而降，当时正逢清明时节，这颗并不大的陨石撞击到正在上坟的人群，据记载"击死人以万数"。这次陨石撞击灾害在天文事件中，只能算小事一件。

有人为陨石灾害而担心，你能说这是“杞人忧天”?

中国神话中有“女娲补天”一说：远古时代，“天穿一洞”，救世英雄——女娲“采七色丹石，以补苍天”。“女娲补天”后，还断鳌足支撑天的四极，杀黑龙拯救了中原，积芦灰止住了泛滥的洪水，消灭了凶禽猛兽，使人民得以安居，自古以来，传为美谈。

现在，地球的南极上空出现了一个巨大的臭氧洞，使太阳紫外线大幅度加强，已使许多生物受到危害，海藻数量至少减少了5%，继续下去将直接危及到人类社会的生存和发展。这难道不值得忧虑？今天，人类仍需要“女娲”式的英雄，尽快寻找到“补天”之策。

所谓天文灾害，是指受地球之外的星体的影响而造成地球及人类社会损害后果的自然灾害。地球作为宇宙中的天体之一，它的结构、运动和演化过程不能不受到邻近天体的影响，迄今为止，人类所观测到的各类天体，包括卫星、行星、恒星、星系等，都是相互联系、相互作用的，因为它们都共同起源于最初的一次宇宙大爆炸事件。在地球跟随太阳绕银河系中心旋转的漫长过程中，诸如太阳、小行星、彗星、星际气体和尘埃等天体都对地球起作用，影响地球，影响地球上人类的生存和发展。地球曾经遭受过不知多少次大灾变，近6亿年来地球上的几次生物大量灭绝和地磁倒转事件，就涉及到银河系这个大天体对地球的作用。能毁灭整个人类的灾害，可能性最大的是来自地球之外的天文灾害，这种灾变对整个人类来说是灭顶之灾。以亿万年为周期的天文大灾变，对人类来说似乎是漫长的，要抵制它似乎也非人力所及，但经常发生的较小的意外天文灾害也在时常侵扰我们的生活和生存，这不能不引起我们的忧虑和重视。

月亮对潮汐的影响，对地质地貌的作用，可能直接致灾；太阳黑子活动、辐射异常、电磁异爆、宇宙射线的作用，也可能直接致灾；陨石冲击、小行星撞击，更可能直接致灾。一般天文灾害是由天体运动异常引起的，咱们惹不起躲得起；但南极上空臭氧洞的出现导致太阳幅射过度而使地球致灾却是人为的，应该能够防范和减免。近代以来，国内外不少科学家对影响地球表层物质运动，导致各种自然灾害的地外因素，作了大量的研究。近些年来的各种天文学术研讨，也促进了天文、地质、地震、气象和生物学的综合研究的发展。科学家们都认识到，天、地、人之间存在着某些因果关系。随着研究视野的不断扩大和研究手段的不断更新，形成了一些与天文学紧密相联的新学科，如天文地球动力学、太阳地球物理学、天文地质学、天文气象学、天文生物学等。科学技术的发展，意味着人类防灾减灾能力的增强。

1. 月球是地球的“忠实卫士”吗?

月亮，是离地球最近的天体，是地球唯一的天然的“卫星”，它不远不近地环绕地球飞行，犹如地球的忠实卫士。人们之所以将月亮称为地球的“卫星”，也就是将它视为“忠实的卫士”了。照理说，卫士不应该给主人制造麻烦，但月亮却不时给地球及其人类制造麻烦，带来灾害。

地球上大多数地方的海水每天都有两次涨落。白天海水上涨叫做“潮”，晚上海水上涨称为“汐”。潮汐的涨落现象就是由月亮的引潮力引起的。月亮的引潮力造成海水的涨落，对地球上人类的生活来说，既有积极作用，也有消极作用，对这种自然现象认识不足，就可能给人类的利益造成损害，带来一些灾害性的后果。

月亮的引潮力还可引起地壳的“潮汐”现象，称为固体潮。在朔望时（即农历初一、十五或十六），北京一带的地壳一天大约可以升降40厘米哩！月亮制造的这种固体潮可能引起地震。根据地震记录，可以发现每逢农历初一、十五或在其前后几天里，常常发生地震。初一和十五时，月亮对地球的引力最大，触发即将断裂的地壳破裂，就发生地震，使人遭灾。

月球有震吗？有，称为月震。月震与地震也有密切的联系。从1995年7月12日云南孟连傣族拉祜族佤族自治县西部发生7.2级强烈地震以来，接着发生于云南禄劝、丽江、山西阳高、甘肃天祝的5次大地震，都是月相的朔望日。云南天文台研究员吴铭蟾统计20世纪以来云南省的大地震，某些地区（如通海、峨山等）的大地震恰好发生在黄白交角的极值期。前苏联科齐列夫教授认为，月球上火山现象及月震与地震有明确的关系，这类月球火山现象的次数在地震期间增加2倍。曾发现在日本地震前数小时月球阿里斯塔赫环形山有红色斑点。我国唐山大地震发生前数小时（初一），本不应看得见的新月泛红，却看得十分明显。由于强震前有强烈电磁波等物理场辐射，因此研究月球现象，对地震的临震预报有重要意义。

每隔179年，太阳系里九大行星运行到太阳一侧，从地球上看上去，它们好似串成了一根珠链，这被称为“九星联珠”。国外有些天文学家认为出现“九星联珠”现象时，将发生“灾难性的地震”，地球将“遭受毁灭性的打击”。其实，从公元前780年起到现在，“九星联珠”的现象已经出现过16次，而8级以上的大地震都没有发生在此时。对地球来说，其他行星的引力并不大，即使排成一直线，它们对地球的引力达到最大值时，也不过是月亮对地球影响的百分之一而已。

月亮的引潮力也影响着大气。在我国古代就有根据月亮位置预测天气的记载。《诗经》上说：“月丽于毕，俾滂沱矣。”即月亮徘徊在毕宿五这颗亮星附近不动时，会有大雨。《三国演义》讲到，诸葛亮和司马懿在陈仓对阵时，都用过“毕星躔于太阴

(月亮)，月内必有大雨”的谚语预测天气，果然，大雨 30 天，魏兵不战自退。我国科技人员经过大量研究发现，大气对流层中同样有“潮汐”现象。由于大气的弹性好，大气中又有水汽的凝结放热作用，所以大气中的“潮汐”现象比海潮、固体潮更加复杂，同时它的效应也更加显著。大气中的“潮汐”作用是通过大气内部条件起作用的。如果把三星一线（指月亮和另一天体与地球成一直线时，此时对大气的作用最明显）等引潮力条件，与大气的高压、低压、台风、降雨区等结合起来分析，可以提高天气预报的准确率，更好地防灾减灾。

美国特拉华大学教授亚历山大·亚伯指出：地球上之所以一直存在恶劣的自然灾害，像火山爆发、海洋风暴等，都直接或间接地与月球有关，甚至人类的某些疾病及精神变化也与月球有关。随着 20 世纪 50 年代苏联将第一颗人造地球卫星送入地球轨道和 60 年代美国连续实施“阿波罗登月”计划，远程运载火箭技术已经成熟，人类已具备远程攻击能力。原子弹、氢弹技术与远程运载火箭技术相结合产生了远程核导弹，使一些科学家产生了“炸掉月亮”的想法。

作出第一次轰击月球尝试的是苏联。1959 年，赫鲁晓夫将要访问美国时，苏联的空间技术已领先于美国。为了增加赫鲁晓夫在美国说话的分量，苏联决定搞一次威慑行动，将一枚远程火箭打到月球上去。但不巧的是，这枚火箭在发射架上点火后并没有起飞。一位苏联将军为了邀功请赏，竟逼迫科学家在不抽掉燃料的情况下当即检修。然而，就在检修脚手架刚刚搭好时，火箭突然点燃，上升的火箭被脚手架绊倒，发生爆炸，数十名科学家葬身火海。事故发生后，赫鲁晓夫不得不推迟访美日期。人类第一次轰击月球的企图失败了。

用“炸掉月亮”的办法来防灾减灾，是一种过激的极端想法和行动。莫说炸掉月亮对人类现有的科学技术来说并非易事，即使能炸掉它，也不能盲动。因为炸掉月亮，虽然会减免一些自然灾害，同时也可能带来更多更严重的自然灾害，不知那些轻言“炸掉月亮”的人是否全面测算和预计了炸掉月亮带给人类的负面影响。月亮是不能轻易炸掉的！但为了防灾减灾，加强对月亮的科学研究是十分必要的。科学家们揭示，现在月亮每年大约要远离地球4.5厘米，年复一年的后果将是什么？科学家已经初步查明，月球上有50多种矿物，而且所含的大量元素硅、铁、镍、镁等，正是地球上的“紧俏物品”，人类该怎样利用月球为自身谋福利？为了防灾减灾，造福人类，人类将在月球上建立基地，在月球上更好地研究月球，开发月球。目前，美国实施的“宇宙观测计划”已接近成功阶段，预计到2005年，设在月球上的太空观望台将告落成，这将为探测宇宙奥秘、防减天文灾害揭开新的篇章。

2. 红太阳也有黑斑点

世界上的事物都是一分为二的，没有绝对好的东西。人类对太阳的价值判断也是如此。

万物生长靠太阳。

太阳的光芒和巨额能量是地球上一切生命的源泉。

人类离开了太阳，就失去了光明，就失去了温暖，就失去了生存和发展的起码条件。人类不能没有太阳。但太阳在带给人类幸福的同时，伴随而来的也有灾害。红太阳也有黑斑。

光辉的太阳有时也会出现黑色的斑点，在漫天烟雾、风沙蔽日、阳光减弱的日子里，甚至用肉眼也能看到，这就是太阳黑子。

人类关于太阳黑子的最早记载，是中国史册《汉书·五行志》：“三月乙未，日出黄，月黑气大如钱，居日中央。”那是发生在公元前28年5月10日的天文现象。17世纪初，意大利科学家伽利略用望远镜清楚地观察到太阳的黑子，但教会严禁谈论，并指责看见太阳黑子的人花了眼。但太阳黑子的存在是确确实实的，谁也否认不了，而且可能给人类带来灾害性的影响。科学家认为，黑子是太阳表面上的风暴，是一个个巨大的旋涡状气流。太阳黑子在数量上和时间上是不断变化的，这种变化反映了太阳活动的变化。这种变化对地球的磁场和大气状况都有影响，与地球气候异常很有关系，太阳黑子少的时候，地上的雨量减少，容易出现干旱灾害。科学家们研究了大量的树木年轮后发现，在太阳活动峰年树木生长得较快。统计研究结果表明，历史上较大的旱涝灾害、严寒酷暑、冰川升降，甚至某些人体疾病如流行性感冒、天花、心血管病的蔓延，都与太阳活动周期有关。

1989年是太阳活动第22周峰年。当时来自太阳的电磁波在加拿大北部长距离电线上引起了出人意外的电流。控制装置开始跳闸，在90秒内整个魁北克省都断了电，花了12个小时才恢复正常。天文学家提出了第四环境概念，企图使太阳活动预报日常化。在天文学家看来，海洋、陆地、大气层，是与地球生命生存与发展息息相关的三大环境因素，而地球高层大气（100~200公里之外）的太阳系空间，可称之为人类活动的“第四环境”。第四环境对现代高科技的影响非同小可。如太阳活动产生的各种辐射和粒子流会损伤宇宙飞船和人造卫星的各种通讯仪器的使用寿命甚至使整个系统瘫痪。由于太阳活动突然加剧而导致卫星“失踪”的事件已发生过多次。1971~1986年，美国卫星出现的1589次异常事故中，有70%与第四环境有关。第四环境对普通百姓的日常生活也并非没有影响，比如1989年的魁北克电力网事故就是一个例子。另外，近几十年来全球气温平均上升了0.6度，其中0.3度是由于太阳活动的变化导致的。正因为太阳活动的变化可能给人类的生存带来极大的影响甚至灾害，所以太阳活动预报及其日常化就显得越来越重要。太阳活动预报的内容包括预报黑子数目、位置，特别是那些黑子可能爆发太阳剧烈活动，如太阳耀斑爆发剧烈活动的时间、强度等，以此来估计可能对日地环境、人造天体及通讯造成的影响，并通知有关方面注意防灾减灾。2001～2002年，我们将迎来太阳活动的第23周峰年。我国天文学界正在加紧研制空间太阳望远镜，以便届时对太阳活动进行观测，作出预报。

日食对地球环境的影响是多方面的，也必然会影响到生物。据国外研究者观测，在日全食时，蚂蚁会静止不动；蜜蜂在日全食前半小时就开始返回蜂房，前14分钟就不再外出，直到日食后一小时才大量飞出；大头金蝇在日食环境的影响下可发生形态变形；白天活动的飞禽，日食时活动减少，而夜间活动的鸟类却开始活跃；更为有趣的是，信鸽在日食时往往会失去定向能力……

日食环境对人体的影响究竟如何？1980年2月16日（正月初一）那次日全食，上海中医学院科研小组的专家前往昆明，与当地医务人员一起，对55例心血管疾病患者进行了综合观测。结果表明；70%以上的病人原有的主要症状加重，怕冷的症状更突出，病人的交感神经也比较兴奋。直至日食后两三天，病人的血压、脉搏、交感神经兴奋性才逐渐恢复到日食前的水平。国内外许多观察的记录表明，日食对生物包括人体的影响是可以肯定的，但也不会造成很大的影响。学者们普遍认为，这种影响，主要是由于日食时月球挡住了不少太阳辐射能量和粒子流，使地球上的光线、温度、磁场、引力场等物理因素发生短暂的突变所引起的。

中国是世界上最早记录天象的国家。在公元前766年前，中国就有许多关于日食的记载，例如关于夏代仲康年间日食的记事和甲骨文中许多涉及日食的卜辞。这么丰富而延绵不绝的日食观测记录，在世界上是绝无仅有的。

在《书经·胤征》篇中记载了夏代仲康时期的一次日食。公元前2137年，在9月份的一个朔日，突然发生了日食，明亮的太阳一点一点地消失，天色顿暗，凉风习习。宫中乐官敲响了救日的鼓声，主管钱币的财官啬夫急忙去库中取钱礼天。当帝仲康率百官举行“救”日典礼时，独不见司天官羲和。原来他喝得烂醉如泥，仲康将那个违背政典的昏官砍了头。帝王的严命，杀头的威胁，逼迫天文学家们使出浑身的解数去探讨日食的规律，成为促进中国古代天文学发展的动力之一。

太阳是一颗恒星。大质量的老年恒星在演化的晚期会发生超新星爆发，可辐射出大量的高能粒子流（如高能宇宙线），对生物有强大的杀伤作用。高能辐射线能使生物遗传基因发生改变或受到破坏，会引起生物变异。科学家发现在超新星爆发以后的20年内，生物生长受到抑制，而这些超新星距离地球少则数千光年。还有学者提出，在白垩纪，地球上恐龙的灭绝可能与超新星的爆发有关。宇宙射线对地球上的生物演化和生态平衡具有重大作用，因此，从天文学、物理学以及生物学的角度对宇宙射线进行探测和研究，是防止和减轻天文灾害的一个重要方面。

为了更好地关注太阳活动对人类的影响，中国科学院于1997年初在中国的最北部黑龙江漠河县组织举行了太阳与人类环境国际科学讨论会。与会中外科学家们一致呼吁：进一步加强对太阳活动及对人类环境影响的观测与研究，密切关注地球变化，揭示与太阳活动的相关规律，为人类的长远生存与发展造福。何泽慧、王大珩、叶叔华等中科院院士和国内几十名科学家以及来自美国、日本、德国、意大利、中国台湾、香港等国家和地区的学者出席了讨论会。30多位科学家和青年学者宣读了论文，内容包括“太阳活动与人类安危”、“太阳活动、γ射线和地球气候变化”、“日食的射电观测与研究”、“太阳质子耀斑爆发与长江下游洪涝灾害预报”、“空间太阳天文研究”等课题。紫金山天文台研究员徐振韬在论文中指出，太阳活动与世界粮食生产、水资源、能源密切相关。以水资源为例，太阳活动对地球降水量的调节量达40%以上，由于日益严重缺水，到2000年人类饮用水中将有25%是再生水，到2010年，现有的地面河水将被用完。为此，人类必须及早找出对策。

在地球上观测太阳，如同雾里看花，朦朦胧胧，模模糊糊。天文学家早就想穿越大气层到外层空间去观测太阳。随着空间科技的发展，20世纪60年代以来相继发射了太阳观测卫星系列，20世纪70年代，载人的宇宙空间站也纷纷到达空间，对太阳进行了有效的观测。科技人员通过先进的空间望远镜和其他设备，在紫外线和X射线等波段上拍摄到大量的、前所未见的色球和日冕照片，展示了太阳的精细结构。

由美国和欧洲联合研制的无人驾驶太阳观测航天器于1995年底在卡纳维拉尔角航天中心由一枚宇宙神运载火箭发射升空，开始了对神秘的日核直至太阳周围灼热的大气层及更远范围进行耗资10亿美元的探测使命。这艘被称为“太阳和日光层观测台”(SOHO)的飞船将于4个月以后到达距地球160万公里、距太阳1.47亿公里的预定观测位置，地球和太阳的引力在这个位置相互抵消。这个观测台重1845公斤，带有12台天文望远镜及其他科学观测设备。美欧15个国家的36个研究机构约200名科学家将参加这个研究项目。科学家们计划利用声波振动的方法即日震法探测太阳内部，如同采用地震法探测地球内部一样。该航天器将对太阳作不间断的观测并连续两年向地面发回观测数据，如果美国航天局和欧洲航天局能够承担得起经费开支，发回观测数据的时间还可以更长。这是迄今制造的用于研究太阳深层、日冕、太阳外层大气以及太阳风的最复杂的观测台。

3. 用核弹对付不速之客

当科学家伽利略发明了天文望远镜后，人们马上将它对准离地最近的天体月球。大家都震惊地发现：月球上布满了大大小小的坑。科学研究的结果告诉人们，那是外来陨石撞击月面后留下的伤疤，称为环形山。打那以后，地球人对陨石撞击的危害留下了深刻的印象。

明末，公元1626年，有北京王恭厂一带发生了一场惨重的奇祸，被称为“京师奇灾”。那天，爆炸声震耳欲聋，大火冲天，浓烟滚滚，一片混乱，死亡近万人，坍塌建筑13多万平方米。何故？至今仍是一个谜！前苏联学者认为，王恭厂灾害是陨石坠落造成的。他们运用对陆地卫星光谱扫描图像计算机处理的研究手段，发现莲花池、马连道一带有环形暗斑，宣武门西南一带有六七个不等的半圆形异常，可能是陨石冲击波造成的。

我国是最早记载陨石现象的国家。在中国浩瀚的史籍中，有文字记载的流星雨、流星、陨石雨、陨石灾就至少有351次之多，其中最早的一次记载，距今已有3790多年。

在地球附近的宇宙空间里，除了其他行星外，还有各种行星际物质，它们或小似尘土或大如山，在空间按照自己的速度和轨道运行。当它们与地球相撞时速度非常快，每秒钟可达几十公里，比飞得最快的喷气式超音速飞机还快几十倍。由于与大气摩擦而燃烧，它们落到地面的不多，来不及烧完就落到地面的称为陨星或陨石。撞击到地面的陨星不时给人类带来灾害。

那些未能落到地面的流星也可能给人类造成灾害。因为它们对航天器大为不利。如果碰上了每秒飞行几十公里的流星，就可能把人造卫星打坏。虽然人造卫星、航天飞机都用坚固的“装甲”保卫自己，但那只能阻挡一些微流星，稍大一点的流星撞来，照样能打穿这些“装甲”。

据香港报纸报道，1998年或1999年，地球将受到近33年来最猛烈的流星风暴袭击，各国在天空的250枚人造卫星将有危险，威胁到地面通讯联络和电脑网络的运作。加拿大《皇家天文学会季刊》披露上述信息时说，这个流星风暴的名称是“狮子座流星”，它在一小时之内挟带15万块陨石穿越大气层，射向地球。平常时，穿越地球大气层的陨石平均每小时只有10块。一些物理学家们说，哈勃太空望远镜、俄罗斯和平号太空站都可能受到破坏。专家们说，那个流星风暴以每秒70公里的速度飞行，当它在地球轨道击中一些物体时，它的许多石块砂粒将气化，形成带强烈电流的云团，人造卫星和太空船碰上了便是灾难。

前两年，你可能听到过这样的议论：“彗星要撞击木星，世界末日到了！”“宇宙中要发生大爆炸，地球要毁灭！”

到底是怎么回事呢？

美国科学家苏梅克夫妇和天文爱好者利维在1993年3月共同发现了一颗被命名为“苏梅克——利维9号”的彗星。观测几次后，他们计算出彗星所走的道路即运行轨道，知道这颗彗星正飞往木星，经过精确计算，他们对远在7.8亿公里外的天象作了准确预报：1994年7月17日，彗星将撞击木星。

预报太准确了！相撞的时间误差仅有几分钟！

那天，发生了彗星撞击木星的宇宙奇观。这次撞击的能量相当于10万亿吨TNT炸药能量，是广岛原子弹爆炸的威力的5亿倍，景象十分壮观。木星被撞后，用天文望远镜拍下的照片上有几个亮块，那是撞击时在木星大气中留下的疤痕。每个疤痕的面积都有地球那么大。这次撞击很厉害，猛烈的爆炸将木星深层的物质翻腾而出，木星虽没被撞毁，却已是伤痕累累。这次撞击发生后，虽然地球没有受到任何破坏，安然无恙，但是地球人却受到了惊吓：如果这样的撞击灾难落到地球上我们该怎么办？

在地球演变和人类历史上，彗星撞击行星曾多次发生过，单彗星撞击地球，历史上就有过多次记录。彗星拖着长长的尾巴，人们常叫它“扫帚星”。典型的彗星分为彗核、彗发和彗尾三个部分。彗核由比较密集的固体物质组成，彗核周围云雾状的光辉就是彗发，长长的尾巴叫彗尾，是一些稀薄的气体。如果彗尾和行星相撞，就好像飞机穿云过雾一样，行星不会受什么影响，但如果体积较大的彗核撞击行星，就会对行星造成危害。这次撞击木星的正是彗核部分。这颗彗星的彗核部分，直径长达千米甚至几千米。它以每秒60多公里的速度袭击木星，在木星大气中产生巨大的火球和腾空而起的大蘑菇云，抛射物冲向几千公里高。如果直径几米，甚至几十米的彗核撞到地球上，对人类来说，那也将是一场巨大的灾难。

彗星来自何方?

彗星是由冰和尘埃构成的球状物，每当它闯入接近太阳的任何区域时，此含尘冰球的某些部分便会变成蒸汽而散发，形成雾化晕圈与流动尾迹。彗星群一直在解体。然而，自从太阳系诞生以来，还没有人见过任何新生彗星，我们今天看见的彗星，都来自极远极冷的某处，新近才抵达相对温暖且行星密布的太阳系领域。借助哈勃太空望远镜和特殊图像处理技术，天文学家已发现30颗左右稍纵即逝的模糊天体，并将之作为彗星发源地的“凯珀带”存在的证明。人们长期寻找的“凯珀带”，乃是彗星聚集的圆盘形区域，其起点在海王星的轨道之外，延伸到远远超过冥王星的区域。据推算，“凯珀带”即为绕太阳运行一周只须20年或更少时间的140颗彗星的起源处。据推算，“凯珀带”中伺机朝太阳方向冲来的冰球至少达2亿颗。

人们不禁要问：地球是否有一天也会遭受被撞击的大灾难?

与太阳系的许多天体一样，我们所居住的地球的运行轨道不是圆形的，而是椭圆形的。非圆性轨道使彗星小行星和流星体定期和地球的轨道相交，有时也会发生碰撞。

据史书记载，地球的确曾遭受过几次大的撞击。最严重的一次约发生在距今大约 6500 万年以前。一颗巨大的陨石自天而降，猛烈地撞击在地球上，留下一个 50 公里深、直径大约为 300 多公里的巨大陨石坑。这个巨大陨石坑位于墨西哥湾尤卡坦半岛的海域里，直到 10 年前科学家勘探石油时才被发现。科学家认为在 6500 万年以前的巨石撞击地球，从而使环境发生了极大的变化，结果恐龙和许多种动物及植物死亡。现在科学家有了新的发现。他们认为正是因为这一小行星撞击了墨西哥尤卡坦半岛这一特殊地点，造成的影响才会这么严重。这个地方有大量的硫，如果这一小行星撞击在地球的任何地方，也不会有如此巨大的影响。撞击力将千百万吨的硫抛入大气层，挡住阳光，使植物失去了所需要的能量，温度降到冰点左右。科学家相信，地球在这种寒冷条件下渡过了 10 年或更长的时间。由于这种变化，包括恐龙在内的很多种动物和植物不能再生存下去。这一颗行星直径可能有 20 公里，撞击形成的孔洞有 50 多公里深，直径达 300 公里。科学家认为，这一撞击比彗星撞击木星的力量要大得多。他们最近发现，有些石头像一辆小汽车那么大，在伯利兹还发现了玻璃块，玻璃块是在行星撞击地球时由于石头的熔化而形成的。

另一次撞击发生在距今约 5 万年前，一个直径 30 米的陨星，突然划过现在的美国亚利桑那州温斯洛的天空，随即发生大爆炸，在地面留下一个直径约 1 公里的大坑洞。

根据天体运行规律，天文学家赫尔伯格提出一种理论，认为地球曾先后有 4 颗卫星。这 4 颗卫星存在的时间恰好与地球的四个地质年代相符合。赫尔伯格认为，月球是地球的第 4 颗卫星，在它之前的 3 颗卫星在运行中距离地球太近，为地球引力所吸引，最后都坠落在地球上。它们在地球上砸出 3 个巨大的圆坑，后来形成太平洋、印度洋、大西洋这三大洋。

来自天外的不速之客，还有小行星。在行星际空间散布着很多大小不等、形状不规则的小行星，其中轨道偏心率较大的是些“害群之马”，太阳系有的大行星及其卫星的表面，留下了许多被小行星撞击的伤痕。目前在我们的地球上共发现了100多个大陨星坑，应该还有许多陨星坑尚未被发现和辨认出来。在地球周围，我们已发现200颗直径1公里以上的小行星和彗星，许多是它们飞近地球后才被发现的，尚有90%的直径1公里以上的近地小天体——可时常飞到地球轨道周围的小行星和彗星未被发现。20世纪，这些不速之客曾几次偷偷地敲响了地球的大门。

1908年6月30日清晨7时17分，一颗比太阳更耀眼的大火球在俄国西伯利亚通古斯上空8公里处爆炸，其当量相当于600～1000颗广岛原子弹，强大的冲击波与高温大火摧毁了2000平方公里的古老森林，研究与计算表明是一颗直径仅60米的小行星与地球相撞。假若这颗小行星晚4个多小时落下，圣彼得堡将受到毁灭性打击。假若它落在今天世界某大城市上空，其损失将是几千亿美元和几十万、上百万人的生命。

1972年8月10日白昼，一颗火球飞越美国加州和加拿大西部上空后离开了地球，不少目击者耳闻从58公里上空传来的隆隆声响，美国的空间红外探测器记录了这一事件。研究表明，它是一颗直径约10米，质量为几千吨的小行星，飞行速度每秒15公里，如落在地面，爆炸当量相当于2～3颗广岛原子弹。这位不速之客简直是擦着地球鼻尖掠过。

1984年，一颗太空中滚动的小行星从距地72万公里处呼啸而过，连“拜拜”都没来得及道一声就扬长而去，与人类失之交臂，将全世界的天文学家惊出一身冷汗。据计算，这颗行星将在2015年再次接近地球，那时很有可能会一头撞上地球。

法国天文学家在木星和火星的轨道间偶然发现一颗奇怪的小行星，其直径约5～6公里，运行轨道与地球交叉。这颗小行星如果与地球相撞，其爆炸当量相当于100万颗100万吨级的原子弹。科学家们认为，一旦这场灾难发生，地球上将会出现一个核冬天。因此科学家们正密切关注它的动向。

还有一个反复无常的小行星，名叫托罗，人们在1964年首次观察到它，1972年发现它离地球更近了。一些观察家认为，到2000年，如果托罗受行星的吸引而脱离原来轨道，就可能撞上地球。

据天文学家估计，目前宇宙中，直径为1公里并可能撞击地球的危险天体大约有1200~2000颗；而在太阳系中，直径在100米的危险天体则达100万颗。研究表明，直径50米的石质小行星就能产生类似通古斯事件的空中爆炸，这一量级的事件平均每100年发生一次，因此在今后几十年内，有可能再次发生。这对地球来说无疑是一种潜在的威胁。

难道人类就只能坐以待毙吗?

小行星撞击地球问题已经引起国际社会和科学界的密切关注。近几年，曾召开过多次国际学术讨论会，会议主题包括“近地小天体”、“小行星危险性”、“拦截近地小行星”、“彗星、小行星撞击地球危险性”等。美国宇航局国际近地小天体探测小组提出了建立空间警戒搜索网的建议，建议在全球范围内建造6架2~3米口径反光望远镜并配以CCD探测器，专门用于近地小天体的发现和跟踪，在1993年4月28日~5月4日，在意大利埃里斯召开的国际学术讨论会上，美国科学家提出了对近地小行星的小型空间拦截计划，美国氢弹之父泰勒博士和参会者共同讨论了如何用核爆炸装置对付近地小天体的威胁，与会者讨论并通过了关于小行星或彗星碰撞地球问题的埃里斯宣言，其要点如下：

①近地小天体的碰撞对地球环境和生命的演变起了非常重要的作用。

②如果不采取有力的措施，从长远观点看，近地小天体的碰

撞可能结束人类的文明史；从近期看，它们的威胁并不亚于其他自然灾害（例如地震、洪水及其他气象灾害）。

③较小质量的近地小天体在国际紧张地区上空的爆炸，有可能被误认为核攻击而导致错误的反应。

④科学界乃至全人类应努力进行国际协同，加强对近地小天体碰撞地球的研究，发展类似已提出的空间警戒网的专门国际天文系统，将过去冷战时期军事防御系统的地面和空间的观测技术充分应用于对近地小天体的搜索研究。

人类是否有能力避免小天体对地球的碰撞？

答案是肯定的！

从天文学家准确预报彗木星相撞的消息可以看出，人类已经具备预测地球周围各种重大天文现象的能力，能够化险为夷，把自己和赖以生存的地球的命运掌握在自己手中。现在的关键是投入足够的力量，使地球成为一颗设防的星球。

首先是建立起空间警戒搜索网，努力寻找尚未发现的近地小天体及周期彗星，测定其精确的运行轨道。如果探测到某个小天体将与地球相撞，为了保护地球，使人类免遭被撞击的灾难，可以提早发射巡航飞船将小型核爆炸装置运到这个小天体上引爆，改变其运动方向或速度，避免碰撞事件。随着科学技术的发展，人类现在已经能够合成反质子。科学家们设想，将来在小行星即将撞击地球时，发射反物质火箭，在预定轨道拦截小行星。只要有3.2克的反物质与小行星会合，便可重创小行星，使其偏离原来的轨道而远离地球。反物质的能量惊人，0.5吨反物质与0.5吨物质碰到一起，释放出的能量相当于燃烧30亿吨煤，其效率是核反应的1000倍！

人类凭自己的智慧和力量能够保护自身免遭地外天文灾害的侵袭。

五

喝令海洋除弊兴利

——海洋灾害的防范与治理

海洋是生命的发源地。这个充满活力的摇篮，摇出了一个生机勃勃的世界，摇出了万物之灵——人类。没有健康的海洋，人类就会毁灭。

海洋也是自然灾害的重要发源地。地球上大部分气象、水文灾害都与海洋有密切的关系，它自身还制造多种海洋灾害。

浩瀚的海洋有时也显得很安静、很温柔，海风习习，海浪轻轻，但总的来说没有给人留下驯服的印象。它的惊涛骇浪不知吞没了多少出海人；它的海侵海啸甚至连生活在陆地上的人也不放过；即使海面风平浪静，也会突兀间出现各种险情，使人难以防范。

突如其来的巨浪酿成灾害。1979 年的一天，“新克列尔号”油轮正航行在风平浪静的南非海岸附近。根据气象报告，几小时后这艘油轮将驶入风暴区，船员们按照船长的命令正在加固船上装载的货物，突然，不知是谁大声惊呼起来，船员们扭头一看竟吓得目瞪口呆：一排高出海面 30 多米的巨浪正向油轮扑来。要躲已经来不及了，巨浪把油轮“拍入”海面……然而，巨浪过后，海上即刻又恢复了平静，仿佛什么也没有发生过，但遭受袭击的“新克列尔号”却损失惨重，而且有一名船员失踪，多名船员受伤……

海洋的恶作剧防不胜防。长年在海上航行的船员、水手知道，在世界各地的许多港口都曾发现过一种神秘的现象：在海面平静的防波堤内，突然像是有一只看不见的巨手，来回摆弄着停泊在码头边的船只，使船只摆动得越来越快、振幅也越来越大，接着，船身便发出可怕的破裂声……在意大利的那不勒斯港口，一艘轮船就是这样沉没的。1987 年 10 月，一艘万吨巨轮在驶出青岛港时，突然失去控制，只得高高悬起防撞风球，提醒其他船只回避。

大片海水拉住了船身。著名的挪威探险家、海洋学家南森在北极地区的喀拉海域航行时，遇到了一件怪事：他的“弗拉姆”号船在这片相当深的海域里，且在没有什么风浪的情况下，船速却由每小时 4.5 海里降到每小时 1 海里（1 海里 = 1852 米），而且无论如何也无法加快速度。事后他回忆道：“弗拉姆”号好像在拖着大片海水前进，每前进 1 米都十分困难，好像有一种力量在把船向后拉。这类现象在极地以外的海域也发生过，船员们称这种海域为“死水”。

是谁制造的险情？

科学家们在研究分析了平静水面下的种种险情后发现：它们似乎与海水的振动有关。有的学者认为，突如其来的巨浪是海水“共振现象”的后果，因为，再平静的海洋也会产生波动，这种波动因气候、海底地形等原因而聚集起来，就可能激起巨浪；在港口内遇险的船只则是由于其船体的固有频率与海水振荡频率恰好吻合，因而振动就会越来越大，以至于船体破损；而船只在“死水”中难以行进，却是由于在不同密度海水的交界处，海水会产生波动，当船只行驶在这一海域内，相当一部分动力就会被消耗在克服海面下的波动上，船只当然走不快了。对于大海突发险情的分析还有不少学者持不同的看法，而关于海水振动的研究，也只处于粗浅的水平。科学家们正努力、深入地研究下去，以便帮助人们积极、有效地采取防范措施，最大限度地减少不幸事件的发生。

上面那些非常特殊的事件，只是海洋灾害的极小部分。

海洋灾害是海洋自然环境发生异常而产生的一种灾害。其中有自然因素引发的，也有人为因素引发的。海洋灾害包括多种形式，如风暴潮、海底地震、海啸、海浪、海冰、海雾、海岸侵蚀、海平面上升、海水入侵、赤潮、海水污染等。这些海洋灾害既有突发性的，也有渐变性的。全球性的由于海洋环境变异而导致海洋或海岸发生的海洋灾害，也是一种系统性的灾害。据统计，在全球的自然灾害中，海洋灾害约占70%，因而对人类社会和经济发展有着重要的影响。我国海岸线长达1.8万公里，全国70%以上的城市、55%的国民经济收入分布在沿海地带，风暴潮、海啸、海侵、海冰等给我国沿海地带造成了重大经济损失。由于“温室效应”的影响，世界上很多科学家认为在21世纪海面将上升0.5~5米。假若这一情况果真出现，我国沿海大批城市和乡村将被淹没，农田、盐田遭破坏，河口阻塞、土地盐碱化。已有资料显示，在20世纪90年代末和21世纪初可能为高海面时期。海洋灾害不能不引起我们的重视。

做好防灾减灾工作，注意海洋灾害对人类生存和发展的影响，把自然灾害的经济损失降低到最低限度，应该成为科技发展和社会发展战略的一个重要内容。为了防灾减灾，各国科技人员在各方面作出了努力。冬季，海港结冰常对船舶造成破坏。加拿大一位工程师发明了一种波浪发生器，巧妙地解决了这个问题。这种机器有7.5米长，它那螺旋形的外貌很像开启软木塞的螺丝起子。它的一端安在浮筒上，浮起的辊子用电动机带动在水中旋转而产生人造波浪，并能把深处较温暖的海水吸上来，防止海水结冰。法国科学家发明了一种可戴在手上的手表式救生圈。当人在水上遇险时，只需按动“手表”上的开关，压缩在表壳内的二氧化碳就会泄出，使“表带”充气膨胀，形成一个足够浮起一个人的救生圈。

1. 擒获海洋中的恶魔

风暴潮灾害被称为“来自海洋的恶魔”。

由于天文原因引起的海潮涨落，一天两次，很有规律，不会给人类造成大的灾害。风暴潮是由气象原因引起的海水涨落，突然铺天盖地袭来，防不胜防，很容易造成巨大灾难。

所谓风暴潮灾，是指在强风暴作用下，海潮超过当地警戒水位，海水登陆造成近海或沿海生命财产损失和海岸工程破坏的海洋自然灾害。风暴潮分热带风暴潮和温带风暴潮，是风力和气压骤然变化引起的。我国东南沿海倍受台风袭击，是风暴潮灾多发重发区。渤海和黄海北部，冬春季节寒潮冷锋过境，造成渤海7级以上东北大风导致渤海南岸的潮灾。台风中心登陆的沿海地区，潮位常迅猛升高，超过警戒水位，甚至漫过海堤，酿成巨灾；加上猛烈的大风，又在已升高的海面上掀起狂涛骇浪，增大灾情。如果在一些喇叭形的河口或海湾，遇上风暴潮和天文大潮同时袭来，海水在狭窄区域壅积得走投无路，只好拼命抬升，那就不可避免地造成毁灭性的灾难。

从全球范围来看，每年发生的风暴潮灾有数百次，其造成的损失特别严重。1953年荷兰西南部发生的风暴潮，溺亡1850人，毁屋5万栋，海侵4000平方公里土地，荷兰政府不得不在灾后集资50亿美元修建挡潮工程。1970年11月12日，孟加拉湾发生了一次震惊世界的风暴潮。特大的潮位高达10米，吞没了恒河沿海很多区域，夺去了30万人的生命，使100万人无家可归，2.6万平方公里的土地被扫荡。

中国有漫长的海岸线和辽阔的近海海域，一年四季均有风暴潮灾发生，受灾影响时间长、地域广、危害重。中国古代的风暴潮灾，从汉代公元前48年到1911年，有记录的就有213次。据统计，自公元前48年~公元1948年，中国因风暴潮灾而死亡的人数共90.7万人。近百年来，风暴潮灾频率加快，损失大的风暴潮灾不断发生，最严重的一次风暴潮灾要数1922年8月2日发生在广东汕头地区的“八二台风”登陆了。据《潮州志》记载:“潮汐骤至，暴雨倾盆，平地水深丈余，沿海低下者显数丈，乡村多被卷入海涛中。”罕见的风暴潮灾，波及澄海、饶平、潮阳、揭阳、南澳、惠来、汕头等县市，共计有7万余人丧生，经济损失达6000万元。新中国成立以来，风暴潮连年不断。1950~1981年间共计发生风暴潮灾445次，年均14.4次，其中严重的风暴潮灾66次，年均2.13次，居世界首位。潮灾给沿海地区生命财产造成极大损失，仅1989年统计就近50多亿元。

像风暴潮这样的大型灾害，给人类造成的损害既有直接的又有间接的，除了直接的原生灾害外，也会产生一些次生灾害。风暴潮灾，不仅在发生时会溺人、毁屋、决海堤，造成沿海居民巨大的生命财产损失，还会给沿海经济开发带来灾难性的破坏。海水的入侵，不仅卤化坏死庄稼，而且使土地盐碱化，从而使粮食减产，果树枯死，耕地退化；还可能污染沿海地区的淡水资源，使人畜饮水出现危机；某些海岸或港口也会受到淤塞或冲刷；风暴潮过后，大批死亡人畜若来不及掩埋，极易产生流行瘟疫，这也是一种衍生灾害。

面对来自海洋的恶魔肆虐，人类只有提高认识，依靠科学技术，重视对风暴潮灾的防范规划措施，建立和完善监测网络及预警系统，采取防御工程措施，才能战胜恶魔。新中国建立以后，我国已在沿海地区相继设立了近300个海潮监测站，通过长期监测对风暴潮进行预报。国家海洋局的海洋预报台承担着全国沿海主要港口风暴潮预报的发布工作，向有关地区和部门提供风暴潮预报和警报服务；交通部上海航道局为航海运输需要发布长江地区的风暴潮预报；海军三个舰队气象台担负着各军港风暴潮预报；中央电视台和中央人民广播电台向全国公众发布海浪和风暴潮预报。监测、预报和预警系统起到了良好的减灾效果。新中国成立后，我国也陆续修建了一些沿海、沿江防潮工程，在防潮减灾中发挥了良好作用。加强科技防灾减灾，要依据风暴潮灾害的长期发展趋势，全面修建好防潮海堤、海塘、护岸工程、分潮工程等，对易受灾地区和岸段做好工程防护，有效地减少人员伤亡和财产损失。

2. 莫让大海赤潮上脸

海洋有时会出现不同寻常的绚丽壮观景象；

一条条或成片的鲜红色水体散布在海面上，海水通红，连绵不断，苍茫无尽，煞是好看。

你不要以为这是大海在给自己脸上涂脂抹粉了，那是大海生了病，赤潮上脸了！

1964年，美国佛罗里达西海岸发生赤潮，大批鱼虾、龟蟹、牡蛎等被毒杀，死鱼被潮水冲上海滩长达37公里。1973年，美国东海岸一次赤潮，仅贝类养殖的损失就达3400万美元。1972年，日本赤潮大发，造成的损失竟达1158.1亿日元。1987年7～8月，香港发生赤潮，死鱼2000多担，直接经济损失达1000万美元。1993年夏季，赤潮造成了中国沿海历史上面积最大、病害最重的养殖对虾劫难。灾情涉及浙江、江苏、福建、上海、河北、辽宁，直接经济损失数以亿元计。

赤潮，指海洋局部环境条件改变使某一种或多种海洋浮游生物急剧繁殖和聚集，引起水体变色并危害海洋生物生长，影响人类生产、生活的海洋生态灾害。

赤潮浮游生物由浮游植物和浮游动物组成。赤潮除呈红色外，有时还呈棕黄、蓝绿、灰褐或黑褐色，这是形成赤潮的浮游生物种类不同造成的。红色赤潮由夜光藻、中缢虫等形成，棕黄色赤潮由束毛藻形成，绿色赤潮由绿毛鞭毛藻形成，灰褐色赤潮由裸甲藻形成。目前世界各地能形成赤潮的海洋浮游生物有180多种，其中浮游植物居多。分布在中国海域的有60多种，其中25种已发生过赤潮，最为突出的是硅藻和甲藻。

科学家研究的结果表明，一年四季都可能发生赤潮，而以温暖的春夏季为多。赤潮大多发生在海域水体变化小，易于浮游生物聚集，且营养物质丰富的海湾、内海、江河入海口。赤潮分布范围小则十几平方米，大则几百平方公里。其维持时间少则数日，多则数十日。赤潮生物短期内急剧繁殖，数量爆炸性增长，自生自灭，尸体在腐烂分解中大量溶解氧，使海水缺氧导致大批鱼虾、贝类死亡，腐烂的鱼虾、贝类又使海域水质发臭，大范围污染环境。赤潮生物尸体在腐烂过程中还会产生硫化氢等有害物质或生物毒素，直接毒死海洋动物，间接使人误食残存毒素的海产品而中毒。

赤潮灾害不仅危及海洋渔业、海产养殖业、海上旅游业，而且损害人类健康，破坏生态平衡。

赤潮是一种古老的海洋灾害。在中国古籍及西方圣经上都有过记载，但在历史上它是十分罕见的自然灾害。到了20世纪，特别是20世纪50年代以后，赤潮灾害愈演愈烈。据日本统计，在1955年以前，仅记录到5次；而10年后的1965年，一年就发生赤潮44次；至1975年竟高达326次。中国在20世纪60年代以前，仅记录到4次；70年代记录到6次；而1989年就发生10多次；1990年达34次。究其原因，科研人员认为局部海域的有机污染和富营养化是赤潮发生的物质基础。近些年沿海工农业经济迅速发展，排入近海的工业、农业及生活废水增加形成的污染和沿海水产养殖密度过大所形成的自身污染是赤潮濒发的直接原因。

赤潮，从偶发性灾害变为常发性灾害，难道不值得人类自身好好反省吗？防灾减灾首先是个认识问题。依靠科学技术防灾减灾，第一步措施即要防止和减少海洋污染，重视向海洋倾倒废物的问题，保护生态环境，维护生态平衡，从根本上防止赤潮的产生。发展沿海经济，进行海产养殖时，要避免养殖过密和投饵过多，防止由此产生的自身污染而形成的赤潮。要在做好海洋赤潮监测工作的基础上，全面掌握海洋的动态，及时发现赤潮形成。当赤潮已经出现时，要施行科学的措施，将灾情减轻，如向赤潮海面播洒具有增氧、杀菌和净化作用的克浮头、鱼活灵及生石灰等化学药品。

海洋是一个巨大而复杂的生态系统，与海为伴的人类保持对海洋生态系统能量和物质输入与输出的平衡，维持良好的海洋生态环境，才能从根本上防灾减灾。

3. 与海啸怪物周旋

“无风不起浪”是咱们中国人经常挂在嘴边的一句俗语，但海中确实有无风而起的巨浪。

在一片风平浪静、景色怡人的近海水域，突然之间袭来冲天巨浪，高达几十米，以雷霆万钧之势直扑海岸，城镇、居民、建筑、树木在瞬间洗劫一空。这些巨浪有时甚至几进几退，造成更加严重的破坏。

这就是海啸。

面对这令人恐怖而突然而至的自然灾害，美洲的印第安人在传说中将其塑造成一个惊人的海中怪物，不时大发脾气，赶走侵犯它的领地的人类。

从科学的角度来看，海啸是因地壳突然变形或断裂（地震）、火山爆发、山崩等引起的海水剧烈波动，进而冲上陆地，伤人毁物的海洋灾害。在诸多自然灾害中，海啸的破坏力十分剧烈而又最鲜为人知，没有引起人们的足够注意。20世纪以来，仅在太平洋地区就发生过造成伤亡和较大经济损失的海啸近百次，每年平均1次。太平洋上发生的海啸占全世界的75%，大西洋占9%，印度洋占3%，地中海占12%，其他海区占1%。自从1888年以来，有5万人被海啸灾害夺去了生命，其中许多人是在不知不觉中被突然卷进大海而丧生的。

据科学家研究得出的结论，海啸最主要的成因是海底地壳突然断裂，引起震动，短时间释放出来的巨大能量使深海水体发生剧烈波动。随后这种波浪迅速在空旷的海洋上传播，其速度可达每小时800公里。几百公里宽的波浪在传播中依然保存了巨大力量，一旦抵达近海，海床的陡然抬升使波浪的能量压缩在狭窄的范围内，从而变得无比汹涌和暴烈，一举冲上海岸，所到之处无可抵挡，造成巨大的破坏作用。1923年9月1日，日本发生大地震引起海啸，横滨受到巨大海浪的冲击，几百所房屋被带到海里去了，死亡多人。1960年5月22日，智利地震引起海啸，导致1万多人死亡和7.5亿美元的财产损失。据统计，从公元前479年到公元1964年之间，全世界共记录到较大的地震引起海啸达367次，平均每6年发生一次。

海底火山爆发也会造成海啸。如1883年，印度尼西亚爪哇附近喀拉喀托岛上的火山喷发时，在海底裂开了300米深的坑，激起30多米高的海浪，海啸将人卷入海中，造成36140人死亡。山崩也能引起海啸。1958年，在美国阿拉斯加一个小海湾附近，因山体崩塌，一座约为3600万立方米的巨大冰山从1000米处的高空砰然落入海湾中，激起的波浪达到600米高，迅速袭击了附近海岸。这是有记录的最大的海浪。对附近森林植被的科学研究表明，自19世纪中期以来，类似的海啸至少发生过4次。此外，有时因海底斜坡上的物质失去平衡而产生海坡滑坡，也可能形成海啸。强风也可能引起海啸，称为风暴海啸。

中国也发生过较大的海啸灾害。史书记载，海啸时，山峦、石块、海水都在移动，许多船只翻沉，大地被撕裂开来，房屋被毁，良田被淹，人畜伤亡。1781 年 5 月 22 日发生在台湾海峡的海啸，致使海水淹没了台湾 120 公里长的海岸线，造成 5 万人丧生。1918 年 2 月在广东南澳、汕头附近发生的海啸，冲击沿岸，使多人伤亡。海啸虽然周期长、频率低且不经常发生，但一旦发生在近海，其破坏作用是相当大的，应该引起我们的足够认识。

依靠科学技术防灾减灾，人们在了解海啸形成的原因的基础上，除了采取一些工程性措施加强海堤护岸工程外，主要进行了大量的监测预报工作及海上救援行动。海啸来得突然，但还是有一些细微前兆的，人们借助于现代科学技术监测海啸的发生。夏威夷群岛是最常受海啸袭击的地区之一，1948 年美国在火鲁奴奴城外建立起海啸警报中心，旨在保护这座旅游城市的海军基地。如今，这个中心的警报范围扩大到太平洋沿岸的 25 个国家，在约 16580 万平方公里的海面上，即使是可能引起海啸的潜在因素都被自动报给监测人员。警报中心建立后的头 10 年里，两次大规模的海啸被预测到了。由于海啸能量极大，进行防御几乎是不可能的。人们对付海啸的最佳途径是加强预报，一旦发生海啸能及时转移居民的财产，使损失减少到最低程度。为了减轻海洋灾害造成的损失，中国将在“九五”期间积极发展海上及空中救助力量，用现代科技手段减灾。经交通部批准，我国海上救助计划将首先在上海海上救助打捞局实施，计划包括购买二架先进的直升飞机及通讯导航设备等，并力争在 1998 年投入海上救助作业。海上及空中救助计划的实施将使打捞局的海上救助实力大大加强，可以在海况恶劣的情况下快速、有效地开展救助遇险船员及海洋工程作业人员，从而使“水下、海面、空中”立体海洋救助在我国成为现实。

4. 海平面不能再升了

进入20世纪以来，全球海平面在不断上升。科学家们对全球150多个验潮站的潮位观测资料研究分析表明，在过去100年里，全球海平面已上升了10~20厘米，平均上升约12厘米。

我国海平面的变化与世界的总趋势是一致的，呈上升状态。在过去100年中平均上升了约14厘米，超过了全球海平面的平均上升幅度。其中渤海上升了5厘米，东海上升了19厘米，南海上升了20厘米。自1960年以来，中国的海面大约以每年2.1~2.3毫米的速度上升。

海平面上升的原因，至今尚未完全弄清楚，科学界仍在争论。但多数科学家认为，这主要是由于近百年来全球持续性的气温升高引起的，而且全球增温又与目前大气中的二氧化碳含量激增密切相关。

20世纪初，每年只有50吨二氧化碳进入大气，而现在每年却向大气排放55亿吨二氧化碳。大气中过量的二氧化碳起着相当于玻璃暖房或塑料薄膜大棚的作用，只许热量进来，不许热量散发出去。“温室效应”使全球气温逐年增高。地表气温一升，造成海水温度增高，从而引起海水受热膨胀。同时，地球两极海洋和大气的变暖使南北高纬度地区海域冰山不断消融。这样，造成了海平面的上升状态。

我国科学家的研究发现，在全球海平面上升的大背景下，我国沿海海平面上升趋势有加速的势头。研究表明，到2030年、2050年和2100年我国沿海相对海平面上升趋势分别为15厘米、15~30厘米、55~75厘米。海平面上升是一种长期性和渐进性自然灾害。未来海平面上升引起的海岸线变迁、陆地缩减，将对沿海特别是海岸平原及河口三角洲带来巨大灾难。从地理特点上看，这些地方海拔高度低（一般都在5米以下），地面坡度小，平坦无阻，海平面上升很容易造成海水浸淹。而河口三角洲沉积物的压实作用导致地面的缓慢沉降，也可相对加大由海平面上升而引起的海洋灾害。专家估计，如果海平面相对上升1米，那么我国沿海岸4~5米标高的土地将会遭到侵浸，12.58万平方公里的土地将被淹，7000万人将失去家园，沦为海洋环境灾害的“难民”。

海平面上升将会导致沿海地区的灾害性风暴潮频度增加、洪涝水灾加剧、农田盐碱化、海岸线后退、陆地面积缩小等。其灾害造成的破坏力比其他自然灾害更持久、广泛和严重。近年来，由于海平面上升，已使我国沿海地区风暴潮灾害的发生更加频繁，而且海水入侵沿海低地，使大片良田盐碱化，成为一块块荒地。海平面的上升还使海岸和海滩遭受侵蚀，致使许多城市、港口、海岸工程、旅游设施、房屋、公路和盐田遭破坏，蒙受很大损失。由于我国沿海地区人口众多，经济发达，集中了近一半的百万人口以上的大城市和40%左右的人口以及社会总财富的52%，在国民经济发展中有着举足轻重的作用，海平面上升的灾害性影响就显得更加突出了。如果对海平面上升不加防范，当其上升30厘米时，位于珠江三角洲中心的顺德、珠海等县市将变成“水乡泽国”，受灾人口可达100多万。按1990年的经济发展状况，损失将达136亿元。而在黄河三角洲及渤海湾、莱洲湾，当海平面上升30厘米时，受灾人口将达1640万，经济损失更加惨重。

目前，世界上越来越多的人开始认识到，气候变暖、海平面上升，将对地球环境和人类生存发展造成巨大的不良影响，人类必须依靠科学技术防范和减轻海平面上升带来的灾害性后果。从长远发展来看，要积极主动采取措施，改变能源结构，控制二氧化碳的排放，制止森林的盲目砍伐，增加绿地面积，逐步消除

“温室效应”，从根本上解决海平面上升的问题。从近期目标来看，就是要采取一系列合适的工程措施，防止或减缓海侵海浸。我国目前最好的对策选择是加强海岸防护工程建设，其核心措施是加高加固现有防潮海堤及建设部分新海堤。我国沿海现有防潮设施基础较好，再加上新的投入，可以收到投入小、效益高的防灾减灾效果。

在山东莱州湾畔有一奇迹：一条千米大坝突兀而起，把几乎漫入村边的大海足足推出1公里；一条人工淡水河和一条100多亩的人工林带，遏止了海水入侵；两条4600米的“地下暗龙”把淡水输入海边，400多亩不毛之地再次长出绿油油的庄稼，一派喜人景象。

创造这一罕见景观的，是山东莱州市朱由镇朱家村人，他们一靠科技，二靠实干，完成投资240万元的海侵治理工程，只用一年时间即告完成。人们对这项抵御海侵的浩大工程赞叹不已，更对挺起脊梁同自然抗争的朱家村人充满敬意。

朱家村西距莱州湾只有1.5公里。近10多年由于干旱缺水，肆虐的海水已经由地下悄悄入侵越过了村庄，粮田受灾2000多亩，产量陡然下降2/3，人畜喝的“淡水”也是又苦又涩。海侵，把昔日500亩芦苇湾变成了一个大碱窝。440亩吨粮田也成了蓬草洼，甚至新栽的树、刚养的羊也都“原因不明”地死去。

海侵，这令人惊悚的灾魔，不仅危及到朱家村人的生活，甚至危及到这一方人的生存。据中国科学院专家对莱州地下淡水水位数值的监控测算，如果不能给海水自然入侵“戴上笼头”，再过20年，朱家村全部耕地都将成为不毛之地，整个村庄只能迁移。

为有效治理莱州湾的海侵，经两年考察，中国科学院专家曾提出两条对策：一是构筑一条“地下混凝土长城”阻隔海侵，一是在海侵地上改种耐碱作物。但前一条投资巨大，后一条也非根本之计。熟稔海情、地质的本村群众，在摸透莱州湾的“脾气”之后，与专家们几经论证，提出了“筑坝锁海，人工造河；引淡储淡，以淡通咸”的治理海侵新对策。这就是，外海筑起一条巨坝，将地上海水远远“推”出；内陆开挖一条储水长河，使汛期雨水（过去白白入海流失）全部存入其中，长年储备，“以水（淡水）攻水（海水）”，将地下海侵有效隔断。

这是一个全新的策略。尽管工程浩大，总投资需要240万元之巨，但与其坐受困厄不如奋起抗争，为保住家园，也为了子孙后代，本来不太富裕的朱家村人首先集资80万元，抖擞精神向莱州湾发起了挑战。底宽36米、高4米的大坝牢牢锁海，坝内一侧主养殖池都放上了鱼苗、虾苗；又宽又长的储水河内蓄满淡水，正是它下面的“地下水墙”阻住了来势汹汹的海侵；河内一侧新植的100多亩连片白杨抽出了新叶，十几年后就将形成一条防风林带；最令人惊喜的是，有了引来的淡水，那440亩已经废弃的海侵土又披上了青纱，麦子和玉米、花生都长得很壮。青青的芦苇也在湾内又生长起来。有了这项海侵治理工程，邻近8个村庄的6000多亩粮田也将受益。

在同海侵的殊死较量中，人类是强者。朱家村人面对海侵奋起拼搏的一页将写入历史。他们独特的贡献也将为我国广大海侵地区科技防灾减灾提供非常宝贵的经验。

5. 保护海洋的健康

如果你有机会到遥远的外星球去旅行，回过头来看地球，你可能就会明显地意识到：海洋是地球上生命的支撑系统，海洋患了病，地球上的人类必定遭灾。

广袤无垠的海洋是我们地球的特色。这个巨大的水体，对气候起着决定作用，对气温起着稳定作用，为大气提供水蒸汽，这些水蒸汽又化作雨水落到地上，补充地球上江河湖溪的淡水资源。我们进行的每一次呼吸都与海洋有关，因为氧气是在海洋中产生的，二氧化碳是被海洋吸收的，充满活力的海洋孕育着生命。雨林和其他地球生物系统固然重要，但没有海洋就不会有陆地上的生命。地球的大部分生存空间（生物圈）是海洋，占大约97%，而地球上97%的水是海洋，这难道是巧合？海洋维护着地球生物的生存，维护着人类的繁衍发展。

海洋是人类的食品基地，可为人类提供的食物要比陆地可耕农田所能提供的食物多1000倍；海洋中每公顷海底可生长藻类20吨，可食的有70多种，藻类产品比世界目前小麦总产量多20倍；海洋每年可为人类提供30亿吨的鱼，目前人们每年从海洋中获取食物产量约7000万吨。海洋有丰富的矿产资源，占地球1/4~1/2的石油和天然气储存于海洋底部，海底还储藏3000亿吨铁，7500亿吨铜，仅太平洋底的锰结核就达1.7亿吨。海洋还蕴藏着巨大的潮汐能，大约有10亿多千瓦。

海洋以宽阔的胸怀对人类倾其所有，而人类社会又是怎样回报海洋的呢？在过去的100年里，人类毫无远见地从海洋中取走数以十亿吨计的生物并倒进数以十亿吨计的有毒物质。这种不考虑后果的行为是人类自己在给自己制造灾害，自绝生路！

人类对海洋的无节制的污染，最普遍的形式是石油污染。目前，世界石油消费量的60%是通过海上运输到达消费地的。由于运输不当或油轮失事或海上开采石油泄漏等原因，每年流入海洋的石油多达100万吨。此外还有大量的工业废油排入海洋。一些科学家估计，每年倾注到海洋的废油达200~1000万吨。这些石油和废油在海面上形成一种油膜，抑制了海水的蒸发，阻碍潜热的转移，引起海水温度和海面气温升高。而且，由于海水蒸发减少，海面上空变得干燥，使海洋失去了对气候的调节作用，产生“海洋沙漠化效应”。如日本伊势湾受石油污染的海面要比洁净海面的水温高 3℃。海湾战争爆发后，大量的石油被倾入大海，不仅使海水受到严重污染，破坏了正常的生态平衡，而且使海湾地区的气候变得更加干燥，并出现严重的沙漠气候症状，自然灾害更加频繁。

工业生产部门每年把含有大量汞、镉、铜、铅等重金属的化学废料排入海洋，仅汞就有 1 万多吨，镉还更多。农业生产部门将各种农药随水排入海洋，仅杀虫剂、滴滴涕每年就有 100 万吨进入海洋，抑制了海藻的光合作用，毒化了海洋生物。人类生活垃圾和各种污水也排入海洋，每年有 200 亿吨悬浮物和溶解盐类随水注入海洋，使海洋不堪重负。

与此同时，遍及全球的渔轮竞相以巨网捕捞，造成的后果不堪设想。冰岛捕鱼的拖网竟大得足以围绕 12 架波音 747 飞机。鱼类的捕获量已超过其繁殖量。连带遭劫的还有数以百万计的鲨鱼、海洋哺乳动物、海鸟和其它生物物种。生物学家说，如此过度捕捞，鱼类势必逐渐灭绝，而渔业资源枯竭又会妨碍海洋食物循环的自然平衡。

我们究竟能从海洋生物系统中捕获多少？我们向海洋倾倒废物而不受惩罚的状况究竟能维持多久？我们有能力破坏海洋的健康，但有办法医治我们给海洋造成的损害吗？

海洋支撑着人类和地球上所有的生物。军事需要和沿海石油工业的需要已使科学技术有了很大的发展，但是我们究竟对海洋了解多少？我们究竟用了多少科技手段去维护海洋的健康？海洋是人类生存的重要环境，是防灾减灾的重要领域，保护海洋就是保护人类幸福的生活和美好的未来。美国政府早在 1988 年就宣布在海洋倾倒塑料制品为非法行为。事隔 8 年之后，发现一条幼鲸因体重减轻过多致死，被冲到北卡罗来纳州的海滩上。将它的尸体解剖后发现，有成堆的塑料滞留于肠腔内。科学家告诫说，海洋污染的影响既持久又深远，人类防减海洋灾害任重而道远。

在我们地球上，占总面积 71% 的海洋已被科技界和经济界视为一块具有广阔开发前途的“宝地”，将成为 21 世纪科学技术发展和经济发展的重点。传统的海洋科技和经济开发，主要是从事近海捕捞、晒盐和运输业，如古人所云：“兴渔盐之利，得舟楫之便。”现代海洋开发则已进入以高科技为基础，各种海洋活动相互联系、立体开发、综合开发的新阶段：水面是海运航道、水中是渔场，海底是油田矿场。海洋自然资源的开发利用，就有海底采矿业、海洋化工业、海洋水产业；海洋能源的开发和利用，有潮汐发电、波浪发电、温差发电、海流发电；海洋空间的开发和利用，有发展海洋运输业，建造海面、海底设施。目前，已经建立起从空中到海底的完整的立体监测体系，不仅遍布于近岸沿海水域，而且也达到了深海水域；不仅使用飞机、雷达、各类调查船、浮标网和潜水艇来了解海洋的一切信息，而且，近年来还利用了最先进的声学技术、空间技术、电子计算机技术、激光技术、遥感技术等进行海洋调查监测。在利用这些高新科学技术开发海洋的同时，也应利用它来保护海洋，防灾减灾。

没有健康的海洋，人类就会毁灭于各种自然灾害。防灾减灾，一定要保护好海洋。

六

除虫祛病免灾害

——生物灾害的预防与治理

为了更好地生存和发展，人类社会没有停止过与生物灾害的斗争。

1955年冬的一天，毛泽东主席收到农民的反映：麻雀祸害庄稼，说“麻雀成群，一起一落，粮食上万”。麻雀是害鸟，能不能消灭它们?

于是，消灭麻雀的决策就写进了《全国农业发展纲要》中。一时之间，麻雀成了与老鼠、苍蝇、蚊子并列的“四害”之一，在城市乡村，人人喊打，无处藏身，濒临绝境。

科学家们发出了不同的声音。生物学家郑作新和他的同事走遍了河北和北京近郊，采集了848个麻雀标本，一个一个地解剖其嗉囊和胃部，写成了《麻雀食物分析的初步报告》，用事实说明：麻雀冬食草籽春孵卵，于人无害；夏天大量捕害虫，于人有益；仅在七八月才飞入农田糟蹋粮食，这时才对农业有害。中国科学院据此写了《关于麻雀问题向主席的报告》。

小小的麻雀惊动了泱泱大国的主席和众多的科学家。认真研究了这份报告后，毛泽东主席采纳了科学家的观点，更正了过去的决策：“麻雀不要打了，代之以臭虫，口号是‘除掉老鼠、臭虫、苍蝇、蚊虫’。”历时五年的“打麻雀运动”才降下帷幕。

早在18世纪时，欧洲普鲁士国王腓特列看到成群的麻雀在他的花园啄食他喜欢吃的樱桃，便于1774年下令消灭麻雀，并宣布杀死麻雀者有奖赏。不久，麻雀全捉光了，而各地果园却布满了害虫的幼虫和成虫，果子找不到，连树叶也没有了。国王不得不急忙收回成命，并去外地运回麻雀，加以繁殖保护。

巴黎公园因经常保护麻雀，园林树木没有害虫危害。

澳大利亚为了扑灭果树害虫，也曾从国外引进麻雀。

美国原来没有麻雀，自从麻雀引入纽约和附近城市后，麻雀防除害虫，产生了令人感觉得到的效果。

湖南省林科所研究员马万炎等曾作过考察。7 月下旬，正是湖南早稻收割季节，也是第一代马尾松毛虫产卵盛期，麻雀任意取食稻谷和虫卵。在此期间，他们在浏阳沙市解剖了 10 只麻雀，从其胃内剖出松毛虫飞蛾 5 只，松毛虫卵 347 粒，稻叶蟑 22 只，金花虫 3 只，其它昆虫 13 只，而剖出的稻谷仅 81 粒。可见，即使在稻谷收割季节，麻雀仍是利大害小。对麻雀的季节性危害，可采取驱赶的办法，而不是捕杀。

对待麻雀，从把它列为害鸟加以扫荡和消灭，到正确认识麻雀的功过，为其平反，并加以适当引进和繁殖，反映了人类与生物灾害作斗争过程的曲折和艰难。

地球上的生物，生存竞争十分激烈。生物受到别种生物的危害，使其质量受损、数量下降甚至灭绝的现象，称为广义的生物灾害。而凡是干扰人类生活，争夺人类赖以生存的生物资源，损害人类赖以生存的食物、用品，生态环境的兽类、鼠类、昆虫、病毒、恶性杂草等，谓之狭义的生物灾害。生物灾害危害人类表现为直接导致人畜伤亡，间接导致人畜伤病亡，危害农、牧、林业生产，造成减产减收。

病、虫、草、鼠等生物灾害危害农作物，每年从我国每个人的口中夺走 50 公斤的粮食和其他食物。我国农作物病虫害有 1200 余种，还有猖獗的鼠害和恶性杂草，如果病虫害发生并成灾，对我国农业这一基础产业将产生重大影响，从而损害人民的物质生活。只有拿起科学技术这一锐利武器，才能有效地与生物灾害作斗争，除虫、祛病、消灾。

1. 给植物和动物治病

人会生病，动物会生病，甚至植物也会生病。动植物的病害会给养殖业、农业和林业带来很大的危害。为了使我们的五畜兴旺，庄稼丰收，森林繁茂昌盛，就要想方设法防灾减灾，为动植物治病。

1845 年～1849 年，阿根廷、爱尔兰因马铃薯瘟病导致绝收，饿死 150 多万人，另有 160 多万人逃亡国外，造成历史上著名的“爱尔兰大饥荒”。1870 年一种真菌毁灭了斯里兰卡的咖啡，使这个咖啡之国不得不改种茶树。1945 年，孟加拉国水稻胡麻叶斑病大发，造成严重减产，饿死约 200 万人。20 世纪 60 年代初，中国广东潮汕地区暴发柑桔黄龙病，柑桔产量由 1957 年的 6.1 万吨下降到 1963 年的 623 吨，减产 98 倍。据联合国粮农组织估计，现在全世界仅谷物生产就因病害损失 10%。

中国常见的农作物有 50 多种，而农作物病害却数以百计。全世界已发现水稻病害达 240 多种，中国发现有水稻病害 50 多种、小麦病害 50 多种、玉米病害约 40 种、棉花病害 40 多种。主要农作物病害有稻瘟病、白叶枯病、小麦锈病、赤霉病、玉米大斑病、棉花枯萎病、大豆病毒病等。农作物病害严重危害农作物的生长、产量和品质，轻则损失 10%～20%，重则可达 50% 以上。据云南、贵州、辽宁等省市不完全统计，每年因丝黑穗病损失玉米为 6.5 亿公斤。农作物病害成了产生饥荒的重要原因。

近年来，森林病虫害像“一场不冒烟的森林火灾”在我国蔓延，致使全国森林病虫害年均发生面积达 1.2 亿亩，每年因此减少林木生长量 1700 多万立方米，经济损失高达 50 多亿元。森林病虫害中，尤以一种松材线虫病最为猖獗，所到之处，松树尽死，损失惨重，引起当地林业部门极大惊恐。我国自1982年在南京中山陵最先发现松材线虫病害之后，它便以惊人的速度蔓延到山东、广东等商贸发达的沿海地区，到20世纪80年代末病害发生面积50多万亩，已砍死枯株近百万株。松材线虫之于松类树，就像癌症之于人类一样无法可治。这长度不到1毫米，只能在显微镜下才能看到的“小东西”，却是神通广大，对松类树无坚不摧。松类树染上此病后，先是大部分针叶变为枯黄，接着松树流质大为减少，最后针叶又进一步变为黄褐色而萎蔫死亡。同时，通常还可发现树杆上有甲虫蛀屑。凡患上此病的松类树，无论几百年的古树还是仅一二年的幼树，都将在短短的三个月之内死亡。而发现松类树患此病之后，根本就没有办法治疗，唯一的“阻止”办法也就是以患病树为中心，10米为半径，挖地3尺，把病树连根拔掉、烧毁，才能防止它的蔓延。还有松针褐斑病，1978年在福建顺昌县和沙县松林中发现，现已扩散到闽、赣、皖、粤、桂、浙、苏、豫等省。该病的高感树种主要是温地松、火炬松和日本黑松。马尾松为该病高抗树种。各地大量营造的外国松，一旦病原菌传入，就可能造成大面积流行。毛竹枯梢病1959年在浙江沿海首次发现，现已扩散到浙、赣、闽、皖、苏和沪等省市。1973年，浙江发生此病，面积为50万亩，枯死新竹480万株，经济损失600多万元。1991年湖南汝城县首次发现该病对大面积竹林造成严重危害。

在畜禽养殖方面，疫病尤其是传染病是最主要的灾害。马耳他国曾因一飞机上的残渣带入牲猪传染病毒，导致该国牲猪死绝，并停止养猪3年，损失惊人。近年来，英国“疯牛病”风波席卷欧洲各国，欧洲联盟10个成员国纷纷禁止进口英国牛肉、活牛和奶制品，欧盟的兽医专家们甚至要求英国把全英所有1180万头牛统统送进屠宰场。以避免英国的“疯牛病”进一步蔓延。“疯牛病”是牛脑炎（英文缩写BSE）的俗称。它是一种牛脑海绵状病变，使牛大脑功能退化，导致牛精神错乱、痴呆和死亡。该病例1985年在英国阿什福德的一个农场首次发现，1.3万头病牛被屠宰销毁。这种病症至今尚无有效的防治办法。我国20世纪80年代初，北京郊区某养鸡场由于外来人员带入一只国外观赏鸟，引发欧洲鸡瘟，致使鸡场800万只鸡全部被扑杀。畜禽传染病在中国具有分布广、种类多、适应性强、危害后果十分严重的特点，不能不引起我们的重视。

面对动植物病害的蔓延，人们采取了种种科技措施加以防治。

严格检疫制度，防止病害流入。针对世界上复杂多变的动植物疫情，我国为防止动植物病虫害及其有害生物的传播和蔓延，已在全国各口岸建立了200多个动植物检疫局，并拥有一支5000人的检疫队伍。通过科学的检疫手段，有效地防止了动植物传染疾病和植物危险性病虫害的传入。北京动植物检疫局仅去年一年就23次从进口的动植物及其产品中截获我国政府规定的一类危险性病虫害。

引起植物生病的一个大敌是真菌。真菌很小很小，肉眼根本看不见，且不怕普通农药。这些小东西躲在植物身体里大量繁殖，使植物染上各种疾病，大片大片地死亡。真菌虽然厉害，现代科学技术也有办法对付。大白菜常常得根腐病，人们就让韭菜来作医生，把它们种在一起，韭菜的根会分泌一种杀菌素，使大白菜免遭病害。那些较稀有珍贵的树木生了病，科学家就会做局部切除手术。对受到病菌感染的大树，还可以采取打针的办法，在树干基部钻几个孔，把抗菌素药液用高压灌进去。为了防止植物患病，人们还创造了“种牛痘”的新疗法，在植物体内接种一种毒性较弱的病毒以产生抗体。科学家在预防西红柿生病时，先把烟草花叶病毒分离出来，经过慢慢培养，使毒性减弱，然后用高压喷雾器把它们送入西红柿幼苗体内，这样就能使西红柿一生都不会感染这种病毒了。最近，科学家又发明了一种新型农药——氨基酸，把它用于植物体上，不仅能杀死各种病菌，且营养丰富，好像给植物吃了一剂补药。科学家还用基因技术培育抗病毒的新品种。1995年，中国农科院植保所植物病虫害生物学国家重点实验室和山东大学生物系等联合培育成功了世界上第一株抗大麦黄矮病毒的转基因小麦，使我国在这一领域跃居世界先进水平。

科学家还发明创造了神奇的EM技术。EM是什么？它是“有益微生物群”的英文字头缩写，它可促进生物的生长发育，还能有效地抑制有害微生物的繁殖。长期使用农药、化肥，土壤中微生物的良性循环被破坏，病虫害增加，植物对农药、化肥的依赖性也越来越大。用EM生物技术培养出的土壤复苏型微生物，则可促进形成自然发酵合成的良性循环，改良土壤，提高植物抗病虫害的能力，又可避免对环境的污染。厨房的垃圾袋内撒入少许EM粉，避光保存，夏季3~4天，冬季10~15天就可发酵成无臭堆肥。定期往卫生间的排水口撒放EM粉，污水排放到江河中不但没有污染，而且对有害微生物有抑制作用。臭气熏天的家畜粪便是生活中直接的污染源，在粪堆上撒放EM粉或喷上100:1的EM稀释液，可保持几天的除臭效果，粪便可转化为优质肥料。如在饲料中拌入EM粉，家畜食用后能改善肉、蛋质量。随着科学技术的发展，人们给动植物治病的水平会越来越高，这也意味着防灾减灾能力的提高。

2. 杀虫剂装上了“核弹头”

给人类社会造成灾害的害虫种类繁多，数不胜数，人依靠科学技术战胜虫害的能力越来越强。

咱们从一件简直难以置信的往事说起：

一个外国人在印度旅行，漫游各地。一天，他在旅途行走时，忽然感到天昏地暗，以为有大片黑云压过来，抬眼一望，竟是蝗虫遮天蔽日飞驰而来。宽及60公里的庞大蝗群，整整飞了三天三夜才过尽！如梦初醒的旅行者惊叹不已。

全世界蝗虫有1万多种，危害人类已逾千年。从公元前207年到公元1935年，中国发生了796次大蝗灾，平均3年一次，每次都造成大饥荒。有时蝗虫甚至直接危害人畜。据周密所著《癸辛杂识》记载：山西武城县内，“有崔四者，行田而仆。其子寻访，但见蝗聚如堆埠。拨视之，见其父卧地上，为蝗所埋，须发皆被啮尽，衣服碎为筛网，一时顷方苏。晋天福中，蝗食猪。平原一小儿为蝗所食吮血，惟余空皮裹骨耳”。

蝗虫俗称蚂蚱，最大的蝗虫其翅膀展宽有250毫米。我国有300多种蝗虫，我们一般说的蝗虫，通常指飞蝗。它的幼虫叫“蝻”，成虫能跳跃，善飞。每年5~6月间成虫的称为夏蝗，7~8月间成虫的称为秋蝗。蝗虫是对植物危害非常大的害虫。它们常常成群飞翔，能吃多种植物，一般禾本科类的庄稼如稻、麦、粟、稷、玉米的嫩叶、茎、穗，均为它们袭食的目标。全世界每年有不少地方的农作物受到成群蝗虫的威胁，形成蝗虫灾害。中国清朝咸丰年间，从1852年到1858年，飞蝗七年，遮天蔽日，田禾俱尽，饿亡无数。1927年，山东、浙江两省蝗虫遍地，仅山东就有700多万人逃亡关东或沦为乞丐。不久前，有人在摩洛哥利用雷达和电子计算机对一个蝗群计算，推算出1946年经过这里的一个蝗群重50吨，蝗群在天空飞行时给地面留下的阴影有几十平方公里，蝗虫至今仍在非洲等大陆猖獗。1977~1978年东非蝗灾危害埃塞俄比亚和索马里等国，饿死25万余人，并在非洲40多国蔓延，造成一片凄惨景象。新中国虽然基本上控制了蝗灾的蔓延，但仍有2000多万亩蝗区面积尚未改造，蝗灾发生面积仍有4000万亩，且呈上升趋势。新疆草原就蝗虫成灾，

150多种蝗虫常年危害3000多万亩草原，严重时每平方米蝗虫数可达上千只。1991年山东春光县12个乡镇发生蝗灾，两天内吞食掉10多万亩农作物，不能不令人担忧。

除了蝗虫外，还有多种害虫可对农作物造成危害。就我国而言，螟虫遍及全国，危害水稻和玉米，常年发生面积4亿亩左右。粘虫大面积危害农作物在20世纪70年代就发生过6次，每次危害面在1亿亩以上。小麦吸浆虫害近年回升很快，受害农作物一般要减产30%～50%。棉铃虫几次大爆发，1992年又在河南泛滥成灾，损失20多亿元。蚜虫对农作物的危害也常年发生，造成很大损失。

虫害对养殖业来说，主要是各种寄生虫对畜禽的直接伤害。蛔虫病、血吸虫病、猪囊虫病、锥虫病、虻等多种虫害，危害着牛、马、猪、羊等各种牲畜和鸡、鸭、鹅等各种家禽，造成畜禽的死亡，带来很大的经济损失。

就林业而言，中国有森林病虫害8000种，全国年均森林病虫害发生面积，20世纪80年代中期为1.3亿亩，占全国森林面积的6%，因受害严重而枯死的森林面积约500多万亩，约占每年造林保存面积的12.5%，经济损失达15亿元，相当于每年林业基建投资的1.76倍左右。最常见的森林虫害有松毛虫、松突圆蚧、天牛、竹蝗、松梢螟、蛾虫等。1988年，长江三峡防护林区发生了柏木叶蜂虫害，杯水车薪的救治，虫害并没有得到根本遏止，到1995年底，虫害面积达4.87万亩，占整个林区面积的67%。若不采取断然措施，经过30多年艰苦营造的长江防护林将毁于一旦。

一种被称为“黑胶虫”的牛寄生虫正在污染大量实验用细胞，给我国生命科学领域造成不可估量的损失。1996年11月，徐德胜教授等科研人员在实验中发现实验培养细胞生长状态不佳。经多方查找原因，发现细胞培养液中存在一种不明微生物污染，通过实验证明污染源为小牛血清。他们立即向血清供应单位提出质疑。供应单位称，此种微生物来源于一种名为“黑胶虫”引起的牛寄生虫病。细胞培养实验是大多数生命科学研究必不可少的组成部分，而培养一株有价值的细胞往往需要投入几万甚至几十万元。细胞一旦被污染，不仅有关的细胞应答、细胞凋亡、细胞基因克隆等等关键实验将无法进行，而且大量的实验结果、无数专家学者多年心血的结晶都将被怀疑和推翻，甚至造成全国性的、影响整个生命科学界的灾难。徐德胜教授建议，国家应组织药物、细胞生物、微生物、动物等多学科联合攻关，尽快找出一种既能杀死寄生虫，又不伤害细胞的药物来应急。

为了防灾减灾，年年打药治虫，为什么还年年有虫害？因为害虫的种类很多，且有很强的繁殖力。害虫具有很强的生存能力，可抗御各种不良环境，且有抗药性，其越冬形式就有以卵越冬、以幼虫越冬、以成虫越冬、以蛹越冬。有一些害虫具有很强的迁飞能力，且能随附着物扩散。最近几年，我国动植物检疫部门已先后6次截获有“水果杀手”之称的地中海实蝇（几乎能危害所有的水果及茄子等蔬菜），防止了洋虫害入侵我国，在国内引起轰动。打药治虫常常会杀伤很多害虫的天敌，用药不当会引起害虫的更大发生。

为了更加有效地对付害虫，科学家给杀虫剂装上了“核弹头”。武汉大学齐义鹏教授研究成功的重组杆状病毒杀虫剂，把毒素基因整合到病毒基因中，使害虫处于既染病又中毒的双重打击之下。齐教授进行的田间比较实验结果显示，重组杆状病毒杀虫剂既有化学农药“闪电战”的特点：它能在48小时内对害虫产生作用，72小时内可以控制虫害，这比单纯的病毒杀虫剂快10天或10天左右；又有化学农药的“强打击”效果，杀虫率两天内可达80%以上，最重要的是，它没有化学农药的副作用，对人畜无害，害虫也不产生抗药性。

为了更加有效地对付害虫，科学家还让害虫吸食“鸦片”而丧命。大家都知道，鸦片是一种可怕的毒品，人一旦吸食上瘾就很难控制自己，身强力壮的人也会因此丧失劳动能力。美国科学家康斯坦丁·雷贝兹研制了一种专供害虫吸的“新鸦片”，它是一种化学药品，用它配制的杀虫剂称为阳光杀虫剂。夜间，农民将这种杀虫剂喷洒在农作物上，害虫们便会纷纷赶来“聚餐”，而且越吃越来劲儿，越吃越上瘾。白天，太阳一出来，吃饱喝足“美味佳肴”后安然无恙的害虫就遭殃了，一只只害虫拼命转圈子、呕吐，很快就一命呜呼了。原来“新鸦片”有一种特殊的本领，在阳光照射下会被引发连锁反应，最终产生一种叫原卟啉的物质，使害虫的所有细胞迅速坏死而亡，害虫很难对它产生抗药性。配制的多种杀虫剂可分别杀死特定的害虫而不对益虫造成伤害。

为了更加有效地对付害虫，科学家还发明了性引诱剂。昆虫大都要“恋爱”，而且有一定的规律。如掌握害虫的“恋爱规律”，就可以设法变它们的情场为坟场，将它们大批消灭。科学家发现，雄天蛾追逐雌天蛾，是因为雌天蛾性成熟期间发出的较高温度刺激了它。它这时追逐的其实是较高的温度，而不是雌天蛾的“姿色”，因而在追逐的过程中如果遇到红外线发射器，它也会落在上面做出交配的姿势。这就为人类诱杀害虫提供了方便。人们只要找到某种害虫求偶时所需要的那种刺激源，就可以小施计谋，将它们诱入死地。昆虫“恋爱结婚”，纯粹是为了繁衍后代，所以它们的结合是一种本能行为，只要有某种一定的东西刺激它们，它们就会作出结合的举动，并不需要雌雄双方“情投意合”。某些蛾类“恋爱”的媒介，是雌蛾身上的性引诱激素。别看一只雌蛾只能分泌一千万分之一克的性引诱激素，却足以使一百万只雄蛾堕入“情网”。科技人员便将活雌蛾放在诱捕器中，或将人工提取的类似性引诱物质置于“陷阱”中，让那些求偶心切的雄蛾晕晕乎乎地找上门来送死。目前，人们已经弄清楚200多种害虫性引诱激素的成分，并且用人工方法合成了40多种。如棉花红铃虫性引诱剂，已开始应用于农业生产，只要在水盆中放一个吸足性引诱剂的泡沫塑料小球，红铃虫雄蛾就会纷至沓来，落进水中淹死。性引诱剂一般对人畜无毒，它既能达到杀虫保苗的目的，又不污染环境，是无公害杀虫的高新武器。

一些植物有着神奇的灭虫效力。如万寿菊就是一种极好的天然灭虫药。万寿菊原产墨西哥，我国各地也有栽培，它那刺鼻的气味是一种奇妙的驱虫药。在花圃四周种上万寿菊，整个夏季成了驱虫障壁。山楂花、桑椹、肉桂和丁香，都能使昆虫头晕目眩。不久前美国农业部的化学家从楝树中分离出苦楝素物质，发现它是理想的杀虫剂。它能阻止害虫接触植物，而当害虫一旦接触便绝食而亡。日本研究人员发现，瓢虫宁肯饿死也不敢去吃经楝树素处理过的作物。人们将楝树种子粉末撒在土壤里，两个月后生长着的小麦、西红柿、棉花等不再遭虫害。印度常将楝树种子掺在谷物中，可有效防治害虫。研究发现，楝树提取物可防治12种农林害虫。除虫菊原产南斯拉夫，后由日本引种，我国各地都有栽植。花中含有除虫菊素，可使多种农业害虫麻痹中毒而亡。美国斯蒂尔博士对除虫菊进行了深入研究，认为除虫菊是世界上最安全、最有效的天然杀虫剂，正在进行大规模种植开发。艾和菖蒲也是较好的除虫植物，我国自古就有端阳节以艾驱毒习俗，其茎叶所含的芳香剂，可有效地驱蚊除虫。此外，我国生长的大戟、曼陀罗、半夏、打破碗碗花、百部、车前、苍耳、半边莲、乌头、白头翁、牛藤、百叶和柏籽，都是功效显著的除虫植物。

在化学农药价高效微、污染严重的情况下，一种被称为“环保农药”的植物农药问世，从而为土地开一户绿色的窗。由石家庄植物农药研究所所长、副研究员勒学文等人开发的这种农药，先后在北京、山东、河南、河北等省市总面积100多万亩的果、菜、茶、烟叶和棉花、小麦等农作物进行应用试验，不仅能有效杀死菜青虫、棉铃虫、棉蚜、黎木虱、红蜘蛛等害虫，防治农林作物的腐烂病、黄萎病等病害，而且符合环保卫生的要求。据专家介绍，这种植物农药的杀虫机理，是利用植物中的生物酶和氢氰酸破坏害虫体的硫酸基酶，既杀虫，又杀卵，使害虫不易像对化学农药那样产生抗药性，同时，由于植物农药不含有化学物质成分，易于在空气和土壤中分解，因而不会造成毒物残留和积蓄，消除了农药对生态环境的污染和对人类健康的威胁。

根据害虫的习性和特点，人们依靠科学技术，实施了以鸟治虫、以虫治虫，以菌治虫等多种有效措施。蚜虫是植物的大敌，但它很害怕银灰色。因此，人们为植物专门配制了银色的塑料薄膜剂，喷洒到植物身上，好像给它穿上了一件“隔离衣”，使蚜虫再不敢前来骚扰。小地老虎是菜地一霸，它昼伏夜出，很难对付。人们发现，小地老虎喜欢吃糖蜜和酒醋。于是，制成糖酒醋液，盛进盆中，置于地头。到了夜间，小地老虎就会成群结队飞来，跌落盆中，因贪吃而丧命。除此以外，科学技术人员还利用转基因等高科技抗虫防灾。我国成功选育了抗虫转基因棉花。抗虫棉株系经过三代的抗虫性实验，结果表明抗虫棉具有很强的抗虫能力，并能将这种能力遗传给后代。

3. 除恶务尽灭草害

杂草丛生，危害生产，最令农牧民讨厌。

恶性杂草害，是指耕地、牧场、森林中的杂草与农作物、牧草、树苗争肥、争水、争空间、争光能，严重影响作物开花结果，致使作物减产甚至失收，致使牲畜缺食甚至中毒死亡，致使林木生长受阻和林业生产成本增加。

地球上现在已知的杂草约有3万种左右。在中国，能造成农作物危害的杂草种就有500种，其中造成严重危害的有恶性杂草稗草、米碎莎草、鸭舌草、马唐、野燕麦、粟米草、牛筋草、香附子、蟋蟀草、狗尾草等几十种。稻田杂草严重危害水稻；坡地杂草主要危害花生、玉米、黄豆、红薯等作物。全国每年平均受杂草危害的耕地面积达7亿亩次，每年因草害减产平均为9.7%左右。受杂草害危及的水稻面积2.5亿亩、小麦2.4亿亩、玉米1.1亿亩、大豆0.73亿亩、棉花0.5亿亩，损失率分别为13.4%、15%、10%、19%、14.8%，损失稻谷约130亿公斤、麦子40亿~50亿公斤、玉米等杂粮25亿公斤、大豆5亿公斤、棉花500万担。

恶性杂草害对养殖业的直接危害是毒草导致畜禽死亡，间接危害是影响牧草或饲料作物生长，使畜禽缺食少吃。一些有毒杂草，如蔓陀罗花、麦仙翁、大巢菜等，被畜禽碰上或吞食，均会造成中毒，甚至死亡。恶性杂草紫茎泽兰草每年造成云南农业损失4亿元，1977年仅马匹受这种草害影响就损失4000多万元，造成马匹死亡，病马现象十分严重。

恶性杂草对林业的危害主要是侵占空地，影响树林生长，使造林成本扩大，造成经济损失，云南宜良县14万亩宜林荒山，均被外来的恶性紫茎泽兰侵占，大大增加了植树造林的费用。据该省林业厅计算，全省因这一草害，造林费用每年要多投入2.44亿元，经济损失不可谓不大。目前，这一恶性杂草已向云南邻近省份扩展，若泛滥成灾，造成的经济损失将更大。

杂草除不尽，年年又复生，这是为什么？科学家解释说，这是因为杂草种类多、分布广、繁殖力很强，一般都能产生大量种子，有的一年内能繁殖二三代；杂草还有顽强的生命力，能耐旱、耐涝、耐寒、耐盐碱、耐贫瘠，进入耕地，生长得更茂盛；杂草种子的生命力也特别强，传播方式多种多样，有的种子几十年后还能发芽，一些杂草的种子被鸟兽吃了，通过其消化系统随粪便落到地上，照样能发芽。因此，除恶务尽十分不易，目前只能将其控制、压低到一定数量，使其不能为恶甚大。

科学防治恶性杂草害，除严格精选种子，防止草害从外流入，实行人工除草外，近几十年来，科技人员陆续发明了各种化学除草剂。化学除草剂的推广使用，及时除掉了杂草，又节省了大批劳动力。在玉米地里使用西马津和阿特拉津，杀草效果好，有效期长，种玉米时喷一次除草剂，在玉米整个生长期几乎都不长杂草，而且丝毫不损伤玉米。在棉田中常使用敌草隆和灭草隆这两种除草剂，它们通过抑制杂草的光合作用杀死多种一年生杂草，效果也很好。在小麦田里施用五氯酚钠，这种除草剂使辣蓼、米碎莎草的除草率达60%～80%。在稻田中使用丁草胺进行除草，除草率可达90%以上。在花生地里使用拉索和恶草灵，其除草率分别可达83%和75%。

在保护生态平衡的基础上防灾减灾，依靠科学技术的发展对恶性杂草害进行有效的防治越来越得到了人们的重视。科技防灾、科技减灾的努力，必然会得到增产增收的结果。

4. 让蚊蝇“尿死”

蚊子，无人不知，无人不厌。

夏日，每当夜幕降临，蚊子便纷纷出动。它在你的耳边嗡嗡乱叫，使你烦恼。要是被它叮咬了，轻的奇痒、红肿，重的还能染上某些可怕的烈性传染病。由蚊子传播的几种主要疾病有乙型脑膜炎、疟疾、丝虫病、登革热等。据统计，全世界每年约10亿人有患上疟疾的危险。

蚊子在全世界种类繁多，至少不下2000种，我国也有200余种。因其危害不浅，我国曾将其列为“四害”之一，以斩尽杀绝为快。无奈蚊子繁殖力强，适应能力也强，又易产生耐药性，无论用杀虫剂，还是用生物防治等措施都无奈其何。

对蚊子激素的研究，使科学家最近想出了一个新招，让蚊子“尿死”。原来，雌蚊十分贪婪，为了产卵，嗜血成性，每次吮吸的血液量可多达自身体重的2倍多。不知读者曾否注意，偶而可见吸血过多的蚊子腹胀倒地者？但在通常情况下，蚊子是不会因吸血过多而胀死的。原来，蚊子体内有一种相当于高级生物体的肾器官，叫马尔丕基氏小管（下简称马氏小管）。当蚊子吸入的血液流经马氏小管时，它便迅速将血液中的水分和盐类滤到后肠，然后借后肠收缩排出体外。这样，蚊子可以一次摄取大量血中营养物质。最近科学家们发现，蚊子这种自血液中滤出水与盐，再经后肠排出的过程不仅仅是机械性的过滤作用，还要有一系列特殊化学物质的参与。这些化学物质是一类比蛋白质分子量小的肽。因此，只要我们能制造出与蚊子体内这种天然肽类相似的化学物质，便可以利用它们之间相互竞争与马氏小管细胞表面受体的结合，使马氏小管不可控制并不断排尿，最终使蚊子“脱水”而干死。当然，科学家们还相信，也可设法制造出某些化学物质抑制马氏小管的过滤作用，从而使蚊子不能将血液中的水分排出而活活“憋死”。据知，目前科学家们已经识别出这种化学物质，不久或许可以真的用于实践，为人类消灭蚊子以及包括苍蝇在内的某些双翅目害虫开辟出一条对人类无害的新途径。

美国科学家参照“星球大战”计划开始实施出奇制胜的高技术灭蚊构想。这一构想的基本特点是：采用一系列现代化战争手段，通过高技术系统多层次地将其斩草除根。首先，将红外线传感器和音频测位系统安装在室外开阔处，用以侦察和监视蚊子的飞行活动。当发现蚊子向居室飞窜时，及时予以跟踪并测出其多维方位，然后启动自由电子激光装置发射激光束，将其一个个击落在室外一米处。若有侥幸逃脱并潜入室内者，也会被室内的自由电子激光装置击毙。如仍有个别漏网者逼近蚊帐时，特制的蚊帐则马上发出微波，使其化为灰烬。高技术灭蚊虽属复杂的系统工程，但因超小型化、工作效率高，所以消耗能量并不大。时值盛夏，还可以充分利用太阳能作动力，因此，高技术灭蚊是最理想、最有效的技术手段。

在印度，每年因蚊虫的叮咬而造成数百万人患疟疾和丝虫病。散布在荒野中的蚊虫，该如何追踪、歼灭呢？印度空间组织的遥感科学家协同联邦疟疾研究中心，利用空中拍摄的卫星影像，准确地寻找地面上能够繁殖蚊子的场所，在繁殖蚊子的沼泽地里栽种能杀死幼虫的桉树，在受到严重污染的死水池溏里放养一种鱼并逐渐排除池塘里的积水，大大减轻了蚊虫的危害。

一提起蝇，人们立刻就会想到它给人类带来的种种危害，这种被列为“四害”之一的家伙，是应大力消灭的。

许多蝇类是以吃腐烂食物为主的，常常在垃圾站、粪池等肮脏的地方飞来飞去找食吃。蝇的身上长着一层细毛，很容易粘上细菌，随着它的飞行和停落，细菌被带到各处。如果这些细菌通过口腔进入人的身体，人就会得病。

科学家告诉我们，蝇的吃食方法与众不同，它用脚底上的感觉毛去触摸、寻找食物。找到后，从它伸出的口器中吐出唾液，把食物表面溶解成半流体状，再吸进嘴里，所以它吃过的食物上粘满了它体内和体表带的细菌。苍蝇还有个可恶的习性，落在食物上不仅吃，而且还排粪，把其肠子里的一些活着的病菌、虫卵等都排在食物上。人不小心吃了这样的食物，就会染上疾病，有很多是传染病。一只苍蝇身上的细菌数可多达600多万个。苍蝇传播病菌的能力是很强的，很多主要的传染病，如痢疾、伤寒、急性肠胃炎和脊髓灰白质炎等，常常是通过苍蝇传播的。

防止和减少苍蝇给人类造成的危害，除了使用各种药剂、灭蝇器杀灭苍蝇外，最重要的是搞好环境卫生，不吃被苍蝇叮过的食物，特别是在夏天更应注意食品卫生，防止病从口入。由于注重环境卫生，在澳大利亚，苍蝇已经改邪归正，成为人类的朋友。这种苍蝇的祖先是那种令人恶心的红头绿肚蝇。由于澳大利亚草原牧场多，人口稀少，城市卫生水平高，垃圾、脏物几乎见不到，苍蝇失去了孳生的场所，在长期的自然选择中，进化成了吸食花蜜、植物汁液和野果一类的植食性昆虫，可以为牧草、果树和农作物传粉，成为对人类有益的昆虫。生活场所的改变也使它们“洗心革面”。显微镜检查和化验结果表明，它们身上已不带病毒和细菌。另外，飞行时也不会发出令人讨厌的“嗡嗡”声，翅膀呈现美丽的金黄色，身体变得大而漂亮。由于上述原因，澳蝇成了蝇中珍品，成为澳大利亚大宗出口商品之一。世界各国争相购买这种苍蝇，有的作教学、科研之用，有的做钓鱼的饵料，墨西哥、巴西等国还将其做成苍蝇佳肴。难怪这种苍蝇受到澳大利亚人的如此礼遇，将它视为“财神菩萨”。

蟑螂是蜚蠊的俗称，是一种狡猾而可恶的病媒昆虫。

小小蟑螂危害大。它使不少人得过敏症，仅美国就有1000万~1500万人对蟑螂有过敏反应，特别是那些哮喘病人。它传播疾病：据有关资料记载，一只蟑螂上可携带140万个细菌。蟑螂是家庭卫生害虫中最危险的疾病传播者之一，使人罹患痢疾、霍乱、肝炎等肠道传染病，传播多种寄生虫病、鼠疫、炭疽病、麻风病等，也可造成食物中毒。它致畸致癌：近年来发现蟑螂体内、外携带和分泌的某些物质与癌症有一定的关系。它污染食物：凡蟑螂爬过的食物，被它的排泄物、粪便污染的食物不能再吃。此外，据调查一只蟑螂每天吃粮1克，一年则糟蹋粮食1200克，仅次于鼠类。它还影响工农业生产，妨碍国防。由于蟑螂喜欢群居，几十只至几百只挤压钻到电话机、电讯仪器中，造成电话不通，电讯失灵，还钻进飞机、计算机和通讯设备等，造成故障而酿成大祸。工业方面，由于蟑螂偷吃浆纱的原料，咬断线纱，盗吃多种食物和药材，造成经济损失。对农业方面的危害也很大，含有淀粉的食物以及有香味的芝麻、花生果等都是蟑螂喜食并污染的东西。

科学家指出，蟑螂王国十分庞大，至少有万余种，而其中被列为害虫的家蟑螂仅20种。中国有蟑螂100种左右，其中室内常有的6种。蟑螂的繁殖力惊人，1对美国蟑螂1年可繁殖1600只，而1对德国蟑螂1年能繁殖10万只。有些种类的蟑螂，3个月不吃食物或1个月不喝水，仍能生存。食量大而杂是蟑螂的一大特点。它一旦缺少食物，便爬进厕所、马桶、痰盂，不论什么脏物一概能吃。

目前，人们采取的灭蟑技术措施通常有三大类。一是环境防治：搞好室内外环境卫生，及时消除垃圾污染，堵洞塞缝，消除蟑螂栖息繁殖场所，断绝蟑螂的食源，尤其要管好水源。二是物理杀灭：发动单位职工、居民住户人人动手，翻箱倒柜，摘除蟑螂卵荚，还可采用人工捕捉，工具诱捕、毒胶粘捕，开水烫杀等方法杀灭蟑螂。三是化学防治：在加强环境防治的同时采取以大面积化学防治为主的综合防治措施。防治方法为“一喷二划三投饵”：①喷药法是采用灭蟑药液对蟑螂的栖息处、活动场所作药物滞留喷洒，各喷药部位的药物要保留15天以上。②划双线毒法，灭蟑螂用药笔在蟑螂活动场所或栖息地划二条两厘米毒线，使蟑螂在外出觅食或饮水途中，接触毒线而中毒死亡。③投饵法是指在蟑螂经常活动与隐蔽的场所摆放灭蟑药片，使蟑螂吃药后中毒死亡。

人们为消灭蟑螂绞尽了脑汁，进行了各种试验。在美国威斯康辛州的一处昆虫实验室里，养有4万只蟑螂作试验品，仅1985年就研制出了将近3000种化合物对付它。全世界每年花在生产灭蟑螂药品及诱捕器的资金达数十亿美元，其中美国每年的开支高达10亿美元。然而，在新加坡召开的一次旨在对付蟑螂的国际会议认为，要彻底消灭蟑螂，还是人类的一项艰苦的长期任务。

白蚁是人所共知的“世界性大害虫”。它偷吃农作物、纸张、皮革、布匹等纤维类物质，尤其嗜食木材。科学家估算，地球上总共有24亿只白蚁，它们每年吃掉的植物有机质的数量实在惊人。

白蚁在热带地区的危害早已成为一种灾难。埃及曾有过白蚁吃掉整座城镇的报道：一个盗墓者爬进一个古埃及法老的地下陵墓，不慎挖穿了一个巨大的白蚁巢穴，于是数以亿计的白蚁涌出“城堡”，偷袭附近的一个城镇，不到半年，这个城镇的所有木结构建筑全被毁掉。在非洲大草原上，白蚁曾经演出过一幕极端的恶作剧：疲惫不堪的旅行者夜来和衣而眠，天明时他们一个个竟成了赤身裸体，原来他们身上的衣服被白蚁在一夜之间啃了个精光！

过去，我国上海的砖木结构住房约有52%被白蚁蛀坏，华南的蚁害尤为猖獗，广东开平一带的民房，几乎达到十室九蛀的程度。由于白蚁对房屋的破坏是不动声色地进行的，因此，等到发现蛛丝马迹，便已成为千疮百孔、行将倒塌的危房了。如今，随着城市现代化建设的步伐，坚固的钢筋水泥建筑物似乎对白蚁的生存空间带来威胁，许多人因此而认为，小小的白蚁不可能动摇现代化的大厦。殊不知，白蚁独特的食谱、穴居的生活方式以及无坚不摧的蚁酸，使它成为人类难以制服的顽敌。在高楼林立的现代城市中，白蚁为生存而改变了以往的生活习性。白蚁分泌的蚁酸已能轻而易举地腐蚀钢铁、塑料。何况在纯钢混结构的建筑物中，也必须用大量的木材进行装饰和制作家具等必备设施，这对白蚁来说更是“小菜一碟”。现在，白蚁可在水泥地板下的多孔预制板中筑巢生存，并将水泥路面蛀穿，修筑“蚁路”，大摇大摆地登堂入室，吃掉家具、衣物、图书等物品。甚至连电线、电缆也不放过。据报道，重庆市一座15层楼的钢混结构高级宾馆，刚建好5年，顶棚就塌了。人们起初怀疑建筑质量有问题，后经白蚁专家勘察，原来是由于白蚁的巢穴已从宾馆的地基延伸到顶层所致。

为了制服闯入现代建筑物中的“六脚大盗”，科技人员采取了各种办法和措施。最近，日本研制成了一种能消灭白蚁的机器人。这种机器人长0.5米，宽0.4米，高0.3米，重27公斤。其背上装有电灯、电视摄像机和药剂喷射枪，身体四角装有障碍物传感器。控制人员一边观看电视画面，一边操纵在工作的机器人，将隐藏的白蚁消灭干净。

5. 科学灭鼠靠慢功

几千年以来，人类从未停止过同老鼠的斗争，在灭鼠的问题上，从捕鼠器到食饵中放置毒药，都没有从根本上解决问题，过街老鼠人人喊打，却越打越多。

目前，全球共有鼠类2800多种，总数超过300亿只，是人类总数的5.5倍。一只老鼠一生中要吃掉一吨左右的粮食，世界上粮食总产量中的近30%就是被老鼠吃掉的。据统计，1993年中国的农田鼠害发生面积就多达3.5亿亩。在我国，老鼠每年造成的粮食损失可达200亿公斤。不仅如此，老鼠还破坏森林、草原、吞食植被；堤坝打洞，造成决口；咬坏电线，引发火灾；甚至造成地铁停运、飞机出事等，成为安全的隐患。特别是老鼠能传播57种疾病并引发鼠疫，更能置人于死地。

老鼠越灭越多，它究竟有什么生存“绝招”呢？灭鼠专家经考察后确认老鼠具有群体行为、新物反应、繁殖能力强和传播信息功能强的四大特征。一个“家族”以至一个区域内的老鼠，常常同走一条鼠道，同吃某些共同认可的食物。当区域内出现新食物（包括毒饵）时，它们不会贸然进食，当个别的老鼠尝吃后没有危险时，其它老鼠才会去吃；而一旦尝食的老鼠中毒或被捉，就会立即向周围同类发出“信息警告”，其它老鼠绝不再去上当。人们采用剧毒药物，或用夹、挖、打等办法灭鼠，消灭的大都是老弱病残者，这反而更使老鼠的种群得到优化，繁衍得更多更快更精。在1995年6月法国里昂召开的研讨会上，法国科学家认为，老鼠的智商特别高，老鼠的适应能力暗示着它们有极精巧的神经系统，它们能够传播预感。一种新鼠药在巴黎被放入下水道中，几个小时内，“消息”传遍整个鼠群，以后人们无论再把药放在哪儿，没有一只老鼠会去碰。很多英国恐怖电影都以人类对“异能老鼠”的恐惧为题材，这种恐惧是合乎情理的。老鼠有特殊的适应能力，早先人们制造成“杀鼠灵”这种能阻止老鼠血液凝固的毒药，能使老鼠体内出血不止而死。可是过了一段时间，许多老鼠对此有了适应性，吃了“杀鼠灵”后，血液仍能凝固。老鼠还有许多出众的“本领”：比如能钻过比汽水瓶口还小的洞；能沿几乎垂直的平面爬行；能在土里打洞；能溯急流游水达500米远；它们既能朝上跳至1米，也能从15米高处跳下而安然无恙。除此以外，老鼠能杀死比自己大一倍的猎物，老鼠的繁殖力十分惊人，不论消灭多少，新的一代很快就会补上。一对老鼠在一年内可繁殖后代达1.5万只。

从目前的状况看，灭鼠的首选方法仍是毒杀，而毒杀所用的药物首选慢性药。根据老鼠的四大特性，目前通用的“抗凝血剂”系列，包括杀鼠迷、杀鼠灵、溴敌隆、大隆等效果最好。老鼠吃下这些毒饵，三四天内不会出现中毒症状，连吃几天毒性才会成倍增长，5~7天内大出血死亡（该药作用机理是增加老鼠血壁的脆性，破坏血凝机制）。等到尝食的老鼠发现中毒，向同类发出拒食信号，为时已晚，绝大多数都已食用中毒了。如果有组织地发动群众统一投放药饵，在老鼠密度较大的地带，10天左右就可以基本消灭之。其次是大量培植鼠类天敌，如老鹰、猫头鹰、蛇类、黄鼠狼和猫等动物，它们都是捕鼠能手，用好了，可作为有力的生物武器。积极强化公共环境和个人生活环境卫生以及防患功能系统，抓住天气发生转折变化的有利时机，全力突击药杀捕灭。如夏季雨前和冬末春初以及老鼠繁殖前的发情期进行捕灭，能收到事半功倍的效果。

国内外科学实验早已证明，急性灭鼠药作用速度快，中毒症状剧烈，使鼠类易将毒饵与死亡联系起来，极易引起鼠类整个种群的惊疑与拒食，因此，灭鼠效果极差，实际上起了帮助鼠类淘汰劣等个体、优化种群的作用。而慢性鼠药则完全可以使老鼠在不知不觉中无痛苦地死亡，杀灭效果在90%以上。急中生患，科学灭鼠靠慢功。

灭绝老鼠是不可能的、不现实的，也是不科学的，从生态平衡的观点来看，老鼠死光了，“食物链”断裂了，老鼠的天敌也活不成。更科学的方法是以驱代灭。众所周知，猫是老鼠的死敌，可以捕鼠驱鼠。人们还发现，有些植物也有驱鼠的效应，被人称为“植物猫”。

以味驱鼠，是芫荽、稠李、鼠见愁等“植物猫”的特殊本领。芫荽又叫胡荽，是一种伞形科草本植物，可作蔬菜佐膳。因含有芫荽脑，散发出强烈的特殊气味，老鼠闻到会远而避之。将它的叶子同谷物混在一起，可以防止鼠类的为害。类似的植物还有蔷薇科落叶乔木的稠李、云参科草本植物的毛蕊花和败酱科草本植物的缬草（俗称满山香）等，都能散发奇异的气味，都会令老鼠退避三舍。此外，紫草科草本植物药用倒提壶（俗称鼠见愁）的植物晒干后，也能散发出一种令老鼠无法忍受的特异气味。它的驱鼠效应很强，鼠类宁可跳水沉溺，也不肯越过放有“鼠见愁”的地段。与上述几种鼠见愁的“植物猫”不同，闹羊花和老鼠筋与鼠类作斗争的武器是毒或刺。杜鹃花科的落叶灌木闹羊花又叫羊踯躅，其叶含有杜鹃花素、石楠素等有害物质。用它的干叶粉混合氯酸钾或硝酸钾配制成烟雾剂，灭鼠效果很好。还有一种爵床科多年生灌木，习称老鼠筋，叶革质对生，波状浅裂，裂片有十分锐利的刺，在我国南方沿海，尤其是大江河入海口附近常有分布。把老鼠筋的枝叶放在老鼠洞穴周围或经常出没的地方，鼠类一看到它就会掉头转向，逃之夭夭。避免被它的叶刺伤害。

为了灭鼠和驱鼠，中国科学家研制成功了一种新型高科技产品——超声波鼠虫驱除器。它可发射 2 万～5 万赫兹的超声波，作用于老鼠或害虫的中枢神经系统和听觉系统，使之痛苦不安，失去正常的觅食、饮水能力，慢慢死去。而人耳对 2 万赫兹以上的超声波基本听不见，所以不会损害人的听觉系统。

为了防灾减灾，我国将加大灭鼠力度，力争“九五”期间在鼠害发生地区每年降低鼠密度一至二个百分点，坚持五年把鼠害造成的农作物损失控制到最低程度。“九五”期间我国大力灭鼠的主要措施：一是在全国推行“五统一”大面积灭鼠行动。二是实施“亿亩灭鼠”计划。近 5 年，计划在 20 个省市的鼠害重发区扩大灭鼠面积 1 亿亩，重点推广“八五”研究开发的氯敌鼠钠盐、溴敌隆、杀鼠灵等高效、安全、低成本的新型杀鼠剂。三是完善全国鼠情监测网络。计划新增鼠情监测点 10 个，使全国鼠情监测点由目前的 20 个恢复到 30 个，逐步形成稳定的监测队伍。此外，还将加大科学灭鼠的宣传和普及工作力度，开展鼠害分区监测与治理技术研究。

若继续与人类作对，日新月异的科学技术和日益加大的灭鼠力度，将使耗子的日子越来越难过。

6. 防止物种灭绝

50亿，大得惊人的数字。19世纪初在北美大陆生息的旅行鸽多达50亿只，那时人们以它为美食，旅行鸽遭到滥捕。1880年时，旅行鸽的数目还相当多，但仅仅过了20年，就渺无踪影，找都找不到了。1914年，在美国辛辛那提动物园，最后一只旅行鸽也死去了。这个物种从此销声匿迹，从地球上永远消失了。从50亿到零，这可不是一部幻想小说！

1983年，美国从中国引进了梅山猪，如获至宝，美国一半的母猪都成了梅山猪的“亲戚”，平均每头母猪比原来多产1头仔猪，极高的经济效益可把美国人乐坏了！这仅仅是1个猪品种展示的一部分价值！但在中国，猪的两个品种已经灭绝，3个品种濒临灭绝，12个品种处于濒危状态。联合国粮农组织发表《世界物种监视清单》告诫说，目前世界现有家庭饲养动物遗传资源4000~5000种，其中1200~1500种正处于消失危险之中。拿农作物来说，中国1949年种植的1万个麦品种到20世纪70年代只剩下1000种。在过去100年中，美国的玉米品种丧失了91%，西红柿品种丧失了81%。从1804~1904年，美国7098个苹果品种有86%彻底消失了。

我们生活的地球，是一个丰富多彩的世界，生物物种之多远远超出人们的想象。据联合国环境规划署提供的资料，地球上有1400万个物种，一些生物学家估计的数字高达1亿种，而其中已被人们发现的只有150万种。地球的这一特点被称为生物多样性，这是自然界赐给人类的宝贵财富，值得珍视。

在如此之多的生物中，蕴藏着众多有价值的物种，等待着人类去发现和利用。例如，菲律宾的国际水稻研究所收集了6000多种野生水稻，从中找到了抗矮化病毒的品种，并将其基因结合到“超级水稻”中；农学家还在寻找蔬菜和经济作物的野生种来改良栽培品种，如西红柿、咖啡等，经过改良后可以抗病虫害和冻伤。美国国立癌症研究所的科学家在喀麦隆的热带雨林中发现一种植物，从中提取的生物碱可以杀死艾滋病毒。据统计，世界各大医药公司有47种销售额超过百万美元的药物来自热带雨林的生物。许多大医药公司已委托生物学家，希望他们能在海底、草原、雨林、珊瑚礁这些生态环境中寻找治疗癌症、艾滋病等疑难病症的特效药。

然而不幸的是，目前地球上的物种正以令人难以置信的速度在不断灭绝。这对人类也是一种灾难。

自从地球上出现生命以来，就不断地有物种自然产生和灭绝。在生物界漫长的进化过程中，物种的这种形成和灭绝的速率相差不多。然而由于人口的剧增和大规模的经济活动正使许多物种灭绝，造成当今物种灭绝的速率在增加，而物种形成的速率在下降。

人类仅是我们这个星球上大约1000万个物种中的一个（根据最近对秘鲁热带森林中昆虫的调查，发现了许多新的物种总数超过了3000万种以上）。但人类对森林及其丰富的生物世界的冲击是如此之强，致使现在世界失去的植物和动物种数比自然消亡速度快1000～10000倍。来自化石的证据表明每个物种的平均寿命为400万年。因此，如果世界上有1000万个物种的话，正常速度是每年应只有4个物种消失。但今后数十年很可能是每年要失去大约5万个物种。这个速度也许随时间流逝而加快。美国生物多样性专家威尔逊指出：“很清楚，我们正处在地质历史上最大的物种灭绝时期之一。”

如果21世纪我们失去全部现有物种的2/3，这将与地质历史上几大灭绝期中6500百万年前白垩纪末期消失的比例大致相当，要知道世界经历500万年才又恢复平衡。这是我们人类历史的5

倍，因此需要清醒地思考我们所面临的严重问题。

当前的大规模物种消失与人类活动有着直接的联系。偷猎者滥捕滥杀珍稀动物，每年动物非法交易逾百亿美元，仅次于贩毒和武器走私。人们盲目开发生物资源，都直接促成了物种消失，但这些只是冰山一角。事实上，人类活动范围的扩大，已经破坏了许多生物的生存环境和资源，导致生物的种类和数量都在减少。比如，热带雨林是世界上物种最丰富的生态环境，如今随着人们的定居、旅游、伐木、开荒等各种活动，雨林以每年 17 万平方公里的速度消失，殃及了其中生活的大批物种。生态学家警告说，人类工业活动的恶果——温室效应，有可能在 21 世纪加快物种消失。如果平均气温像大多数科学家预测的那样继续上升，那么地球上的气候带会很快改变，许多不能适应气候变化的动植物将会因此而消失。

从 1995 年起，每年的 12 月 29 日成了一个特别的纪念日：国际生物多样性日。这是生物的节日。地球上所有的生物即植物、动物、微生物及其所构成的综合体就是生物多样性。它从微观到宏观分为三个层次。世界上没有两片完全相同的树叶——这是“遗传多样性”；种瓜得瓜，种豆得豆——这是“物种多样性”；从非洲荒漠到海南红树林，异彩纷呈的生态系统——这是“生态系统多样性”。生物多样性，是大自然与人类共有的巨大财富，为人类提供了所需的一切物品；它是天然的净水器，是地球上最大的空调器，是土壤肥力的保持者。怎么说都不为过。由于人类的无知干预，生物多样性遭到了空前破坏。为了制止这种趋势，保持生物多样性，世界各国制定了《生物多样性公约》，并把每年的 12 月 29 日定为“国际生物多样性日”。中国是最早的缔约国之一。

科学家们说：有三个方面的充足理由足以说明保护生物多样性的重要。其一是道德上和美学上的，人类有责任去保护我们生活中的伙伴。其二是经济方面的，它涉及到人类的切身利益，生物体对人类有很多用途。其三是保护生物的多样性，可以保护地球良性的天然生态系统，包括保护水流域、调节局部气候、保持大气质量、吸收污染，保持土壤和防止水土流失等。

全球已有数百种野生植物濒临绝种的边缘。与此同时，如今的市场和农业技术需要农作物能够同步生长、成熟、收割和运输。若要满足这些要求，唯有通过基因工程来实现各种植物之间的种质杂交，而种子银行就是提供种质遗传基因的主要源泉。到1985年止，全世界100个国家内的这种银行多达227个，更多的种子银行将会继续诞生。

各种种子的寿命并不相同，那些适当保存的优质种子可活上100年甚至更长。据考证，世界上寿命最长的种子要数生长于中国东北地区的莲子，其寿命接近700年之久。目前，有关种子为何发生衰老的原因尚不清楚，可能与其生化改变有关。富有哲理的是：种子本身处于生存和死亡边界的平衡状态，或是一种不省人事的活状暂停阶段，即种子冷却至绝对零度时，就可减慢其分子活动。为了延长种子寿命，种子银行选择性地适时暂停种子的新陈代谢，例如将种子保存于-160～-196℃的液氮箱内，它就处于不活跃的“静止”状态。这样，种子银行可以避开各种天灾人祸以确保庄稼丰收，同时，也是预防植物绝种的“保险公司”。

虽然一袋干瘪的种子不如大熊猫和幼海豹那样引人注目。但在未来的社会里，它们的作用却不可低估。在英国萨塞克斯郡有一个世界最大的种子银行，那里存放着大约2.5亿颗各种植物的种子，其优越的环境可以使这些种子存活上千年。为了扩大种子的种类，种子银行向英国一家机构贷款3300万英镑，以便能够在大量植物灭绝之前储存另外10亿颗种子。

绿蜡龟是濒临绝种的保育类动物，1997年2月21日，我国台湾省的台北县淡水沿海捕获了一只长了瘤的绿蜡龟，海洋大学教授程一骏证实它患了“纤维状乳头瘤”，对海龟而言这是无药可治的绝症。目前这只绿蠵龟被收容在海洋大学，因为病毒感染，日渐消瘦，身上的乳头瘤也愈长愈多，已经失去了方向感及平衡感。台北县“农业局”针对此开会讨论，程一骏教授表示，纤维状乳头瘤是病毒感染，无药可治，如果放生，恐怕会传染给海域内的海龟族群（国外诸如夏威夷等海域，也发现有这样的病例）。“农业局”及家畜疾病防治所开会决定，让这只不幸的海龟安乐死，以电击法执行。

为了保护蟾蜍，英国和德国为它们修造了专用隧道。每年3月，伦敦西面50公里的亨利镇附近，成千只从冬眠中醒来，处于发情期的蟾蜍，朝它们世代相袭的繁殖后代的池塘爬去。成群结队的蟾蜍穿过公路时，常被行驶的车辆碾死。英国人很爱护动物，尤其是小动物。在亨利镇和其他400条蟾蜍经过的公路上，有4000名志愿者披着雨衣，穿着套鞋，带着手电筒和塑料筒，帮它们安全地越过公路。志愿者还将蟾蜍的图案印在标语牌和T恤衫上，并用鲜艳的颜色写道：“请帮助一只蟾蜍过马路”。1987年志愿者在亨利镇附近建造英国第一条蟾蜍专用隧道，以后又造了5条。这种混凝土材料筑成的隧道高25厘米，靠近地面处有透气孔，以保持适当的温度。在过去的12年中，德国已经建造了150条蟾蜍专用隧道，有关当局规定，在蟾蜍繁殖的池塘附近建造公路时，必须造蟾蜍的专用隧道。

拯救野生动物，帮助它们繁衍生息，已成为世界各国的共识。现代高技术则为保护野生动物开辟了新途径。

掌握候鸟迁飞动态，是保护鸟类的重要环节。美洲候鸟飞得又高又快，历来无法跟踪观察，美国科学家借助雷达解决了这一难题。在气象台的雷达荧光屏上，密集的候鸟群犹如阵阵小雨，映衬在无云的夜空中。科学家通过这些“阵雨”中的细小影斑，便能推测候鸟的数目与类别。据观测，现今飞渡墨西哥湾的候鸟，数量比20年前已减少了一半，这无疑是一个不祥的信号。

帮助珍稀动物传宗接代，一直是科学家关心的课题。不久前，美国俄亥俄州一位科学家利用人工授精法，以美洲猫为母体成功地孕育了一只印度沙漠猫。首先，科学家给雌性印度沙漠猫和美洲猫同时注入激素，从印度沙漠猫的体内取出卵子，与雄性沙漠猫的精子共同放入一个玻璃容器中，受精卵在容器中培养4天后，将其取出放在雌性美洲猫的子宫内，孕育产仔。

现代生物技术发展的成就，已使人类看见再造动物工程的端倪。科学家们将珍稀动物的精液、卵巢、肺、肾、皮肤等组织，经体外传代培养成纤维细胞或上皮细胞，然后置于-196℃的液氮中冻存。从理论上讲，这种深低温冷藏细胞的寿命几乎是无限的。现在，人们已可从一些种类植物的单个细胞中，培育出一株完整的植物。无性繁殖的小鼠已诞生。

目前，中科院昆明动物所已建成“冷冻细胞库”，冻存着从昆虫到灵长类的近70种动物的细胞，包括中国麂、云豹、滇金丝猴等我国特有种类。随着发育生物学和遗传工程的发展，当细胞分化的奥秘一旦被揭开，人们就能应用上述冷冻储备，再造地球上已灭绝的某些动物。

我国是世界上野生动植物种类最多的国家之一，仅脊椎动物就有4400多种，占世界总数的10%以上；高等植物3.28万多种，占世界总数的12%。

我国历来十分重视濒危物种的保护工作，采取了一系列的拯救保护措施。到目前已建立森林和野生动物类型保护区501处，面积达5000多万公顷，占国土面积的5.27%。在北京、昆明、西安等地建立了濒危动物拯救中心，有重点、有组织地实施了对大熊猫、朱鹮、扬子鳄、海南坡鹿、麋鹿、高鼻羚羊、野马等濒危野生动物的七大拯救工程。我国大熊猫保护区有13处，5万多平方公里，人工繁殖成活54只。朱鹮种群由1981年的7只扩大到目前的30多只，扬子鳄的人工繁殖达4000多条；我国的特有动物海南坡鹿经人工繁殖，由1976年的26头发展到现在的400多头；通过从国外引进和建立繁育中心，对原产我国但早在野外绝迹的麋鹿、高鼻羚羊和野马进行驯养繁育，现已繁殖发展麋鹿300多头、野马60多匹、高鼻羚羊10只，为恢复野外种群奠定了基础。

目前全国已有自然保护区574个，居世界第三位，基本形成了一个具有一定规模、覆盖全国的自然保护区网，使相当一批具有代表性的生物物种和生态系统得以完善保存。我国是野生植物资源十分丰富的国家，仅高等植物就有470科3万多种，占世界种类数的1/10，其中属我国特有的约1万多种。为有效保护野生植物资源，近年来国家建立了400多处珍稀植物迁地保护繁育基地和种质资源库、100多处植物园和树林园以及1.3万公顷种子园，使1000多种珍稀植物得到了保护与繁殖。

七

摆脱恶性循环

——环境灾害的预防和治理

空气污浊，污水横流，风卷起沙尘迎面扑来；海水进逼，海岸线在退缩，大片陆地被吞噬；数以千万计的人背井离乡……

咱们今天尚未出生的子孙有沦为21世纪的“生态难民”的危险！

这并不是危言耸听。请看今日世界的环境灾难：

每分钟有21公顷森林消失，每年消失1700万公顷；

每分钟有11公顷土地沙漠化，每年沙漠化土地为600万公顷；

每分钟损失耕地40公顷，每年损失2100万公顷；

每分钟有4.8万吨泥沙流入大海，每年流入大海的泥沙为250亿吨；

每分钟有85万吨污水排入江河大海，每年的污水排放量为4500亿吨；

每分钟有28人死于环境污染，每年有1500万人因此丧命。

每年燃烧矿物燃料排入大气的二氧化碳就达55亿吨，加之二氧化硫、氧化氮，造成酸雾、酸雨、酸雪、温室效应，臭氧层被破坏，海洋生态危机，粮食危机，资源将枯竭，物种日渐减少，全世界人口已达56亿。据统计，全球每12年左右增加10亿人口。按此速度，到2010年，世界人口将增至70亿，2050年将达100亿，到2800年，平均每40平方厘米的陆地将有一个人，到4300年，人类自身的重量将超过地球的重量。

环境造就了生命，造就了人类，人类的生存和发展对自然环境有着强烈的依赖。

地球污染，世界环境的每个方面几乎都在恶化，红了青蛙，绿了蝙蝠，导致阴盛阳衰，危害着人类的健康和生存。环境问题将成为未来战争的导火线。有关专家认为，今后的许多战争将是由环境问题引起的。世界观察研究所所长莱斯特·布朗说："生态恶化将超越意识形态冲突，成为世界各国关注的国家安全的首要问题。"该研究所在一份名为"为生存而战"的报告中说，由民族分歧引起的冲突常常有环境方面的根源。由于人口多、环境恶化以及易于得到武器而引起的战争在21世纪将急剧增加。

有人将全球的生态环境恶化比喻为第三次世界大战，由于这场大战，大自然在崩溃，在衰竭，其势头迅猛得令人惊讶，如果让这种趋势继续下去，自然界将很快失去供养人类的能力。人类的生存和发展今后面临的最大威胁将不是战争，而是由于环境灾害与随之产生的连锁反应。

"生物圈2号"实验的失败表明，在现有技术条件下人类还无法模拟出一个类似地球这样一个可供人类生存的生态环境。

为了试验人类离开地球能否生存，美国从1984年起在亚利桑那州建造了几乎密封的"生物圈2号"实验基地。"生物圈2号"内有土壤、水源、空气和多种多样的动植物和微生物，科学家们希望这个模拟地球环境的实验室能提供足够的食物、水和空气，供8名进入"生物圈2号"工作的研究人员生活两年。然而事实表明，"生物圈2号"的设想是不现实的。1993年1月，8名科学家进入"生物圈2号"。一年多后，由于土壤中的碳与氧气反应生成二氧化碳，部分二氧化碳又与建"生圈物2号"用的混凝土中的钙反应生成碳酸钙，导致其中氧气含量从21%降到了14%，二氧化碳含量猛增。另一个意外是，"生物圈2号"运行3年后，其中的一氧化氮含量猛增到百万分之七十九，足以使

人体合成维生素 B_{12}的能力减弱，危害大脑健康。

科学家们还发现，除了藤本植物比较繁盛外，所有靠花粉传播繁殖的植物都灭绝了，大树也摇摇欲坠；昆虫中除了白蚁、蟑螂和蝈蝈外基本死亡；人造海洋中生物生存情况略好于地面；人造沙漠由于没有控制好降雨，变成了草地；“生物圈 2 号”上层的温度远高于预计的数字，而下层的温度又大大低于预计的数字。由多名专家组成的委员会对该实验进行了总结。他们认为，目前人类还无法建造一个脱离地球自然环境而又能让人类休养生息的生态系统。在现有科学技术条件下，地球是人类唯一的家园，人类应当努力保护而不是破坏它。

为了联合起来与环境灾害作斗争，便有了“世界地球日”和“世界环境日”。

20 世纪六七十年代，西方国家工业和经济飞速发展，与此相伴而来的是工业污染迅速增加，环境质量急剧恶化，人与自然界的矛盾日益突出，社会大众对环境质量改善的呼声日渐高涨。在这种背景下，1970 年 4 月 22 日，美国哈佛大学法学院刚满 25 岁的青年学生丹尼斯·海斯，在美国各地发起了一个旨在保护人类生存环境的大规模的宣传、演讲活动，这项活动得到了联合国的首肯，每年 4 月 22 日被确定为“世界地球日”。

环境污染越来越严重，引起了社会各界人士的普遍重视。1972 年 6 月，联合国在瑞典的斯德哥尔摩召开了第一次世界人类环境会议，这次大会汇集了生物学、地学、化学、物理学、医学等有关学科近 20 年来探索环境的专门性问题，形成了环境科学学科的基本框架。大会通过了《人类环境宣言》（即斯德哥尔摩宣言）和《人类环境行动计划》。同年 27 届联大根据 6 月环境大会的建议，决定建立联合国环境规划署，并将每年 6 月 5 日确定为世界环境日。

人类只有一个地球，地球犹如一艘航行在茫茫星空中的小小飞船，载着人类在太阳周围来回游荡。如果人们尚不珍惜这狭小的生存空间，仍一味地破坏她、污染她、摧残她，那么总有一天，这艘如今还生机盎然的“生命之舟”将变成沉寂无声的死船。

我们需要经济增长，但必须是一种无害的增长，可持续的增长，而不是那种以污染环境、毁弃家园、最终乃至自掘坟墓为代价的增长；我们需要发展，但必须是协调持续的发展，而不是那种竭泽而渔，榨尽资源，最终断了子孙生计的发展。

未来的新文明将是环境文明，即人类与自然界高度和谐的文明。它强调人类社会在从环境中索取物质的同时，也注意对环境的投入和建设，即人类社会与环境的协同发展。尊重自然，与之和谐相处的环境道德将成为新的文化观念。世界环保市场充满了潜力，环境技术将成为未来市场的增长点。一场新绿色革命已经席卷全球。容易回收、可以再生、节能、少污染和不污染的绿色科技产品开始问世，如无害节能的绿色电脑、绿色电视机、保护环境的绿色冰箱，能够回收的绿色汽车，防止污染的绿色建筑等；贴有“绿色十字”标签的“绿色商品”越来越受到消费者的青睐；全世界涌动着“绿色就业”潮，发达国家的间谍卫星也将为环境保护服务，与科学家合作将摄像机镜头对着生态环境敏感的地点进行监测。

西班牙伊维萨岛上有一个叫圣佐谢普的居住区，正在兴建世界上第一座生态村，计划在这里定居400人。首批住房和配套设施将于1998年投入使用。

生态村的最大特点是充分利用太阳能使生态环境不受污染。“智能屋”会自动调节室内温度；用铝合金和聚碳酸盐材料做成的房屋构架，镶有两层巨大的玻璃板面，里面有透明液体循环流动，形成一种独特的防护层，既可充分吸收阳光，又能保温，冬天和夏天室温均保持在20～22℃之间，多余的热量会自动储存在化学储热器里。

生态村所需的电能是由风车和太阳能电池供给的。多余的电能也同样会自动储存在一些巨大的蓄电池里。这里没有人为污染，生物净化装置可将有机废料如垃圾污水等转变为甲烷，然后再变换为电能，建筑物的独特结构可保证85%以上的能量供居民充分利用。在巨大的生物农场和养殖场，将饲养各种牲畜和养殖各种水产品，还可种植各种蔬菜水果和粮食作物，居民每天吃的将是无公害的绿色食品。

正在纽约日夜投入兴建的美国第一座环保大厦，将以其崭新设计和环保结构，引起全世界建筑工程师们的关注。

此幢环保大厦高48层，建筑面积约15万平方米，斥资3亿美元。环保大厦外墙设终端太阳能受电板，附设的太阳能电池可即时贮存电能并与中央系统相连，因将使用最新开发的能源转化软件，估计在全天候环境下均可供电，满足整幢大厦的电力供应。在处理垃圾方法上，环保大厦的垃圾处理管道也迥异于其他大厦，即集中到一个特殊的垃圾收集区，以便做再生收集。此未来大厦内部的空气质量也将是一流的，其附设的能放出高密度负离子的空气过滤设备，将可使每一房间永保清新。按设计要求，大厦外的商业招牌也全用光纤产品，入夜，可亮如白昼。

中国是一个发展中国家，目前正面临着发展经济和保护环境的双重任务。从国情出发，中国在全面推进现代化建设的过程中，把环境保护作为一项基本国策，把实现可持续发展作为一个重大战略，在全国范围内开展了大规模的污染防治和生态环境保护。改革开放18年来，中国国民生产总值以年均10%左右的速度持续增长，而环境质量基本避免了相应恶化的局面。实践表明，中国实行的经济、社会和环境协调发展的方针是有成效的。但是，中国政府清醒地认识到，中国正处在迅速推进工业化的发展阶段，加上粗放的生产经营方式，资源浪费和环境污染相当严重。以城市为中心的环境污染仍在发展并向农村蔓延。随着人口增加和经济发展，这个问题可能更加突出。解决历史遗留的环境问题和控制发展过程中出现的环境问题，仍然是一项长期而艰巨的任务。人类在解决环境与发展问题上面临的困难还很多，道路还很漫长。中国将一如既往地与世界各国同舟共济，携手合作，积极行动，为保护人类生存的地球环境与共同繁荣而奋斗。

根据“九五”计划，到2000年，我国城市污水集中处理率将达到25%，绿化覆盖率将达到27%，垃圾无害化处理率将达50%，城市区域环境噪声达标率将提高5~10个百分点，力争使环境污染和生态破坏加剧的趋势得到基本控制，部分城市和地区的环境质量有所改善。2010年环境保护奋斗目标是：基本改变生态环境恶化的状况，城乡环境有比较明显的改善。

1. 还我碧蓝的天空

空气污染到了触目惊心的地步。

高耸入云的珠穆朗玛峰，也有污染物的蛛丝马迹。中国登山队的测定表明，在珠峰的每升雪水中含铜5.8毫克、铅17.2毫克、锌35毫克、镉0.1毫克、锰8.4毫克。大气污染物的魔爪，是怎样伸向这个地球最高峰的呢？原来，许多环境污染物借助于风行云移，能够飘洋过海，留迹天涯。对它们来说，没有不可逾越的界限和鸿沟。珠穆朗玛峰巅的重金属污染，就是乘印度洋的西南季风长途跋涉而来的。科学家把大气污染物的飘流传播，戏称为“全球风的民主”，意思是世界上任何地区污染物的释放，都会影响到我们大家。

目前，世界上每年有82亿吨污染性二氧化碳排入大气层，有9亿以上的人暴露在对健康有害的二氧化硫浓度超标的环境中，有10亿左右的人暴露在超标的悬浮颗粒中。

造成大气污染的主要原因是人类无节制地向大气排放废气和固体废弃物。1990年，全球人类向大气排放硫氧化物9900万吨，氮氧化物6800万吨，悬浮颗粒物5700万吨，一氧化碳1.7亿吨；每年排出的工业废渣约20亿吨……严重的大气污染对人类的生产和生活造成了严重的影响，引发了一系列光化学烟雾及中毒事件，后果触目惊心。

联合国发布的一项报告中称，目前全球只有20%的城市居民呼吸的空气达到可接受的标准，而约有18亿城市居民呼吸着含有过高二氧化硫、烟尘的空气。空气中含二氧化硫最高的城市是：意大利的米兰，伊朗的德黑兰，韩国的汉城、巴西的里约热内卢和圣保罗，法国的巴黎，西班牙的马德里，中国的北京、沈阳和西安。造成空气中含有过高二氧化硫的原因是，城市中高大的建筑物、密集的公用设施和纵横交错的街道使空气对流不畅，人们在日常生产生活中又排放出大量的热量、废气、烟尘等污染物，它们共同作用产生特殊的气候条件。

20世纪四五十年代，美国洛杉矶上空经常出现浅蓝色烟雾，滞留不散，居民随即发生眼睛红肿、流泪、咳嗽、呼吸困难、喉痛、胸痛，甚至心肺功能衰竭等症状，最严重的一次竟导致两天之内65岁以上的老人死亡400余人。此事件被称为“洛杉矶烟雾事件”。

空气颗粒污染是人体健康的大敌。美国一环保组织最新研究结果表明，空气中微粒致人死命，因吸入受污染空气中的微粒而死亡的人数在洛杉矶地区每年达5000多人，在纽约每年达4000多人。澳大利亚悉尼市每年有400人因空气污染而发病死亡。

中国大气环境形势也日益严峻，大气污染以尘和酸雨危害最大，污染程度在加重。一份来自国家环保局的报告说，1995年全国城市大气中总悬浮微粒年日均值浓度，已远远超过世界卫生组织规定的标准，全国600多个城市中，大气环境质量符合国家一级标准的城市不到1%，城市汽车尾气污染在加重，氮氧化物已成为广州、北京的首要污染物；大气污染已使南京与“火炉”告别，近20年来，始终保持着夏季气温逐渐降低，冬季气温逐渐升高的趋势，出现了历史上少有的“凉夏”、“暖冬”。这些现象不能不使人忧虑。

酸雨是由人们生产、生活排放到空气中的大量的二氧化硫气体所形成的。空气中的二氧化硫气体在金属粉尘的作用下，二氧化硫转化成三氧化硫，三氧化硫与大气中的水蒸气结合即成硫酸，这种硫酸随着雨水降落下来，即叫酸雨。酸雨也指PH值小于5.6的酸性降水。正常的雨水PH值在6—7之间，偏酸性。正常雨水的微酸性能使土壤中的养分溶解供植物吸收，对生物是有利的。而酸雨则是人类的大敌，用“空中死神”形容它，不足为过。酸雨能使水体酸化，恶化水源，危害鱼类及其他水生生物的生长。例如酸雨曾使美国纽约的布鲁克特劳特湖变成鱼类绝迹的死湖；使加拿大140个湖变成无鱼的“静湖”；使北美几千条河流、上万个湖泊宣告“死亡”。酸雨还使中欧约10万公顷的长青树木莫名其妙地死掉了；使南美大批茂盛的热带森林逐渐枯萎。酸雨还腐蚀建筑物、外露的金属物架。酸雨最严重的危害是对人类健康的破坏，酸雨以及飘浮在空气中的酸雾能刺激人的呼吸道、眼黏膜，甚至致人死亡。“酸雨可造成每年5万人死亡”，医学界的警告早已不是耸人听闻。

我国酸雨区已覆盖国土面积的40%且在迅速扩大，近8年扩大了100万平方公里，降水酸性迅速升高。华中地区酸雨污染最重，其中心区域酸雨年均PH值低于4.0，酸雨频率在80%以上。长江流域每年因酸雨危害造成直接经济损失150亿元以上。重庆成为世界三大酸雨区之一，每年损失20多亿元，相当于全年财政收入。陕西形成酸雨三角区，使秦岭生物宝库深受危害，农业生产也已造成重大损失。

中国政府已向大气污染发动总攻，再也不允许以牺牲上千万人的利益使少数人获益。为还我碧蓝的天空，中国不仅加强和扩大了天空污染和酸雨监测网络，还下决心利用高新技术治理燃煤污染。我国电力行业目前年排放的粉煤灰约1亿吨，经北京、上海、江苏、浙江、广东、江西等科技人员大力推广使用高新技术进行处理，大量粉煤灰不再在空中飘浮，化废为宝的利用率由两年前的20%提高到目前的40%。目前使用的高新技术主要有：一是我国多数大中型发电厂推广静电除尘技术消除粉煤灰对大气的污染。二是采用上海在国内首创的排水板动力固结钢渣挤实技术，对粉煤灰进行加固压实，成为有较大承载力的建筑地基，如港口工程地基、高等级公路路基或其他大型建筑用料。

中国已把环境保护列为一项基本国策，并从1997年6月5日“世界环境日”起，北京、上海、重庆、天津、广州等七大城市通过新闻媒介，定期向市民公布空气污染度和空气污染预报，以便有关部门及时采取有效措施，做好防治准备。空气污染预报可分为空气污染气象预报和空气污染浓度预报。前者预报的是导致未来不同程度污染的气象状况，借此了解未来的气象条件对大气中污染物的稀释、扩散是否有利；空气污染浓度预报，是指污染浓度值的预报。根据预报的时空尺度，有的国家和地区又把空气污染预报分为区域范围预报、城市范围预报和特定源预报。

目前我国公布的空气质量总指数暂时分为五个等级：优（0—50）、良（51—100）、普通（101—200）、不佳（201—300）、差（300以上）。优良：人类在此环境中（包括有心脏病和呼吸系统疾病患者）可以在户外进行正常活动。普通：表明空气轻度受污染。患有心脏病和呼吸系统疾病的患者应尽量减少到户外去活动，避免进行消耗体力的运动。不佳：表示空气受中度污染，在这一空气环境中，老年人、心脏病患者和呼吸系统疾病的患者应留在家中，并减少体力活动。差：表示空气污染严重，市民应减少体力消耗和户外活动。严重时，全体人员应留在室内将门窗关闭以避免受到空气中污染物危害。

现代人由于生活在污浊的空气环境中，就想到以“香”来抵制“臭”，片面地认为香气具有提神醒脑、消除焦虑等神奇效果。殊不知这种“香”中夹“臭”，从化学角度讲，实是加剧居室的空气污染，使有毒物质悄悄地袭击现代人。据测定，香水及化妆品中，有多种物质极易挥发，香和臭对纯净的空气而言，都是污染，它们对人体同样会产生不良刺激。实验表明，大多数芳香剂对神经系统有毒，少数还可导致造血系统损害，对皮肤黏膜有刺激作用等。对一般人来说，偶尔地使用芳香剂，不至于造成危害，但它们化学成分复杂，且均系交叉使用，故会产生一些目前还无法预料的化学反应，应注意观察其长期积累所产生的后果。对于家庭内有哮喘、呼吸系统疾患、皮肤病、过敏等症状者，最好少用或不用芳香制剂。在芳香污染的环境中，一旦有人出现头晕、咳嗽、恶心、呕吐等症状，应及时就医。

为了治理大气污染，英国采取了一系列科学的措施，包括交通限制，推广柴油替代燃料，推广防污染技术（如排风口安装除尘设备）；鼓励使用污染排放量较少的天然气等。为了治理大气污染，美国科学家研究出一种无烟钢铁生产法。将铁矿炼成钢的传统方法是靠燃烧大量焦炭，在炉中熔化氧化铁。通常，每生产1吨钢要用半吨焦炭，因此产生大量二氧化碳和三氧化硫，这些物质排入大气，引起酸雨和温室效应。为了克服这种炼钢方法的弊端，美国马萨诸塞州技术研究所研究出一种无污染的钢铁生产法，它是用电解法将氧化铁直接变成钢，唯一的副产品是氧。方法是：将氧化铁在一个加有铝、钙和氧化硅的电解槽中熔化，熔化的氧化铁电解成铁和氧离子。带负电的氧离子迁移到阳极形成气泡排出；而沉在槽底的铁形成阴极。最后，用碳氢气体（如甲烷）通过熔化的铁，铁就可以在槽中变成钢。

为了治理大气污染，人们要求对飞机的飞行和汽车的驾驶加以限制。目前，美国和加拿大的科学家正在加紧研制以微波为动力的飞机，各国工业技术部门也在研制和发展新型电力汽车，以实现零污染。为削弱汽车排放的废气，专家们动了不少脑筋，使用无铅汽油、酒精混和汽油、豆油代替汽油；各大汽车公司致力于开发低污染技术，纷纷推出低污染的“绿色汽车”。这种汽车也开始驶上了中国一些城市的街头。

为治理大气污染，科学家们还在植树种草上大做文章。什么能抵制空气污染？①樟树：枝叶有樟脑味，能挥发出抑菌物质，对二氧化硫、氯气等有害气体有吸收作用。②侧柏：有吸毒、杀菌和吸尘的功能，其枝叶能分泌杀菌素，能杀灭肺结核、痢疾等病菌，对二氧化硫、氯气、氟化氢有较强的抗性。③柏树：枝叶有芳香气味，能分泌抑菌物质和杀菌素，可杀灭空气中的病菌，还可吸收空气中的二氧化硫和氯气等有害气体。④洋槐：对空气中的二氧化硫、氯气、氟化氢等有害气体有净化作用，还能吸收铅蒸汽。⑤榆树：能抗二氧化硫、氯气等有害气体和烟尘之害。榆树表面粗糙，吸尘能力也强。⑥马尾松：针叶和松脂易被氧化放出臭氧，低浓度的臭氧，能起到清新空气的作用。⑦臭椿：可抗二氧化硫、氟化氢、氯气，耐粉尘、烟尘，杀菌能力也很强。其叶子含皂素、单宁、香精，与其他植物配成合剂，可以杀灭害虫。草坪可以净化空气，它能吸收大气中的二氧化碳、二氧化硫、氟化氢、氨、氮等有毒有害气体。100平方米草地，10小时可吸收二氧化碳1500克，同时放出氧气1000克。

2. 听听江河的呼救

江河湖泊在“哭泣”，黑沫子、红沫子、黄沫子、白沫子，“五颜六色”的污染就好像它们的泪花。

中国水利部公布全国水质调查情况，说明水资源污染状况严重。

在水利部门对全国近10万公里长的河流进行的评价中，被污染河长已经占半数，其中有4万公里不符合渔业水质标准，2400公里河长鱼虾绝迹，一些大中城市的中小河流已变成排污河，90%以上城市水域污染严重。主要湖泊的26%已达到富营养化，严重威胁供水安全和渔业生产。

这次调查是“八五”期间水利部组织的建国以来规模最大的入河排污口抽样调查，调查范围覆盖长江、黄河、淮河、海河、珠江和松花江、辽河。通过调查，我国污水排放并没有得到有效控制。治理速度远远落后于污水增长的速度。

据水利部门的监测资料分析，目前废污水排放量已经超过20世纪80年代初的一倍以上，70%到80%未经处理的污水直接排入江河湖库。其中城市和工业企业的点源排污是我国江河湖库污染的主要原因。水质恶化的危害除众所周知的破坏生态环境、制约工农业生产、危害人体健康外，还使我国较多的水资源无法利用，失去使用价值；还导致河流、湖泊功能的衰退，造成洪、涝、污交替成灾，并危害水利设施，导致水利工程的效益衰减或废弃，加速了河床淤积，降低行洪和蓄水能力。

全球大约有10%的监测河流受到污染，BOD值超过6.5毫克/升，氮和磷含量高于天然值。世界各国每年工业用水超过600立方千米，而农田用水多达3000~4000立方千米，其受肥料和各种有毒化学制品污染的水不少于上述水量总和的1/3。世界一半地下水源受污染。我国约有20%的河流遭到污染，全国只有11%的人口能饮用符合安全卫生标准的水。号称“水网”地区的珠江三角洲，水的数量虽多，但质量不好，已出现水质性缺水。地处江南水乡的浙江缺水喝，不少企业逢年过节发的不是鸡鸭鱼肉，而是一桶桶清水。

水源污染已成为人类健康的大敌，几成灾难。被污染的水既传播微生物疾病，又传播工业疾病。目前，全世界有70%左右的人饮用不安全的饮用水，腹泻病例每年达10亿之多，平均每天有2.5万人死于因水污染引起的各种疾病。美国大湖中的大部分鱼受到污染，因而使人们的健康受到威胁。造成水质恶化的元凶是城市化和工业化。据测定，全世界每分钟有85000吨废水排出。我国每年排出的废水量超过368亿吨，固体废弃物6亿吨，而且大部分都未经无害化处理。国家对532条河流监测表明，有436条河流受不同程度的污染。38个主要城市饮水的总污染率达60%，严重污染的达42%。

最近，一个专家小组经过数年的调查研究分析告知世人：因为污染严重，黑海越来越黑，已名副其实了。调查表明，在黑海经常见到的37种主要鱼类中，目前仅存5种左右，而这5种生命力较强的鱼又并无多大的食用价值和经济价值。污染黑海最严重的是沿岸国家工农业生产废料，包括大量的未经处理的工厂污水、农药残余等，而这些物质中含有大量的化学物质；家庭生活垃圾也被大量倾倒于黑海中，每年在黑海因各种事故而发生的原油泄漏多达上百起，这些污染源窒息了黑海中的氧气，使海洋生物大量死亡，并逐步消亡，甚至连海鸟也因失去食物而迁徙。

对于水资源的污染来说，鱼类是称职的环保监督员。水环境的改变，鱼类都能作出相应的反应。近几年来，科学家们发现，当鱼类生活在遭受污染严重（如金属、农药、工业废料等超过一定的含量）的水质中，鱼就会咳嗽，而且咳嗽次数与污染成正比。因此，鱼类的“咳嗽反应”已成为生物监测水体污染的标志之一。科学家们利用鱼口一张一闭的肌肉活动所产生的微弱电场，通过高灵敏度的电极与计算机相联接的放大器，成功地绘制出上百种鱼咳嗽频率与水体污染程度的关系曲线。根据鱼的咳嗽状态和查阅分析“关系曲线”，便可随时掌握水质污染的情况。

英国泰晤士河上的"水监站"，就是选用鲑鱼来"担任"水质监测员工作的。

防污减污，势在必行。清除污水污染，一般可以采用淡水稀释，但对排污量大，水资源少的地方来说则行不通。控制城镇生活污染源，防治工业污染，发展生态农业，不失为几剂良方。还可以节水减污，清污分流，提高水的复用率，减少排污量；清污分流是使工业废水中符合排放标准的部分与地表水混合继续供使用，另一部分含毒或污染严重的水，集中排放到污水库或污水处理厂进行处理。同时，要提高投资规模，发展城市污水处理厂。在20世纪最后几年，中国用于环境保护的资金数量将占国民生产总值的1%~1.5%左右，年均约650亿元。淮河、海河、辽河和太湖、巢湖、滇池的水污染治理将被列入重点。

洗衣粉本是清洁之物，如今却成了污染的元凶。巢湖一到夏季，水质严重恶化，威胁到人们的正常生活。究其原因，是因为水中的磷含量超过标准3.4倍。云南昆明的滇池被疯长的水葫芦覆盖，见不到水色，水质恶化，影响城市用水。究其原因，罪魁祸首也是含磷洗衣粉。

洗衣粉由多种化工原料合成，其中三聚磷酸钠、硅酸钠、表面活性剂、荧光增白剂等都是有毒有害物质。三聚磷酸钠对水资源会造成严重污染，使水产生"富营养化"，使江、河、湖、海的含磷量增高（即富营养化），藻类等浮游生物大量繁殖，水的含氧量下降，水质恶化浑浊，这样的水质使鱼虾等水产生物难以生存，人畜不能饮用。洗衣粉使用的两种表面性剂都是毒品，大剂量进入人体会致死，即使极少量进入人体，长期积累，也会诱发肝癌等疾病。目前，世界上的发达国家都有明确的限制或禁止磷酸盐在合成洗涤剂中使用的法令、法规。世界上各大洗涤剂公司也在大力开发生产无磷洗涤产品以保护环境。然而，令人忧虑的是，我国的一些企业还在以合资或引进技术为名，将国外即将淘汰的含磷洗衣粉生产技术大量引进我国，这种花钱买落后技术、买污染源的做法不能再继续下去了。为保护环境，合成洗衣粉应尽快淘汰。专家建议，应尽快推广无磷洗衣粉，争取早日从国外引进洗衣饼或纯天然洗衣粉生产线。美国一家公司最近发明了一种利用臭氧洗衣的新方法，不仅可提高洗衣效率，而且可减少洗涤剂的使用量。目前市场上出现的“气泡式”洗衣机，也能达到减少污染的效果。

中科院生态环境研究中心经过8年艰苦努力，终于攻克了草浆造纸黑液污染治理问题。专家认为：“这项研究成果为我国中小造纸厂解决黑液排放污染问题和黑液资源化技术开创了新途径，总体上属国内外首创并达到国际领先水平。”我国纸产量居世界第三位，造纸厂有上万家，其中大部分为草浆造纸的中小造纸厂。造纸用植物原料的40%用于造纸，其余60%的物质作为废液排入江河，其浓度大，难分解，严重污染水体，极大地破坏了饮水资源，并且严重制约了我国造纸工业的发展。据统计，造纸黑液的污染负荷占我国水污染负荷的50%左右，是造成我国河流水系严重污染的一大公害。近年来造纸黑液污染问题日趋严重，引起了中央领导和有关部门的关注和广大人民群众强烈不满，一大批污染严重的造纸厂已被关停并转，有些被限期治理，仅山东省就关闭了近百家。目前该中心正在全力以赴，组织各方力量向全国推广造纸黑液资源化工程技术。

我国第一条造纸污水回收处理生产线在武汉造纸厂建成并通过验收。这条日处理造纸污水3万吨，并全部回收利用的生产线的建成，标志着我国开始进入世界造纸污水回收利用行列。武汉市环境工程设计院的技术人员，采用以物化为主，生化为辅的“二合一”工艺，使处理后的出口水质达到国家排放标准，并在此基础上将处理后的水重新回到造纸生产线中去。除去生产过程中的消耗，处理后的水已有85%以上得到了利用。这一工程每年可以减少840万立方米造纸废水排入长江，减少COD、BOD等水体污染物的排放量2.8万吨，并使每吨纸耗水量由300吨下降到30吨。

新不伦瑞克北部是加拿大制造纸浆的地区，在纽卡斯尔城外，REPAP企业公司建造了一座造价7500万美元的示范厂，用酒精而不是用硫磺制造木浆。公司董事长乔治·佩蒂说："这是未来之路。用酒精制造纸浆意味着一种清洁、无污染的技术。"

污水中的硝酸盐、磷酸盐及铵化合物会使水中的藻类生长。因此凡是有污水及农用垃圾进入河道的地方，这些河道就有被藻类塞满的危险。最近英国科学家发明了一种名叫生物盘绕圈的新体系，利用藻类本身使污水流入河、海之前得到净化。研制开发出这种生物盘绕圈的斯吉尔先生解释说，首先清除污水中的氮、铵、磷等营养质，然后让藻类在生物盘绕圈内的营养质上生长，这样污水流入河、海之前就没有造成藻类生长的物质了。生物盘绕圈由一个8米高的圆筒及3公里长的管道组成，将污水和藻类压入管道内，在阳光的照射下，藻类迅速生长。如果是民用污水的话，这些藻类还可以作为饲料用来喂养牲畜。斯吉尔对这种生物盘绕圈充满信心，他说半年后该体系将实现实用化，一年后将大规模推广使用。

我国威格尔国际合作投资公司引进国际先进技术，开发出生物制品"光合200"大规模生产及应用技术。这种生物制品主要成分是一种叫"紫细菌"的光合细菌。它是1855年由英国的英格曼首先发现的，1986年前后，日本科学家将光合细菌应用于水处理污染。我国目前开发的"光合200"有五大功能：一可净化水质吸收水中氨态氮、硫化氢、亚酸盐、重金属离子等有害物质；二可增加饲料养分，鱼可增产20%以上，虾可增产50%；三可增加动物免疫力，鱼虾成活率可提高20%—50%；四可降低饲料用量，部分细菌即可替代饲料。最重要的是"光合200"

一次投放，就能长期使用，不产生二次污染，很快达到自然生态平衡。国内目前有急需处理的高浓度污水的工厂数万家，每家治污费按10万元/年计算，就有数十亿元的市场。有关专家认为，如能推广光合细菌这一成果，必将造福人类，回报自然。

在法国，可以经常看到一些不大的快艇牵引着驳船在河里缓缓行使。这些船不是在运送货物，而是在恢复被污染河流的生态平衡。生态平衡船的船舷上都装有氧气瓶，氧气通过软管被压送到水里，一分钟可使300立方米的水饱含氧气。这样一来，水里的有毒物质被氧化，水质也得到净化。过一段时间后，充了氧的水域又开始长出水草，水草中游动着小鱼。

科学技术使河流恢复了纯净，那哗哗作响的波浪就是它们的笑声。

3. 不让垃圾变炸弹

人类在产生文明的同时，也在产生垃圾。今天，我们已经被形形色色的垃圾层层包围。

当今垃圾的危害不仅表现为垃圾包围城市，破坏生态环境方面，而且垃圾爆炸亦成为城市新的灾害。

1994年7月，上海杨浦区一艘120吨的垃圾船发生爆炸，气浪高达10多米，甲板上的3名职工被震得弹向空中，又重重落下，6条腿顿时断了5条。

1995年5月初，浙江省嘉兴市一处垃圾场突然起火，由于燃烧面积非常大，用消防车里的水灭火实是杯水车薪，大火烧了一整天后才得到控制。

1995年，北京市昌平县一垃圾堆放处发生了3次垃圾爆炸引起的事故。前两次分别发生在9月和10月，是住在垃圾站附近的人家做饭点火时引起的，在10月份的爆炸中有一人全身

95%被烧伤，惨不忍睹。12月21日晚7时许，有一人来垃圾场附近的已经废弃的职工宿舍取东西，由于断电，此人点着一支蜡烛照明，当他伸手拉开厕所门时，只听“砰”的一声，他的身上立刻窜起了火苗……

垃圾为什么会变成炸弹呢？

科学技术揭开了垃圾爆炸的奥秘。原来，垃圾中的有机物在细菌作用下发酵分解时，会产生大量甲烷。这些甲烷若聚集在下水道、地下室、走廊或屋内，遇到明火就可能爆炸或燃烧。要是垃圾堆通气不畅，大量甲烷蓄积在地下，遇到持续高温天气，或者垃圾本身发酵产生高热，也会自燃而爆炸。

据国际环境保护组织统计，全球每年新增生活垃圾100多亿吨，其中70%以上的垃圾产生于世界各大中城市。中国城市生活垃圾年增1亿多吨，在未来10年内，这些垃圾将占地40万亩。不仅将加重我国土地相对贫乏的资源负担，而且将形成我国城市和乡村的新的巨大污染源。

如何处理、消纳总量惊人的生活垃圾，已成为世界各国科学家共同热衷的研究课题。“垃圾变黄金”，也已成为国际性的行动宣言。经过几年的研究，各国科学家取得了共识：彻底改变过去那种单纯收集、处理垃圾的被动方法，将解决垃圾污染与垃圾回收再生利用有机结合起来。

美国提出了“掀起一次废物利用回收效率革命”的口号，实施“增设67000个路边拾荒站为90%的人口服务”的计划。近年来，美国通过对垃圾的科学处理，不仅每年再生利用了5亿吨垃圾，而且年营业额达180亿美元，使成千上万人获得了就业机会。

日本利用垃圾分类法，将废弃的家具、电器、摩托车等大型垃圾集中分类，供居民自由交换。将果皮、菜叶、纸屑、废布等可燃垃圾焚烧发电，并以此建成了装机容量为120万千瓦的30

座垃圾电站。

奥地利在维也纳投资4900万美元建成了一座垃圾处理厂，装备有高度自动化的设备，每天焚烧800多吨垃圾，生产90吨蒸汽，满足了4万用户的生活需要。

在我国，以城市生活垃圾为研究重点的“垃圾资源化研究”正在结出丰硕的成果。在“城市垃圾分类收集及资源化成套技术研究”的示范工程中，98%的垃圾转化成二次资源并得到充分利用。如江苏省“城市生活垃圾分类收集及资源的研究”，视垃圾为巨大的可再生资源，卓有成效地搞起了“绿色垃圾工程”；北京市环卫科研所的科研人员利用城市垃圾生产出多种建筑材料，经测试，各项技术指标均符合国家标准；贵阳市后巢垃圾场在高约20米、面积达40亩的垃圾堆上试种女贞、黄杨、桃树、梨树、银杏等树种……

超级垃圾产出国非美国莫属，年产20多亿吨。德国人均年产800多公斤。国际大都市都有自己处理垃圾的门道儿，否则一天好日子也过不上。日本经历了20世纪50年代末的“公害骚扰”后，几乎所有城市都开始逐步实行垃圾定时、定点和分类回收法。居民的生活垃圾，一定要在固定时间送到指定地点，由环保工人负责送走。在加拿大，住户被要求设置不同的垃圾篮子，分别装塑料制品、罐头盒和玻璃瓶，而对纸张、书报则要求捆好，生活垃圾用垃圾袋装好。每周的不同日子，垃圾车来收集不同的垃圾。在德国，垃圾分类更加严格，其中包括规定垃圾袋分色，蓝色的装玻璃，黑色的装生活垃圾，绿色的装废纸类。从某种意义上说，从“倒”垃圾到“装”垃圾，是生活方式的一场“革命”。

据报道，中国人均生活垃圾近年已达到200公斤，而增长率更是一跃成为世界之首，年均增长10%，类似发达国家早期出现过的“垃圾危机”已经到来。搞好垃圾分类工作势在必行。

处理垃圾有个“三化”原则，即最小化、无害化和资源化。要实现城市的垃圾最小化就必须分捡垃圾，这样给环境带来的威胁也最小；城市垃圾资源化就要先分装，然后回收利用，对不能再生利用的进行废物处理，保证其不对环境带来潜在污染。不分类，“三化”就难以做到。

著名科学家钱学森认为，垃圾资源化是件大事情。他说：垃圾资源化是资源再生利用和资源充分利用事业的一个组成部分，是一类新的产业，新兴的工业。这是人类社会发展进步的必然产物，不要停留在“拣破烂”的概念上。安徽省马鞍山市在国内率先利用垃圾产沼气发电获得成功。这一方法在国内大中城市具有广阔的推广前景。北京日产垃圾1万吨，一个变废为宝的新思路——建立垃圾工业，使垃圾资源化的尝试悄然而生。我国第一个产业化垃圾处理厂——北京石景山垃圾处理中心目前已形成日处理新鲜垃圾250吨，每小时产生颗粒复合肥料5吨的能力。我国多年来垃圾综合利用的步伐仍然远远赶不上垃圾产生量的增长。1982年，北京垃圾中可回收利用的成分为38%，1996年已近80%。专家们提出，我国城市垃圾处理技术的研究水平已与国外相差无几，但由于缺乏市场机制，垃圾资源的产业化进程举步维艰。

为了给垃圾找个好的安身之处，美国一些科学家设想在深海弃置垃圾。

美国乌兹霍尔海洋研究所的科学家认为，深度6000到8000米的海底平原，是弃置一些弱毒垃圾的理想场所。他们估计，未来每年至少可以在这样的海底平原弃置约100万吨的垃圾，并可连续弃置10年之久。这些科学家指出，适合弃置于深海的垃圾，暂时应以阴沟淤积物及垃圾焚化炉的灰烬为主，因为这种垃圾的结构和分解形态都较为稳定。他们还指出，垃圾船可以利用海上导航卫星及声纳设备，准确地把垃圾弃置于经过特别计算的深海地点，这种地方的洋流速度必须极其缓慢，以免垃圾很快被搅散。他们说：“深海洋流流动的速度，有时缓慢得超出人们的想象，弃置在那里的化学化垃圾，需要数百年，甚至数千年才能浮出海面重见天日。到那时候，弃置在那里的绝大多数有毒物都已经分解，变成无害的有机物。”

澳大利亚科学家正在试验用细菌加快垃圾分解以减少城市垃圾的方法。当地废物处理机构和昆士兰大学的科学家们发现，将能产生酸和能产生甲烷的无害细菌适当地组合在一起，可以在30天内将有机垃圾分解成肥料。如果将这些细菌按适当比例喷洒到城市垃圾填埋地里，可以使垃圾分解的时间从过去的30年缩短到5年。如果垃圾分解时间缩短到5年，现有的垃圾填埋场就可以反复使用。而且分解后的垃圾富含氮、磷等养分，是改良土壤的良好肥料。这一突破性发现居于世界领先地位。

中国科技人员“化腐朽为神奇”，将城市垃圾制成石材。上海清山科技研究所有限公司开发的固体垃圾净化处理法，利用石粉化学反应中释放的巨大热量，使各类腐败物质经高温分解，形成熔岩状的化石，处理后的化石体积小。经计算，上海两年的垃圾仅能堆成一个国际饭店的大小，可彻底解决垃圾堆放问题。上海已有的8000亩垃圾场可不再扩大。加之这种被称为“垃圾岩”的化石无臭味，不受酸、碱、盐的腐蚀，在高温和严寒下也无膨胀和裂变现象，可二次开发利用制成石材。

从薄如蝉翼的食品袋到厚如墙板的塑料艇壳，从柔软似棉的泡沫塑料到坚韧似钢的聚酰胺，现代社会的人们已生活在五花八门的“塑料王国”里。

塑料是20世纪最具实用性的发明之一。继最早的塑料品种——赛璐珞问世以来，1909年又诞生第二个塑料品种——酚醛塑料，发展到今天，塑料品种已经逾百。塑料制品琳琅满目，异彩纷呈，它轻巧美观，经久耐用，给人们的生活带来诸多方便，但遍及城乡每个角落的塑料垃圾，也严重污染了环境。

最常见的塑料包装袋，主要制作原料是聚乙烯和从玉米中提炼出来的淀粉，其比例是9:1。当废弃的塑料包装袋被埋入地下，泥土中的细菌仅吃掉了其中的淀粉，而比例很大的聚乙烯，历经百年也不会腐烂。每年有大量废弃的塑料制品，包括塑料渔网和钓鱼具被扔入大海。这些塑料垃圾成为海洋鱼类的杀手，因塑料网缠身或吞食塑料制品而致死的海鸟、海洋哺乳动物难以计数。在我国，仅农村连续5年使用地膜覆盖栽培的土地，残膜累计量每亩高达27公斤；在铁路沿线两侧，废弃的泡沫塑料餐盒形成了一条醒目的“白色污染带”。滞留地下的塑料，会破坏土壤的通透性能。降低土壤蓄水能力，影响农作物的水分、养料的吸收。如用焚化法处理塑料，又会带来严重的“二次污染”，产生大量的有毒气体。

塑料垃圾已成为世界各地普遍关注的环境公害。为了消除其污染，许多国家和地区除颁布禁止使用塑料制品包装食品的法规外，并积极研制新型的可分解塑料，或用代用品。英国的一家跨国公司经过15年的努力，已研制出一种被称为“生物聚合烯”的新型塑料，可以在任何环境中较快地分解变质。美国的一家公司也已试制出一种仅含6%的聚乙烯，再配以淀粉、纤维素、酶等物质的塑料，5年左右即可完全分解。日本、法国、意大利以及台湾地区已研制出以植物材料制成的餐具。不久前，我国也开发了一种以纯天然纸浆为原料的一次性快餐盒。这种“纸膜餐具”用毕丢弃后，7至15天即可全降解，且不留下有毒物质，有关部门准备大力推广。

近日，英国几所大学和美国蒙桑托化工超级公司的科学家们已经研究开发出一种会长塑料的欧洲油菜。这种油菜的种植方法与常规油菜无异，但它生长出的塑料聚合物却可以被制造成塑料管道和装洗涤剂的瓶子。这种植物塑料的最大优点就是其废弃物易于处理。总起来说，不污染环境且能够自毁的塑料有多种多样：①如上介绍的生物自毁塑料：在塑料中加入淀粉，如果这种塑料埋入土里，以淀粉为食的细菌便会把它们一点一点地“消化”掉，最终无害地消失。②化学自毁塑料：只要在塑料上喷上一种溶剂，就可以使它们溶解。如新轿车上的保护膜，买车后只要在上面喷一层特殊配方的溶剂，可将其溶解，并可用水冲洗掉。③医用自毁塑料：手术后用这种塑料线凝合伤口，可以慢慢地被人体吸收，患者再不用为拆线而费心。用这种塑料做的胶囊可以慢慢溶解，控制药物进入血管的速率。④光学自毁塑料：这种塑料含有一种化学物质，只要一曝光，它就会慢慢地分解，以保持土壤热量，用来生产早熟作物，经过 1 至 3 年，它们就可腐烂。在美国有 1/4 的啤酒罐是用一种光学自毁塑料制造的，但为了避免它们过早自毁，必须贮存在不受阳光直晒的地方。

据 1995 年 5 月 7 日《光明日报》报道：一项“废塑料油化技术”已开发成功——据此技术开发研制的年处理 3000 吨和 6000 吨废塑料的成套设备已通过一年半的运行考核；由此生产的汽油、柴油产品已批量上市。一些科学家根据塑料为石化产品且遇热变软的特点，设想通过化学途径将废旧塑料变为汽油或柴油。20 年来，世界上已有少数几个国家在这方面取得了阶段性成果，但普遍成本较高，要进入工业化生产阶段难度还较大。

4. 但将噪音变福音

噪音也是一种灾害，人们像躲避瘟疫一样，躲避着它，闻声而逃。

现代社会生活环境中噪声与日俱增。据一则消息报道，老人不堪噪音骚扰，耳罩与耳塞成了南京许多老年人的随身之物，须臾不离。

据南京环保局的统计资料显示，在该市市区110公里的监测路段，平均噪音已达70多分贝。而按国家规定，住宅区、文教区白天不能超过50分贝，夜间应低于45分贝；混合区、商业中心夜晚的噪声也不能超过50分贝。超出这些标准的噪音会对人体健康产生危害。据环境监测部门的资料表明，近10多年来，噪声已日益侵占了人们的生活空间。北京、上海、天津等大中城市接收的有关环境污染投诉中，噪声扰民的占60%以上。与湖南省卫生厅宿舍一墙之隔的长沙面粉厂，24小时高分贝的机器轰鸣声，搅得人焦躁不安，心神不宁，苦不堪言。有个退休老人因噪声扰得她患严重的神经官能症，几次住院治疗才有所好转。

噪声有损人体听觉器官，这是人所共知的。但是，最新的科学研究证实，噪声还会伤害人的眼睛，引起视力疲劳和视力减弱。科学家们曾作过实验，当噪声强度在90分贝时，约有一半的人出现瞳孔放大，视物模糊；当噪声达到或超过110分贝时，几乎所有的人眼球对光亮度的适应都有不同程度的减弱。这就是为什么长时间生活在噪声环境中的人特别容易发生眼疲劳、眼胀痛、眼花以及视物流泪等多种眼损伤的现象。不仅如此，噪声还会使色觉、色视野出现异常。在噪声环境中，人往往变得烦躁不安、眼花缭乱。噪声之所以能对视力造成不良影响，其中的奥秘就在于噪声破坏了人体内某些维生素特别是维生素A的平衡。

“噪声猛于虎”。作为一种公害，噪声日趋严重地危害着公众的身心健康。而作为环境污染源之一，与弥漫天空的浓烟、横溢江河的污水相比，噪声似乎看不见、摸不着，对其治理力度，往往显得疲软。噪声污染之所以愈演愈烈，一是认识不足，二是措施不力。噪声污染范围广，而对噪声污染的监控体系不健全，消除噪声的手段、措施还相当落后；另外，防噪也缺乏健全的法律法规约束。近些年来，对噪声污染防治虽有条例，但没有法律条文规定，加之在条例中，对于规划不当造成的建设布局不合理而导致的噪声污染的处理等并没有作出明确的规定，对有关责任方面的规定内容较少，显得可操作性不够强，这些都给防治和消除噪声污染带来了麻烦。

我们需要清新的空气，我们需要洁净的江河，我们同样需要宁静的空间。为让我们的耳朵多一点自然的天籁，少听一点人为的噪音，各个国家开始依靠法律和科技手段展开有效的行动。

为了治理噪音，各国科学家都相继研究高科技的防噪技术。英国科学家率先在声学研究中取得可喜的进展，他们根据两个频率和强度相同而方向相反的声波相遇，会相互“吃掉”的原理，研究出“以噪音控制噪音”新技术，即“主动噪音控制”（ANC）新技术。

这种主动噪音控制新技术利用计算机和传感器，能将模拟声转化为数字信号并加以分析，而产生一个“镜像声”，用来消除噪音。目前，英、日、美、法等国在各种豪华的小轿车里安装这种 ANC 系统，以消除噪音。美国还用此来消除工业空调器、抽风机、核磁共振成像系统、大功率冰箱等的噪音。科学家早已发现，用与噪音的声波波形相反的噪音与之对抗，就可以消除噪音，创造一个局部安静的环境。美国哥伦比亚一家公司制造出一种耳机，可以把传到驾驶员耳中的直升飞机的噪音减少 20 分贝。这家公司还取得了一种用噪音反噪音的汽车消声器的专利。威斯康星的一个制造商正在市场上销售一种消除工厂通气管道和烟囱噪音的装置。噪音反噪音技术也正应用于军事方面，例如制造噪音更小的潜水艇。而用噪音反噪音装置也可以有针对性地专门消除噪音。例如，它可以把柴油发动机的震耳欲聋的噪音减少 99%，而相隔几尺的两个工人却可以用平常的噪音说话，丝毫不受影响。

各国科学家在对噪音“治标”的同时，还积极探索“治本”的高技术，即在噪音发生前就将它消灭。为此，英国研制一种被称为“哑巴金属”的铜锰合金，它不仅具有极高振动能量的特性，而且还能“吃掉”振动产生的噪音。此外，还推出压电陶瓷制动器来减少振动消除噪音，并把它应用在飞机发动机和潜艇上。日本则用一种能消除振动减少噪音的铅铜合金制造鼓风机等，以消灭噪音。

此外，科学家们还在积极探索如何化噪音之害为利，利用噪音造福人类。日本人用现代科技将噪音变成“乐音”，研制出一种技术使家中各种流水，如洗手、淘米等水的噪音变成悦耳的室内音乐，使家庭充满水声、虫鸣声、雨声等大自然的音响。在日本横滨马路大桥上装有一个特殊“传感器”，把行人过桥时的振动噪音变成动人心弦的细雨声。俄罗斯则设计出噪音诊病仪，以探测人体病症。美国科学家丹卡尔森，发现某些农作物受到噪音刺激时，其根、茎、叶表面的小孔会扩张到最大限度，因而容易吸收肥料。丹卡尔森让试验地里的西红柿 30 余次处于 100 分贝的尖锐汽笛声中，同时进行施肥和喷洒营养物，最后，西红柿竟多结果 900 多个，而且每个比一般西红柿大 1/3 左右。他还发现，噪音对土豆、芝麻、水稻的生长有利，而且能提高产量。用噪音除草，科学家发现，不同的植物对不同波段的噪音敏感程度不同。根据这个道理，科学家们造出噪音除草器。这种噪音除草器发出的噪音能够使草种子提前发芽，这样就可以在作物生长之前用药物除掉杂草。用噪音测温，人体某部位发病时温度会发生变化，由分子和原子的热波动所发出的噪音也会变化。医生可根据噪音准确地诊断出病灶和炎症的确切部位和轮廓。当然，这种热噪音太弱，且频率太高，须借助专门的声学仪器才能听到。用噪音干燥食品，美国研制用噪音干燥食品的仪器获得成功。其方法是：以噪音和低频率波高速“轰炸”食品，其吸水能力为目前干燥技术的 4～10 倍。而传统的脱水法是采用加热处理，这样会使食品丧失营养成分，因而影响食品质量。德国科学家提出了建造“噪声吸能墙”的设想，把这种墙建在公路两侧，吸收交通噪音，并设法使噪声能转化为电能，这个设想一旦实现，将可满足公路照明灯、信号指示灯用电的需要。韩国科学家发明了一种“噪声步枪”，这种特殊的步枪击发后，所产生的强烈、短暂的噪声，能使劫机犯瞬间就昏迷过去，束手就擒，从而保证了机上人员的生命安全。美国科学家发现，高能量的噪音可以迫使尘粒相聚成一体，因重量增加而下沉。根据这一原理，研制了一种除尘警报器，可用于烟囱除尘，控制高温高压、高腐蚀环境中的尘粒和消除大气污染。

5. 给发烧的地球装上“窗帘”

20世纪以来，因为工厂、交通、家庭大量消耗煤炭、石油和天然气，以及森林被大肆砍伐等因素，致使大气中的二氧化碳的含量逐年增加。由于二氧化碳能强烈吸收地面发出的长波辐射，并再以大气逆辐射的方式把热量还给地面，从而减少地表的热量释放，形成“温室效应”。据科学推算二氧化碳浓度从300ppm增加到600ppm时，地表温度就可升高1.5~4.5℃。

人类在20世纪排放的二氧化碳增加了20%。全球每年使用燃烧矿物燃料排入大气的二氧化碳达55亿吨，大气中的二氧化碳浓度为358ppm，是最近16万年中最高的，并且比1800年时的浓度高出27%。从1950~1985年，全球排放的二氧化碳、氮氧化物、氯氟烃等物质增加了20倍。过去100年中气候最暖的6年都在20世纪80年代。自80年代出现全球性升温现象以来，地球一直在“发烧”，“体温”居高不下，并有逐年上升的趋势。

现在，在人类活动排放的温室气体中，工业国占75%，年增长率近1%；占世界人口75%的发展中国家占25%，但年增长率为6%。联合国的一份报告说，葡萄牙、爱尔兰和丹麦在到

1995年为止的5年中向大气中排放与能源有关的二氧化碳的速度比任何其他工业化国家都快。美国仍是二氧化碳的最大排放源，在1990年以后的5年中排放的与能源有关的二氧化碳增加了将近6%。造成全球变暖的二氧化碳的排放量在1990~1995年间增加了12%。预计20年后将增加到94亿吨，气候专家预计2025年全球平均气温上升1℃，至21世纪中叶上升1.5~4.5℃。

气候变暖，冰川在呻吟，冰山脱缰"北伐"，南极冰盖有可能消融，海平面上升，将淹没很多岛屿与沿海地区，气候变暖，地球上的植被改变，植物本身的蛋白质含量下降，牛将需要吃更多的草，亚热带的粮食将明显减产；气候变暖，自然灾害如干旱、洪涝、暴风会更频繁地发生，生态平衡会遭到破坏；气候变暖，已经危害到人类的健康，过去20年，世界上至少发生了30种新传染病，现在全世界每年有1700多万人死于传染病。

面对全球气候变暖的趋势，一些科学家预测："21世纪末将没有冬天。"

专家在1985年时估算，燃烧石化燃料排放的二氧化碳总量，美国为11.86亿吨，苏联为9.58亿吨，我国约为3.74亿吨，是世界第三排放大国，约占世界总排放量的7%，若以人均计，仅为0.36吨，只及美国的1/14，但增长速度较快，预计到2000年总排放量将达到6.43亿吨。近20年来，黑龙江气候变暖增温明显，已成为中国气候变暖中心。据专家介绍，近百年来，全球气候逐渐变暖，增温中心在贝加尔湖和巴尔喀什湖一带。黑龙江地处北纬45度~53度之间，靠近全球气候变暖中心，近20年来平均年增温是全国平均增温的两倍，今后相当长时间仍将呈变暖升温趋势。专家认为，气候变暖，积温增加，开发利用气候光热资源，为发展暖热高产农作物创造了有利条件，但也可能带来干旱、病虫害等不利因素。

根据卫星和宇宙飞船收集的资料推测，一些科学家披露，

“温室效应”消灭了金星的文明。我们地球人再不能无动于衷了，要努力消除地球的“温室”现象，保护好自己的家园。科学家大胆设想，给“发烧”的地球装上“窗帘”，使其降温。英国科学家活尔特·塞佛利建议在日地之间安置一颗人造卫星，遮挡掉3.5%的太阳辐射，将可使地球温度下降2.5℃。活尔特认为，地球的“窗帘”应该设在日地间直线上距地球150万公里处。“窗帘”的面积至少要450万平方公里，即使制作材料每平方米仅重10克，整幅“窗帘”也将重达4500万吨。运送如此重的材料到预定的太空地点去，所耗费用比全世界一年国民生产总值还高出20%。目前科学家设想用一种含铝的镜箔材料制作太空“窗帘”，这种材料质地轻盈、坚固，对太阳辐射反应性良好，长期承受机械力、宇宙射线、太阳风力等因素的影响而不会改变性能。安设太空“窗帘”的另一难题是如何实现永久性的定位。科学家们设想必须有相应的设备，长期对其监测，一旦发现偏离轨道的迹象，立即调整位置，这样才能让太空“窗帘”有效地发挥作用。

另外一些科学家在努力想办法给地球排除二氧化碳废气。科学家们最近在北海开始了一项试验，把上千吨的温室气体送入海底深处。英国和挪威的科学家们已在北海深处的岩石中钻出了1000米深的管道，用以输送液化的二氧化碳。“英国地质调查”机构的专家说，在北海试验之前，曾进行的一些小规模试验表明，一旦把二氧化碳送入岩石，就会永远被封存起来。二氧化碳与沙岩起反应后，有一些在水中被溶解后渗透到了岩石，还有一些仍以液体形式存在着，但处于低温和高压之下。“国际能源署”的科学家认为，地下设置法是一种前景广阔的处理二氧化碳的试验性技术。其他方法还有，把二氧化碳液化后输入深海，以低温和高压的方法维持其液态。因为液态的二氧化碳比水重，所以，能在海底存在下去，并慢慢地被溶解。在日本，科学家正在进行另一种提取二氧化碳的试验。他们用海藻和海草来吸取二氧化碳，这些海洋植物通过光合作用吸收二氧化碳。科学家们使用基因工程来培植大量的海藻和海草，在吸足了二氧化碳后，这些植物再被埋入煤矿之中，也许还能为未来提供能源。

不久前，当人们致力于光合作用和海洋作用回收二氧化碳时，一位中国学者明确地把岩溶作用与全球环境变化结合在一起，提出岩溶可回收二氧化碳，回收量为排放量的10%，即全球岩溶每年可回收碳6.08亿吨。这位科学家就是地矿部岩溶地质研究所研究员、中科院院士袁道先。他的这一结论是国际对比计划IGCP299项目《地质、气候、水文与岩溶形成》的重要成果。袁道先和他的课题组通过对7个岩溶观测站的定位监测，形成了一套完整的岩溶动力学系统理论。这一系统理论通俗明了地描述了二氧化碳与岩溶作用的相互关系：每由岩石圈溶蚀1吨石灰岩，将由大气圈回收120公斤碳进入水圈。同时提出，岩溶回收碳的量与地质、气候、水文、生态等条件有关。目前，全球最大的碳库（碳酸盐岩体，总含量10^{16}吨）在全球循环中仍甚为活跃。全球通过岩溶作用（溶蚀）每年由大气回收约6.08亿吨的碳，这个定量性结论揭示了岩溶作用对大气温室气体源汇的重要影响。

6. 保护臭氧层这面“盾牌”

在位于地球上空20—40公里的高空大气平流层中，有一个保护地球的臭氧层，它能吸收太阳光中对人体有害的紫外线，对地球上的生命起到保护作用，这个臭氧层被喻为地球的“盾牌”。可谁想到随着工业的发展臭氧层在遭破坏。20世纪60年代美国人研制成功的化学物质氟里昂被广泛应用于冰箱、空调、绝热材料及电子零部件的冲洗领域后，的确方便了人们的生产和生活，然而这种对人体无害的物质，却成了破坏臭氧的元凶，它上升到大气层中，经强烈的紫外线照射后分解为氯气，从而对臭氧层起了破坏作用。经调查，由于氟利昂的作用，从20世纪70年代后期开始，臭氧层中的臭氧不断减少。

1984年科学家发现南极上空保护地球的臭氧层“破”了个洞。1985年，经“风云7号”卫星证实，这个洞大如美国，高似珠峰。据国际臭氧趋势观察小组测定，从1978年至1987年，在地球南纬60—39度上空臭氧减少5—10%。科学研究表明，大气平流层臭氧减少1%，紫外线对地球表面的辐射量将增加2%，如果按照目前臭氧减少的速度计算，到2075年，臭氧将比1985年减少40%。1991年10月6日，美国航空航天局用“云雨7号”卫星测到南极上空臭氧浓度降低到110布森单位，是有记录以来最低的。

1992年4月初，参加欧洲北极平流层臭氧试验的科学家宣布，北极地区上空的臭氧已减少到有记录以来的最低水平，北极上空大气平流层里的氯的含量比正常水平高出70倍，使北极上空臭氧消耗多达50%。

臭氧层的破坏，使太阳的紫外线直射到地面，破坏人类的免疫功能，导致人类疾病增加、动物死亡、农作物减产。科学家们测定，臭氧每减少1%，皮肤癌就增加2%。联合国环境规划署估计，如果臭氧持续减少20%，皮肤癌和白内障患者就将分别增加60万到300万人。世界观察研究所在《1992年世界状况》的报告中指出，北半球人口密集地区上空的臭氧层正以两倍于12年前的速度变薄，3/4的鸟类将受到不同程度的危害。臭氧层变薄，将使农作物减产，有些植物可能失去受粉能力，大自然完整有序的生态系统会因紫外线的照射增加，而被破坏得混乱不堪。

地球大气臭氧层的损失已成为全球关注的问题，而这一问题在南极洲上空尤为严重。到1995年10月为止，南极洲上空臭氧层空洞面积已达2500万平方公里，超过两个欧洲的面积。为什么南极洲上空的臭氧损失远远大于其他地区呢？根据英国《新科学家》周刊1994年9月18日一期的报道，寒冷是臭氧层变薄的关键。研究表明，无论云层中的粒子属何性质，由何组成，当其表面温度下降至零下73℃时，都会发生把以任何形式存在的氯转变为活性氯的化学反应。当南极洲处于短暂的暖季（11—3月）时，极地臭氧层中的氯化合物只受到太阳紫外线辐射的影响，分解较慢；而一旦酷寒的冬季（4—10月）来临，其最低气温可达零下88.3摄氏度，此时，云层中冰冷的粒子便充当了释放活性氯的化学反应的催化剂，使臭氧遭到比其他地区更大的破坏。这就是南极洲上空大面积臭氧空洞的秘密。

美国等8个北冰洋沿岸国家联合进行的“北冰洋监测和评估计划”表明，臭氧层变薄、紫外线辐射加强、气候变化和人为污染等因素已使得北冰洋环境严重恶化。据美国海洋和大气管理局提供的材料，近年来北冰洋上除了高空平流层臭氧浓度明显下降，较低层大气中的臭氧浓度也开始显著减少。在北冰洋和附近地区的上空存在两种臭氧空洞，一类是流动性很强、直径达数百公里的小空洞，通常与来自低纬度地区的稀薄臭氧有关；另一类是直径数千公里的大空洞，它们是受低温以及人类排放的氯氟烃等污染物影响直接在北冰洋上空形成的。目前这两种臭氧空洞春季在北冰洋上空都很常见，且出现的频率越来越高，臭氧浓度越来越低，造成紫外线辐射越来越强，对当地生态系统和居民的健康都产生了不利影响。

以往，电冰箱压缩机里的制冷剂，一直采用CCl_2F_2（R12），学名叫二氯二氟甲烷；其保温材料所用的发光剂为CCl_3F（R11），学名叫三氯一氟甲烷。CCl_2F_2、CCl_3F同属卤代烃（烷）类，即氯氟烃，国际制冷业通常把这类化学物质统称为氟利昂（Freon）。由于CCl_2F_2、CCl_3F性能稳定、无毒，对人类没有直接伤害且制冷效果好，因此自20世纪30年代以来一直广泛应用于制冷业。

1974年，美国科学家Molina与Rowland首次发现氟利昂中的氯离子对大气平流层中能吸收紫外线的臭氧有极大的破坏作用。1985年，英国首次发现由于人类大量使用氟利昂，在南极上空出现了“臭氧空洞”，对人类的生产和健康带来不利影响。

1985年与1987年，世界各缔约国分别签订了保护臭氧层的《维也纳公约》与《蒙特利尔议定书》，并规定发达国家在生产中淘汰CFC的时间为1996年，发展中国家为2010年，从而促使各国开发不用CCl_2F_2、CCl_3F的电冰箱。

目前国内所谓的“无氟冰箱”，所用的制冷剂与发光剂大致是HFC152a、HFC152a/HCFC22混合物及HCFC141b。这些替代物也属氟利昂一族，与CCl_2F_2、CCl_3F不同的是不含氯和少含氯。市场上出售的“无氟冰箱”所用的制冷剂与发光剂既然是氟利昂，当然也含有氟了。不少专家指出，“无氟冰箱”的提法是一种误导，使人误认为破坏臭氧层的是氟，而实际上是氯。因此，所谓的“无氟冰箱”，不妨改称为“无氯冰箱”。

日本去年宣布研制成功了第三代氟利昂。

工业技术院物质工学工业技术研究所氟化学研究室室长关屋章说：“我们从全新的物质着手，发现了新一代氟利昂。”除该研究所之外，作为民间机构的地球环境产业技术研究机构也参加了研制工作。研制工作是受新能源产业技术综合开发机构的委托，从1990年度开始。

替代氟利昂“HFE”是一种用乙醚将碳、氢、氟和氧元素结合在一起的化合物。研究人员从数据库中检索出500种乙醚化合物，对这些物质进行了合成和评价，最终确认三种物质可望作为替代氟利昂使用。

新问世的“第三代氟利昂”，不仅不会破坏臭氧层，而且还对地球升温具有抑制作用。日本通产省工业技术研究院等机构研制的新一代氟利昂“HFE”，由于在大气中易于分解，因而与现行的替代氟利昂相比，温暖化作用可减少到一半以下。目前，欧美化学生产厂家也在研制同样类型的替代氟利昂，竞争日趋激烈。

未来将以水代替氟利昂制冷。

在设想中的以水代替氟里昂制冷的电冰箱和空调器中，几根管子使水流经制冷室。水被冷却到刚好在冰点以上。由管子再将冷水引导到整个冷却区，风扇则吹过管路，使空气冷却，产生良好的制冷效果。当然，这种制冷方法也存在问题，主要是水必须保持快速运动。否则，水还未完成循环就会变暖，泵水需要电力，且因冷却管较多，需要用泵抽吸大量的水。为解决这些问题，目前国际上已开发出一种新技术，即把半融冰置于管路之内，其方法是使用一种鱼蛋白质——抗冻蛋白质，让水形成软冰，即使在冰点以下，也不会结块。过去的一些研究已经发现，生活在北极和南极附近海洋中的某些鱼类，在血液中含有一种抗冻蛋白质，可在0℃以下的水中生活。这种抗冻蛋白质，由一条42个氨基酸的链组成，其中有些是亲水性的，有些是疏水性的，亲水性的蛋白质排列在链的一侧，疏水性蛋白质的水被冷却至0℃以下时，在亲水性的一侧会形成只有2纳米粗细的针形水晶，而在疏水性的一侧则不会。这些细长的水晶，会整整齐齐地串连在一起，形成半融冰，从而，在未来电冰箱和空调器的制冷中发挥巨大的作用。抗冻蛋白质与水相结合，可使电冰箱和空调器的有效冷却能力达到常规氟里昂设备的50倍。此外，抗冻蛋白质在冷藏系统中也具有潜在的用途，可作为一种通用抗冻剂。科学家认为，如果大量制取抗冻蛋白质进展顺利的话，未来以水代替氟里昂制冷将成为事实。

氟氯烃化合物是破坏臭氧层的罪魁祸首，以上种种技术立足于减少或不再新产生氟氢烃化物。对已经产生的氟氯烃化物能不能想法消除呢？科学技术人员在这方面作了努力，并已取得喜人的成果。日本化学家们以频率高于200千赫的声响信号对此危害大气层的分子施加影响，半小时后，经检测有80%的氟氢烃被分解。实验说明，超声波可以清洁天空，成为保护地球的盾牌。

八

灭烈火，防毒烟

——热灾害的预防与减免

公元1915年，西伯利亚的森林大火，烧毁森林、灌木丛和牧场1.17亿公顷，受灾区的生态环境经历近一个世纪至今还未恢复。

这是天灾。

公元1938年11月12日深夜，古都长沙上空突然冲起一股股熊熊大火，片刻之间，大火越烧越烈，全城一片火海。这场大火烧了整整三天三夜，30多万人口的文化古城付之一炬，长沙市几乎成了一座废墟。人民的生命财产遭到了空前未有的损失。据不完全统计：3000余人死于火灾；长沙市百分之八九十的房屋被焚毁，约计56000余栋；大火给长沙人民造成的经济损失更是触目惊心！事后据一些行业的初步匡算，粮食行业损失谷米190余万石，绸布全行业损失约390万元，文物损失根本无法估计，许多无价之宝变成了废金属。日军进逼长沙和蒋介石的“焦土抗战政策”，酿成了这场悲惨奇灾。

这是人祸。

这些天灾人祸都与火直接相关。

据瑞士一家保险公司对1970～1985年间全世界火灾的不完全统计，全球平均每周发生3起大火，15年共造成150万人丧生，年均死亡10万人以上，5000多万人无家可归。且火灾造成的经济损失呈上升趋势。美国1973年火灾直接损失28亿美元，1984年增至67.7亿美元。日本20世纪50年代前期平均每年火灾损失 320 亿日元，现在趋近 2000 亿日元。火灾是中国易发、多发的灾害，它所造成的损失也呈连年上升趋势。1994 年，我国一年中就发生火灾 4 万起（不包括森林火灾），死亡 2600 多人，伤 4000 多人，直接经济损失达 12 亿多元。

有关专家指出，我国现在已进入热灾害高发期，其发生频率、危害程度都将大大增加，大家应齐心协力寻求防灾减灾措施。

热灾害是指与热过程有关的现象，包括火灾、易燃易爆物质的爆炸、有害或可燃化学物质的泄漏等。它发生频繁，突发性强，危害性大，损失严重，防范困难。根据热灾害发生规律，一个国家和地区进入经济高速增长期，热灾害发生及造成损失也相应增加。日本、韩国均有此种经历。近年来，我国火灾直接损失一般占国民生产总值万分之三到万分之四，北京、山东、上海、江苏、广东等相对发达省市与其相邻的欠发达省份相比，热灾害损失高 2～4 倍，广东这几年几乎年年有重大热灾害发生。

热灾害的发生与城市化、工业化有关。城市化、工业化使人口、社会财富相对集中，电能、热器具及易燃易爆物品等的普遍应用，使热灾害发生的可能性大大增加，损失也更为惨重。

专家指出，我国目前控制热灾害能力薄弱，投入不足，全民热灾害防范意识淡薄。有些地方城市建设未考虑消防配套，盖楼不建消防栓，巷道进不了消防车；居民为防盗封死消防通道；消防部门欲扑灭高层火灾却没有云梯等。面对此种情况，有必要引起大家的高度重视。

1. 宝贵资源不能白白烧掉

森林燃火，破坏成灾，称为森林火灾。

森林火灾是由自然或人类不慎引发的火灾现象。特大森林火灾多因干旱、高温、大风或雷击等特殊气象条件所引起，又往往因估计不足而失控，一旦形成大火又非人力所能及时遏制。

全世界每年发生森林火灾200万起以上，烧毁森林280万公顷以上，其中雷击起火约占全部森林火灾的10%，人为林火占90%。人为因素引发的林火包括：烧荒、烧炭、烧砖、烧防火线、机车喷火、小孩玩火、痴呆人弄火、坏人放火等引发的火灾。1997年2月23日~5月7日不到3个月的时间，蒙古就已发生118起森林草原大火，春季火灾持续蔓延，涉及11个省，森林和草原的过火面积分别为5863公顷和349万公顷。火灾主要是居民在野外不慎失火和俄罗斯春季草原森林大火越境造成的。

中国的森林火灾每年发生上万次。从1950年~1990年间，全国共发生森林火灾64万起，平均每年发生1.5万起，累计受灾森林面积达3600万公顷，年均89万公顷，平均森林受害率为8%左右，高于世界平均受害率7倍，占同期人工造林保存面积的25%~30%。每年烧掉木材1335万立方米，年均损失数10亿元，而扑救火灾所耗人力、物力、财力更难以计算。

虽然我国森林火灾损失率随着科技进步和林火管理的加强在不断降低。但对于林地覆盖率仅为13%和人均森林蓄积量不及10立方米的我国，减少损失与提高覆盖率是同样重要的。因为森林火灾不仅造成人员伤亡和经济损失，而且给生态和自然景观带来严重的破坏。1987年大兴安岭森林火灾，过火林地114万公顷，占全国林地的1%，造成的惨重损失我国人民仍记忆犹新。

为了防止人为的山林火灾，广东省信宜县作为“护林防火先进县”，对林火管理形成了一套科学管理的规章制度，值得宣传。“五不烧”——如果烧山造林、烧荒开垦、烧牧地要做到：不经批准不烧；不开火路不烧；不带打火工具不烧；无人看守不烧；刮风天气不烧和火种不灭不走。“八不准”——不准在山上烧黄蜂、烧木草地、熏蛇鼠、烧山赶野兽、烧田基草、烧火取暖、乱丢烟头火种、烧灰积肥。“四负责”——哪个地区失火哪个地区负责，个人失火个人负责，防火不力领导负责，扑救山火人人有责。

为对付森林火灾，以色列科技人员研制出森林防火无人驾驶飞机。他们推出的火鸟2001型遥控无人驾驶飞机可以准确地报告森林起火的时间、林火规模、蔓延速度等资料。火鸟2001型无人驾驶飞机不久前在美国和加拿大进行了现场演示，来自美、加各地的森林防火部门负责人和消防飞机公司代表观看了表演，对其性能表示赞许。这种飞机由地面站控制，接收飞机上的电脑资料，然后把这些资料传输给灭火指挥部和前方灭火营地。

森林防火形势严峻，中国林业部认为被动扑火不是办法，强调科学防火。在积极主动加强预防上找出路，推行生物预防阻隔工程。有些树木依靠蒸腾散热和辐射散热的作用，能迅速排除体内积热，降低体温，从而具有很强的耐火性。人们把具有较强耐热性能和隔热性能的树种，称为“防火树”，如常绿阔叶树种泡桐、冬青、女贞、杨梅、楠木、珊瑚树、油茶、柯木等，其中油茶、杨梅、柯木等防火树种，已成为我国南方马尾松林区的绿色防火林带的树种。

三明市近几年“绿色防火工程”建设取得了突破性进展。全市防火林带建设每年以2000多公里的速度推进，在地界、路段和山脊营造耐火性强的木荷、火力楠等树种，形成10~20米宽的防火带；在山边、林边、田边和路边选用柑桔、杨梅、花叶等经济林界作为造林树种，营造8~10米宽的防火林带。目前，全市已营造防火林带1.8万公里，平均每公顷林地11.2米，加上生土带和河流、道路等自然阻隔带，不少县、乡森林防火阻隔系统已初具雏形，其中不少防火林带在火灾发生时已经发挥了有效的阻挡作用，避免了森林大火的发生。

煤，是重要的生产和生活资源。中国的煤炭资源十分丰富，但一直遭受地下煤火的侵袭。

“煤中之王”是国内外用户冠以宁夏汝箕沟煤田出产的“太西煤”的称誉。这种只用一根火柴就可以点燃的低灰、低硫、低磷、高发热的优质无烟煤是目前国际市场上最抢手、卖价最高的煤种。然而，由于采区自燃严重，灭火资金匮乏，目前正以每年20万~30万吨的速度被白白燃烧掉，直接经济损失达两亿多元。

据自治区煤炭厅介绍，汝箕沟煤田火灾起始于清朝同治年间，迄今已有100多年，火灾起因是自燃和小煤窑人为造成的。到1987年，火区达到17处，年烧损近百万吨，不仅造成了资源的极大浪费，还造成了严重的环境污染。1988年，此事经记者披露后，中央领导都先后作了重要批示，原中国统配煤矿总公司批准了总投资为7425.10万元的矿区灭火工程设计，随后，国家能源部、财政部、物价局以“特急件”下达了灭火资金筹集政策。从此，大规模的灭火工程在汝箕沟煤田全面展开。到去年为止，10处火势最活跃区已有4处火区按计划完成了施工任务，6处正在治理。

然而，正当灭火工作向扩大战果的目标努力时，国家“两部一局”制定的筹集政策执行不长时间，就因煤价放开、用户拒付而自然失效，灭火资金来源枯竭，从1994年开始灭火资金来源就已完全断绝。目前，直接灭火工程已停止，一处已熄灭的火区出现死灰复燃现象。

有关专家和技术人员心急如焚，专家强调，如果后续的灭火资金不解决并及时到位，灭火工作将半途而废，人退火进的现象将难以避免，火区将重新发展，灾害将重新在矿区蔓延。

新疆的煤，蕴藏量十分丰富，然而煤田的自然火灾也相当严重，88处产煤地中就有42处自燃，有些煤田已燃烧了几百年（如北塔火区）。新疆煤田灭火工程处的科技人员，在灭火处工作了几十年，20世纪80年代以来，他们依靠科学技术，艰苦奋斗，灭掉了多处煤田火区，其中采用黄土覆盖、注水降温的方法灭火收到了良好的效果，为保护煤炭资源做出了贡献。灭火后兴建的乌鲁木齐铁厂沟煤田，成了一座年产30万吨的露天煤矿。

在资源越来越宝贵的今天，防灾减灾，决不能让林木资源和煤炭资源白白地烧掉。

2. 房屋火灾的“防”与“逃”

1985年，哈尔滨天鹅宾馆发生一场大火，使多人伤亡，唯独日本人一个也没伤着皮毛。原来，受过良好防灾减灾教育，防灾减灾意识极强的日本人，在进宾馆的第一天，便瞄好了宾馆的安全出口。在日本，人们从小学开始就进行防灾减灾教育，日本人掌握了比较丰富的防灾减灾科学知识。

1995年10月28日夜里，阿塞拜疆首都巴库发生了一场地铁列车失火的重大惨剧。据官方公布的数 字，这场大火造成558人死亡，269人受伤。这次事故是阿塞拜疆迄今乃至前苏联时期以来的损失最为惨重的一次地球火灾恶性事故。

据一位名叫侯赛因诺夫的45岁的目击者回忆说，当天夜里，他乘坐的这列满载旅客的地铁列车，刚刚驶离乌尔杜斯站站台200米进入地铁隧道，他突然看见眼前火花一闪，乘客们还没明白过来，车厢里的电灯全灭了，熊熊燃烧的烈火很快就将乘客们包围起来。

侯赛因诺夫说，由于车厢的门和窗都是紧紧关闭着的，里面的乘客纷纷打碎车窗的玻璃夺路而逃。当时四周一片漆黑，一些跳到车厢外面的人分不清东西南北，他们在浓烟烈火中乱跑乱撞，大呼小叫，乱成一团。还有许多人被困在车厢里出不来。

一位名叫瓦连京的莫斯科地铁防火部门的官员说，驾驶这列地铁列车的司机也许不知道遇到紧急情况，列车在隧道里突然出事，司机应当首先千方百计把列车开出去，然后再采取救援措施。这位缺乏经验的司机显然是作出了一个错误的决断，他把列车停在了隧道里。这对乘客死里逃生十分不利。孰不知，这些生产于20世纪60年代末的车厢，使用的大部分材料都是易燃物，如果列车停在隧道里，救援人员不能及时采取灭火措施，即使乘客不被烧死，也会很快窒息而亡。

由于列车当时已无法开出隧道，救援工作是在极其困难的情况下进行的。隧道里的大火直到第二天清晨才被最后扑灭，整个隧道里和车厢里的残骸焦黑一片，到处是死难者的遗体，其中还有孩子，其状惨不忍睹。

许多人对1996年那场香港“世纪大火”还记忆犹新。11月20日，香港油麻地嘉利大厦一场大火，烧死39人，近百人烧伤。

烈焰中，一个男人走避不及，逃到大厦窗台，伸手拼命向窗外挥动，以求引起救援人员注意，消防云梯终于没能升到他所在的15楼窗前。他挥动的手渐渐停止了，头趴在窗前，衣服着火了，头发烧焦了，一脸惨状，张着嘴似在呼喊，全身终于成了焦尸，头仍搁在窗台上。另一个求救者也在求生的驱使下，纵身跳往相邻大厦的平台，他躺在平台上，难以动弹，手肘沾满血，血在流淌。这些真实的场面，全被摄入镜头，即时在电视频道播映。每家日报、周刊接连多天刊登的大幅照片，尽是冲天的熊熊烈火，一具具遇害者焦尸的特写。

就在大火扑灭的当天，香港心理学会的热线电话开始“火”了，7小时内接连接了4000个电话，4天内总共接到250个求助电话，其中1/3致电者述说自己看了传媒的报道心里感到不安，灾难影像不时再现；1/4致电者是这次大灾的生还者或目击者；还有数十名家长说，小孩受了传媒报道的影响，内心暴躁常发脾气，而且黑夜中频生惧怕。除了孩子外，也有一些七八十岁的老人表示看了火灾新闻后内心不安而胆寒。

嘉利大厦是一座旧式大厦，火灾当天正在作电梯检修，有烧焊工程。市民家居或工作环境，凡正在维修电梯的，有烧焊工程的，同是缺少先进防火设备的旧式大厦的，大多会显得焦虑。那几天上班族的议论话题之一便是“假如我们公司的大楼也着火了，我们该怎么逃走”？香港人患了一种医学上称之为“劫后余生焦虑症”的病。针对市民的需求，心理学会印发了《创伤自疗法》小册子，从“松弛练习”、“自助方式”、“精神转移”三方面教育市民自我疏导焦虑情绪。香港社会福利署也举办了心理辅导会，派出 15 名临床心理学家和 10 名“社工”，根据有需要的市民受创伤的不同程度分作五组做辅导，香港伊利沙白医院医务社工部、香港法律援助署、香港工业伤亡权益会和社会福利署等部门也都设立了热线电话。

中国大陆城市房屋火灾损失是十分严重的，据 1950 ~ 1988 年有关城市火灾的不完全统计，全国就发生火灾 1872495 次，火灾中死亡 123071 人，伤 226548 人，直接经济损失 60 余亿元。1989 年，全国城市火灾 2.41 万起，死 1832 人，伤 3189 人，损失 4.92 亿元。1992 年仅云南一省就发生城市火灾 1618 起，死 145 人，伤 177 人，直接经济损失 2471 万元。近年来，城市高层建筑火灾事故直线上升，造成越来越严重的损失，不能不引起我们的重视。

我国消防工作的方针是：预防为主，防消结合。防灾减灾首先要树立防火意识，普及消防知识。作为我国住高层房屋的家庭，不妨花百余元左右的钱买一套灭火器，放置家中备用，这样万一发生火灾也能够先自救一番。作为消防部门更要对居住高层房屋的居民们进行必要的培训，使居住在高层房屋的居民家庭，能够懂得消防知识、懂得使用灭火装置、懂得逃生手段、懂得怎样对待不同类型火情的处置方法，保家庭安全，保一方平安。

夏季天气炎热，久晴不雨，气温增高，物资干燥，如果人们稍不注意，就很容易发生火灾。因此，夏季要特别注意防火。冬季寒冷干燥火源多，可燃物多。为避寒，很多家庭都生火取暖，容易发生火灾，也是火灾的多发季节，也应特别注意防火。请看多伦多市冬季防火检查要点，并加以借鉴。加拿大的冬季寒冷而干燥，稍有不慎，就会发生火灾。多伦多市消防局最近向市民发出通知，提醒市民和有关部门进行安全检查，消除火灾隐患。检查的内容包括以下几项：①居民住宅是否有防火通道，居民是否接受过逃生的训练，以及是否定期检查过火警系统；②在厨房内是否有靠近炉灶的易燃物品，是否有防止儿童触摸开关的装置，煤气管道是否漏气，暖气系统是否有隔热装置；③电线是否老化，插座是否松动或损坏，电器保险丝能否承受用电负荷，离家时是否关闭了电器；④是否意识到床上吸烟的危害性，打火机是否远离儿童或暖气；⑤车库、走道、楼梯、储藏室是否清理了垃圾；为了方便市民索取资料及咨询，市民可以随时打电话查询。

火灾一直威胁着人类安全。直到科学家发现原子核放射性之后，才算找到了一种比较可靠的报警方法。一片小小的放射性物质的周围会连续不断地产生微弱的粒子，这种粒子能使附近的空气电离，但不伤害人，用两片加上电压的金属电极收集空气离子，离子产生的电流会告诉人们有没有火灾。因为火灾总伴生烟雾。烟雾会吸附离子使其难以到达电极，导致电流减小，根据电流的大小就可以判断有没有火灾。

为了对防火减灾进行更好的科学研究，中国科技大学在20世纪90年代初建立起火灾科学国家重点实验室。短短几年时间，这座实验室在装备、信息、水平、人才和管理诸方面已接近国际先进水平，初步成为在国际上有影响、密切联系国内各有关部门的火灾科学研究、学术交流、人才培养、火灾防治高新技术开发的重要基地。香港理工大学特别看中“火灾实验室”的研究实力，投资260万港币在中国科技大学建立起一座大型的火灾实验厅。

为了防火减灾，国内外推出了多种防火高新科技产品：

●防火智能烟灰缸。你只要给它装上两小节电池，将盖打开呈40度角，烟灰缸内的风扇就自动转动吸进周围的空气，通过内装的活性碳将空气中的烟滤掉。当放在烟缸上的香烟燃烧到一定程度时，机内的“自动防倒感应烟托”便发挥作用，使香烟自动跌入烟缸内，避免掉在家具或地毯上引起火灾。

●新型防火涂料。日本研制出的这种可使木材不燃的防火涂料，其主要原料是硼。一般木材的燃烧温度为270℃，喷涂了这种防火涂料后温度达到700℃不会着火。若经加压和浸泡，即使温度再高，也不着火。只会被碳化，因此能有效防止火灾。

●不燃烧的纸。这种纸不怕火，能耐受450℃的高温。美国一家化学公司曾用它和木板分别做成房子，放在一起同时燃烧，木板房很快就化为灰烬，不燃纸制成的房子则完整如初。

●防火的玻璃纸。它的形状类似很轻的薄纸片，具有不吸热、不传热、能膨胀的特性。把它填充在防火门和其他建筑物的夹层中，遇热时能够迅速膨胀形成防火屏障。即使外间温度达到850℃的高温，热量也不会越过这个屏障传递过来，根据它的薄厚状况，其有效防火时间为0.1~1小时。

如何在楼层失火后尽快逃生，是每个人都必须掌握的方法。发生火灾时，被困在楼中的人一定要沉着冷静，不要惊慌失措，应尽量准确判断周围情况，想尽一切办法逃生。

首先，要大致观察一下火势，当火势不大时，可用水浇湿棉被、毯子等披在身上，从火中冲过去。但是当火大烟浓时，就必须用湿毛巾捂住口鼻在地面爬行找出路，因为爬行不易遭烟熏。起火后千万不要坐电梯，因为起火后易断电被卡在电梯内。如果楼梯被烧断，通道被封锁，那么可通过房屋上的老虎窗、阳台、落地水管等逃生。如果上述生路都已被切断，那么应马上退到居室内，关闭通往火区的门窗，有条件的话，应向门窗上浇水，以延缓火势蔓延。如室内烟雾很深，可用湿毛巾捂住口鼻，同时用打手电筒、抛 出小物件的方法发出求救信号，等待救援。

当上述方法都无效，而火势又逼近时，要先用被子、毛毯等将小孩、老人、病人包扎好，再用绳子或把床单、被套、窗帘等撕成布条连接起来往下吊，使他们尽快脱险，然后自己用绳子、布条连接起来拴在门窗等固定物或重物上顺着绳子或布条往下滑。如果这一切都来不及，除了跳楼别无选择时，那么首先往地上抛一些棉被等物，并尽可能往汽车驾驶室顶盖、沙堆等处跳，以增加缓冲，并应注意不要站在窗台上跳，可以手拉着窗沿往下滑，这样既可保证双脚先着地，又能减小高度。但如果是高楼层，就千万要慎重考虑，不能冒险了。

最后，需要提醒的是，不论是居家、旅行，还是在娱乐场所休闲都应作有心人，注意观察有关消防标志、紧急通道、警铃，消防器材所在位置。当发现起火时要立即报警，并在力所能及的情况下，对火灾进行控制。

3. 防止电器燃烈焰

一天夜里，一只老鼠钻进了周口市王某家的洗衣机里，老鼠对机内的火线和零线的绝缘层进行了剥离，制造了一个短路点。第二天上午，户主王女士准备用洗衣机洗衣服，刚一插上电源，短路产生的电火花就把王的手击伤，洗衣机内顿时一团烟雾，接着室内电线起火，王家装修一新的居室化为灰烬。

据调查，电线短路已成为火灾“第一诱因”！我国 1995 年度发生的十大火灾中，6 起为电线短路引发，创下人员死亡和财产损失最高记录。另据公安部披露，近几年来商厦、酒店、歌舞厅的火灾，80%以上是由电线短路造成的。

长期以来，人们预防火灾，总是将警惕的目光紧盯在纵火、乱扔烟蒂、加强对易燃易爆品的管理等防范工作。然而，配电线路超负荷、绝缘层老化、使用不合理电器产品在一定条件下会引起短路引发火灾，没有引起足够的重视。

线路超负荷已成为大多数城市司空见惯的现象。近年来，居民大量购用电器产品，企事业单位添置用电设备，而通电线路依旧。1994年，芜湖市供电局发现大多数拥有空调器等大功率电器的家庭，依然在使用3安培小电表，竟有68%的用户私自扩容违章用电！“小马拉大车”式的用电行为，会使线路升温，引起绝缘层老化直到短路着火。酿成深圳市“7.17”死伤4人的特大火灾，也是DJ型风扇电线短路引起的。另外，装潢居室、歌舞厅的热潮不断升温，不少人出于无知或图省事，随意将未穿阻燃管的导线植入胶合板墙或墙纸内，时间一长，导线绝缘老化，破损发热，短路后引燃起火。普及安全用电知识，消除思想隐患，这是堵住火源的根本所在。

在电气火灾中，有相当一部分是使用空调器不当引起的。

使用空调器引起火灾一般有以下原因：一是空调器在断电后又瞬间通电，启动时压缩机内部气体残压很大，使电动机启动困难而堵转，过大的堵转电流引起内部短路起火；二是冷暖型空调器制热时突然停电或停机，电热丝与风扇电机同时切断或风扇发生故障，电热原件的余热得不到循环空气冷却，引起周边温度上升而燃烧；三是电容器受潮时，漏电流增大，绝缘性能降低，容易发生击穿事故造成起火；四是轴流或离心风扇因故障卡住，使风扇电机温度上升，导致过热、短路而起火。

针对这些起火因素，使用空调器的家庭应采取以下防范措施：①由于住宅的南面集热最多，故安装空调器的最佳方向是北面，其次是东面。如果室内只有朝西、朝南的窗户，尽管不理想，空调器也不要安装在房门的上方，因为开门时会加速热空气的流入，此时可以对着门安装，使室内的空气压力能抵抗室外热空气的流入；②空调器安装的高度、方向和位置必须有利于空气循环和散热，注意与窗帘等可燃物保持一定距离。空调器运行时，不要让其他物品靠近，以免影响其正常工作；③突然停电时应将电源的插头拔下，来电后等待几分钟再插上。空调器要有专用的电源插座，线路最好也要“专用”，要有足够的导线载流量和电表容量，插头和电器元件的接触要牢靠。要安装容量适中的保险丝，切不可用铁丝、铜丝代替；④定时清洗空调器的冷凝器、蒸发器、过滤器、换热器，使空气能流畅地通过，消除火灾隐患。

防止电器装置发生火灾事故应采取哪些安全措施呢？根据防火安全科学知识，一要根据周围环境和生产、生活性质，选用合适的电器装置；二是电器装置不得超负荷运行；三要保证电器装置的安装与检修质量，使之处于良好状态；四是电器装置附近禁止存放易燃易爆物品，并配备适当的灭火器材；五是必须办理动火许可证；六是看完电视、听完广播，不仅要关掉电视机或收音机，还应拔下电源插头。不然，电器电源部分长时间处于工作状态，可能烧坏机器，引发火灾。

电器火灾一旦发生，扑救更应讲究科学。

电力线路和电气设备发生火灾时，首先应设法切断电源，然后进行扑救，以保证扑救人员的安全和防止火势蔓延扩大。在切断电源时应注意以下几点：①火灾发生后，由于受潮或烟熏，开关设备绝缘能力降低，因此，拉闸时最好用绝缘工具操作；②切断电源的地点要选择适当，防止切断电源后影响灭火工作；③切断电线时，非同相电线应在不同部门剪断，以免造成短路；剪空中电线时，剪断位置应选择在电源方向的支持物附近，以防止电线剪断后掉落下来造成接地短路或触电事故。在带电灭火过程中，可使用二氧化碳干粉灭火机，这些灭火机所使用的灭火剂都是不导电的。如果用水进行带电灭火时，应在水枪嘴上安装一根接地线，以避免带电体与喷发出的水柱、水枪、人体和大地形成电气回路，造成救火人员触电。总之，在火灾发生后，以安全第一为原则，尽快疏散人群，切断电源，转移易燃易爆物品，然后再灭火，不能盲目救火。

4. 警惕毒烟和易爆物

一家住宅起火燃烧，消防人员在短短几分钟就赶到现场灭火抢救。他们冒着生命危险冲进屋内，抢救出来的竟是无伤的尸体。在越来越多的民宅失火案中，大多数死亡者并不是因缺氧窒息而亡，而是在极短的时间内昏死过去，根本来不及抢救。

这种瞬息间的猝死真令人不解：究竟是什么东西如此快地致人以死命呢？

一批由化学、环保、医学及消防专家组成的科技攻关小组，对此进行了深入的研究和分析。结果发现罪魁祸首是被称为“百毒之王”的氢氰酸。氢氰酸的毒性极大，若 1 立方米空间内有 0.15 千克氢氰酸，人呆上 3 秒钟就会立即死亡。但是，氢氰酸在生活中十分罕见，怎么会在火灾中突然钻出来呢？科学研究表明：使用聚酯材料（含有氢氰酸）做成的家具、壁贴等虽然新颖、美观，但这些材料一旦遇火高温分解，就能产生相当数量的氢氰酸气体。面对家庭火灾中出现氢氰酸，专家们建议，一旦发生火灾，应迅速将毛巾或口罩等物浸水，最好是浸入碱水，稍挤干后，捂住口鼻，这样外逃可以在短时间内保护呼吸道而减少伤亡。救火人员应佩戴防毒面具或氧气面具作业，无防护面具时应戴上湿毛巾，轮流作业，作业时间不宜太长，才能保证安全。

现代火灾的特点是：烈火可灭，毒烟难驯。1980 年 11 月 22

日晨，美国的MGM旅馆突然起火，其时2000个房间均客满，赌场里有5000人赌兴正浓。尽管人们已闻到烧焦味，但谁也没有想到火龙已近在咫尺。待明白时，人们已乱作一团，争相逃命。结果有85人丧生，其中59人是被毒烟熏死的。1982年美国希尔顿饭店一间客房失火，12名遇难者都住在并未着火的房间，而失火房间的旅客都死里逃生。经专家研究确认，这些遇难者也死于氰化氢和氯化氢中毒，这些毒气是客房中合成材料燃烧时产生的。

酒家楼房，虽然其主体建筑材料都是耐火的，但其内部的不少装饰材料和设备却是易燃和可燃的。诸如塑料装饰墙纸、泡沫塑料沙发、化纤地毯等。这些东西一旦烧起来，所放出的烟雾比木材燃烧后产生的烟更毒，热度也更高。这类毒烟中含有一氧化碳、二氧化硫、硫化氢等，如果着火的建筑物通风不良，甚至会聚集氯气、氨气等。毒气随呼吸道进入人体，轻则头晕、胸闷，重则昏迷，很快窒息死亡。

据报道，一只用聚氨酯材料制作的沙发着火后产生的毒烟，相当于25升汽油的燃烧产生的有害气体，在2分钟内即可弥漫整个房间。美国一位消防专家说，如果房间中有45公斤合成软垫和泡沫塑料填塞物，就等于在起居室存入45公斤毒气。在美国近年发生的火灾中，死亡者80%是被毒烟熏死的。

为了应付化学物质引起的火灾，扑救人员必须戴上防毒面具或氧气呼吸器。遇紧急情况时，至少要用湿毛巾捂住嘴、鼻。若出现头疼、胸闷、头昏等症状，应及时撤离现场，到空气新鲜的地方休息。不少国家已开始在饭店配置火灾探测报警系统，当任何角落出现异常烟雾、温度情况时，即自动报警，室内则设置喷淋系统，倘室温超过某一界限时，喷头立即自动喷水扑救。

不久前的一个深夜，河南省某县的粮管所麸皮仓库突然失火。经查证，这起火灾是鼠辈们的“杰作”。原来，这个着火的麸皮仓库是20世纪60年代修建的，这里成了鼠辈们的“休养所”和“度假村”。为了消灭这些老鼠，职工在仓库里投放了大量高效剧毒化学杀鼠药品磷化锌。这种剧毒灭鼠药，干燥时比较稳定，但一旦遇酸、雾、水就会发生分解反应，产生剧毒和能够自行燃烧的磷化氢气体。老鼠闻到这种剧毒药品后，很快就会死去，但临死前的老鼠往往出现流泪、打喷嚏、撒尿等症状，而鼠尿撒到粉末状的药品上就会酿成火灾惨祸。经查，这起火灾就是这样造成的。

据报道，浙江平阳一家庭主妇从菜市场回家，突然看见沙发上升起一缕青烟，等她急忙奔过去时，青烟便自动消失了。然而待她抬头看时才发现，原来素色的条索状花布已变成棕黑色，漂亮的花纹布上留下了一道道焦痕。这种现象居然持续了6天。据现场调查，该房地面土质比较疏松，而房屋又建筑在江边碱性地面上，旁边有水产公司的“血坑”——大量的虾产生的磷质常常渗入地下，遇碱生成联磷。春夏交替，水分蒸发加剧，联磷渗出地面，混入空气中，遇低温就凝结成粉末颗粒，粘附在物体上，在达到一定浓度时，即使在常温下也会自燃变成“魔火”。

贵州某市一老工人，木板瓦房换成砖墙后，彩电屏幕上始终出现可怕的阴影。此后，老人的儿女先后得病死亡，老头本人也住进医院，最后莫名其妙地死去。科研部门经过调查研究后发现，“杀人恶魔”原来是隐藏在煤渣砖里的放射性元素——氡！一家三口均系氡诱发肺癌而失去了生命。

类似的室内灾害并不鲜见。近年来，科学家们研究指出，温馨的家并非“安全岛”。室内灾害不外乎放射性物质、静电、电磁污染、噪音污染、有毒物质和致病性真菌与细菌，其来源主要是室内装置、建筑材料、装饰材料、家用电器以及城市的大气污染等。对此应引起充分的警惕。

化学危险物品从消防角度来看，可以分为爆炸性物质、易燃液体、易燃和助燃气体、遇水燃烧物质、自燃性物质、易燃固体、氧化剂等七类。目前，我国从事易燃易爆化学物品经营、储存、生产的单位很多，一个大中城市就上千家。按照科学规定，储存化学危险品必须有专用仓库、货场或其他专用储存设施，必须由经过消防安全培训合格的专人管理；经营化学危险品必须有符合防火、防爆要求的储存、经营设施，有经过消防培训合格的经营人员，有消防安全管理制度。但事实上，有许多化学危险品的储存、经营地点不符合要求，位于学校、首脑机关、人口密集区的经营场所仍有不少。而经营部门的员工大多未接受过消防知识培训，消防安全管理制度也极不健全。有的竟将氧气和乙炔存放在一起，一旦泄漏，后果不堪设想。

按照科学要求，化学危险品的经营和储存应做好防火防爆工作。必须做到：一防火种，如外来火种，烟囱飞火，明火作业、火柴、打火机操作使用不当引起的火花，电器火花，铁质撞击发生的火花等；二防受热，隔热降温，加强通风，库内温度在30℃以下；三防性能相抵触的危险物品放在一起；四防雷击，根据需要安装避雷设备；五防违章操作。易燃易爆物品的贮存要遵循四原则：性质相抵触的分开贮存；易燃易爆品与一般物质分开贮存；灭火方法不同的分开贮存；贵重或有特殊要求的物品单独贮存。易燃易爆设备、容器在动火检修前也应采取科学的防火措施，放空设备、容器内的物料；使用水、氧气、二氧化碳等进行置换；需要动火的设备与其他设备连接的法兰盘，应用盲板隔开或切断，清洗后，进行采样分析和测爆，使之达到安全动火的要求；配备现场施工监护人员和灭火器材。

九

为健康铸造铠甲

——卫生灾害的预防和减免

地球人的卫生和健康状况如何？

请看世界卫生组织近期公布的年度报告：

出生：1995年全世界新生婴儿为1.39亿个。目前世界上每个育龄妇女平均生育3胎，早育现象发展中国家比发达国家多两倍。

寿命：1995年世界平均预期寿命为65岁，比1985年多3岁。发达国家、一般发展中国家和最不发达国家的预期寿命分别为75岁、64岁、52岁。日本人预期寿命79.7岁，居世界第一；塞拉利昂人40岁，预期寿命最短。

死亡：1995年全世界死亡人数为5200万，其中1100万是尚不足5岁的儿童。在非洲，5岁以下死亡的儿童占全部死亡人数的40%。

传染病：20多年来世界上发现了至少30种新的传染病。目前世界上已有2000万人感染艾滋病，今后5年内将达4000万人。世界上被乙肝病毒感染的总人数为20亿，其中3.5亿为慢性乙肝患者。肺结核又死灰复燃，近年来每年有310万人死亡。1994年，世界上有记录的性病新病例为3.3亿个。

据《1996年世界卫生报告》，1995年全世界死于各种疾病的人数为5200万，其中1700万死于传染病。该报告列举的十大疾病杀手如下：

急性下呼吸道感染如肺炎，1995年致使440万人死亡，其中儿童为400万。

急性腹泻病，包括霍乱、伤寒和痢疾，主要通过被污染的水和食物传播，1995年死于腹泻病的人数达310万，其中大多数是儿童。

结核病，1995年致使310万人死亡，大多数是成人。

疟疾，1995年死于疟疾者达210万人，其中100万是儿童。

乙型肝炎，1995年致使110万人死亡。

HIV/AIDS（艾滋病感染/艾滋病），1995年致使100万人死亡。

麻疹，1995年致使100多万儿童丧命。

新生儿破伤风，1995年夺去46万婴儿的生命。

百日咳，1995年致使35万儿童丧命。

肠寄生虫病，1995年至少夺去13.5万人的生命。

世界卫生组织的年度报告进一步指出，吸烟是人类健康的大敌，现在全球每一分钟就有6个人死于和吸烟有关的疾病，25年后，每分钟将会有18人因为吸烟而丧命。吸烟的恶果通常要到二三十年后才表现出来。报告还特别指出，中国是全球烟民最多的国家，中国烟草业在12个主要国有工业部门中，对政府财政贡献仅次于石油工业。但烟草给国民经济造成的损失远远大于贡献，尤其是给吸烟者和非吸烟者带来的危害是根本无法计算的。

20世纪以来，随着社会条件和经济条件的改善，在医疗技术和卫生保健的推动下，全球健康状况有了很大改进，预期寿命增加，婴幼儿死亡率下降，各种传染病得到有效控制。健康水平的提高，与医疗卫生水平的提高分不开，与医药科学的综合发展和新医疗技术的发展分不开。医疗卫生科学技术的发展，如疫苗、抗生素的发现，对预防和减少卫生灾害起了重要作用。目前，工业化国家花费在医疗卫生上的财力占国民生产总值的6%

~10%。

事情的另一方面是，战争、饥荒和其他自然灾害对人类健康造成了很大损害，过快的工业化和城市化、环境恶化、人口增长过快、经济衰退、社会不平等，制约了医疗科学技术的发展和普及，使人类的健康水平下降。在较贫穷的非洲、亚洲和拉丁美洲国家，在中东欧和前苏联国家，在美国等工业化国家少数民族区域和城市平民聚居区还存在着不良的健康状况。

世界卫生组织指出，人类健康状况堪忧，目前全球56亿人口中有近40%处于不健康状态，全世界半数以上的人口缺医少药，一般性疾病仍得不到治疗。世界上每5个人里就有2个人在生病，其中因传染病和寄生虫病死亡的人数最多。过去20年里，世界上至少发生了30种新传染病。

专家介绍说：气候变暖和异常是一些疾病的重要诱发因素。首先，与炎热有关的疾病如心脏病、呼吸道疾病等的发病率和死亡率增加；其次是气候变暖使一些昆虫和传染病媒介在一些气温低的地区得以存活和传播疾病。例如，现在世界45%的人口生活在疟疾发病区。由于气候变暖，发病地区在扩大、受危害的人口在增加，南欧和北美都可能流行这种疾病。估计，每年将有5000万到8000万人染上疟疾。另外，白喉、百日咳在许多国家重新爆发。登革热在西半球本来已经消灭，可现在在美洲国家又开始流行，1995年，20多万人染上这种疾病。这一年，美洲还爆发了1950年以来最大规模黄热病。大旱、洪水、暴风雨和森林大火都直接造成伤亡，其对环境的破坏也危及人类的健康。例如，撒哈拉以南非洲地区，大旱之后爆发脑（脊）膜炎，到1996年6月，已有10万人染上了这种疾病，其中1万人死亡。

人类健康由社会、环境、科技等诸多因素所决定，为了人类健康地生存和发展，应注重社会环境、生态环境和医疗卫生科学技术的改善。

人人享有卫生保障，全民族健康素质的不断提高，是中国社会主义现代化建设的重要目标，是人民生活质量改善的重要标志，是社会主义精神文明建设的重要内容，是经济和社会可持续发展的重要保障。建国以来，特别是改革开放以来，中国卫生事业发展迅速，举世瞩目。卫生队伍已具规模，卫生服务体系基本形成，卫生科技水平迅速提高。医药生产供给能力明显改善，中医药事业得到继承发扬。爱国卫生运动深入开展，部分严重危害人民健康的疾病已得到控制或基本消灭，人民健康水平显著提高。

据卫生部提供的最新报告，中国人的平均期望寿命已由1949年前的35岁上升到目前的70岁。建国40多年来，急性传染病的发病率已由每10万人中的2万人下降到1995年底的每10万人中166人，传染病在死因顺位中由首位下降到第9位。为有效防治地方病，全国已建立专业防治机构137个，防治专业人员近3万人。目前，血吸虫病流行省已由原来的12个减少到7个，全国已有278个县消灭或基本消灭血吸虫病。鼠疫发病继续得到控制，发病数由1990年的73例下降到1995年的12例。在氟中毒地区中，全国46%以上的重病区完成了改水降氟任务。1995年底中国80%以上的省已实现全民食盐加碘。

到1995年底，全国县及县以上卫生防疫防治机构发展到5895个，比1953年增长25倍，其人员发展到27万多人。妇幼保健机构3179个，专业人员13.4万人。全国城乡已形成了比较健全的三级预防保健网。全国医院共有病床283.2万张，专业卫生技术人员419.9万人。孕产妇死亡率由建国初期的每10万人中的1500人下降到每10万人中的62人，婴儿死亡率由250‰下降了36‰。曾严重危害儿童健康的麻疹、脊髓灰质炎、白喉、百日咳4种传染病得到有效控制，发病总数由建国初的1183万下降到13.6万，降低98.4%，死亡和致残减少了80%，拯救了

2000多万儿童的生命。

目前，我国已经成为世界医药第二大生产国。据了解，建国以来，我国已能生产的化学原料药达1350多种，药物制剂3500余种，中成药4000余种，其产业已成为国家社会经济发展的重要产业部门。1996年，我国医药工业总产值已达1200亿元，比上年增长15%，医药商品销售总额880亿元，比上年增长12%，基本满足了中国人民健康的需求。另据了解，建国以来我国共研制新药132种。1985~1995年批准生产、试生产的化学原料药共有211种，其中Ⅰ、Ⅱ类新药82种，Ⅰ类创新化学药14种，新生物药品68种，诊断药物和疫苗8种。

但是，我们还应该看到，当前卫生事业的发展与经济发展和社会进步的要求还不相适应，地区间卫生发展不平衡，农村卫生、预防保健工作薄弱，卫生事业投入不足，资源配置不够合理，卫生工作同人民群众的要求还有差距，还应努力发展，加快步伐。我国卫生工作的奋斗目标是：到2000年，初步建立起具有的中国特色的包括卫生服务、医疗保障、卫生执法监督的卫生体系，基本实现人人享有初级卫生保健，国民健康水平进一步提高。到2010年，在全国建立起适应社会主义市场经济体制和人民健康需求的、比较完善的卫生体系，国民健康的主要指标在经济发达地区达到或接近世界中等发达国家的平均水平，在欠发达地区达到发展中国家的先进水平。新时期卫生工作的方针是：以农村为重点，预防为主，中西医并重，依靠科技与教育，动员全社会参与，为人民健康服务，为社会主义现代化建设服务。推进科学技术进步，针对严重危害我国人民健康的疾病，在关键性应用研究、高科技研究、医学基础性研究等方面，突出重点，集中力量攻关，力求有新的突破，使我国卫生领域的主要学科和关键技术逐步接近和达到国际先进水平。

卫生方面的灾害不会停止。今天影响人类健康的癌症、心脏病、肌肉骨骼疾患、神经和精神病、寄生虫病、传染病（包括结核病、艾滋病及性传播疾病、腹泻、疟疾、白喉、麻疹等）、母婴疾患等，在未来仍会存在。已经被控制和绝迹的疾病可能再次流行，如结核病、鼠疫和中非出现的依波拉热，旧的疾病也可能以新的变异形式出现。

近二三十年间，医学研究人员为世界上一些主要疾病找到了治疗办法，肺结核、肺炎、天花已得到控制，先进的手术技术和威力强大的药物有助于使高血压、心脏病、糖尿病、癫痫等疾病得到治疗。

随着21世纪的临近，在今后50年内，哪些疾病即将找到治疗方法，哪些疾病仍将对人类构成最大的威胁呢？美国《行列》周刊曾刊登了一篇文章，题为“医学界下一步将要攻克哪些疾病”，作者针对上述问题采访了14位著名医学家，他们当中许多人曾获得诺贝尔医学奖。科学家们对人类在新的世纪到来之际可以期待的成就以及将会面临的挑战作了论述。科学家们指出，在21世纪，医学界将在遗传疾病、精神疾病、心脏病、中风、糖尿病、皮肤病等预防和治疗方面取得进展，但癌症和艾滋病仍将对人类构成最大的挑战。

科学家们还特别指出，培养良好的生活方式对人体健康极为重要。自1970年以来，美国心脏病患者死亡率已下降了40%以上。许多科学家认为这是人们改变生活方式带来的结果，因为如今美国人的饮食质量提高了，吸烟人数减少了，体育锻炼增加了，这必然会有益身心健康。

21世纪，医疗技术将有很大发展，在诊断方面有染色体涂片、生物监测、链式反应、磁共振显象、白细胞干扰素、生长素、细胞分裂素等技术；在治疗方面有基因、基因组项目、基因疫苗、单克隆抗体、抑制信息（抗过敏）、再生技术等；社会综合预防医疗系统将发展和完善，健康专家和保健护士将增加；医学的一个重要方面精神心理免疫学也有所发展，使人们学会设计自我环境、减少压力、增加信心，让自身免疫系统处于正效应中，对疾病进行自疗。

科学技术将帮助人类战胜卫生和疾病方面的灾害，保持健康。

1. 全球警惕，全球应战

4 月 7 日是世界卫生日。世界卫生组织为 1997 年世界卫生日纪念活动定的主题是："正在出现传染病——全球警惕，全球应战。"世界卫生组织发出这一警报，并非虚惊。在过去的几十年间，由于各界的努力，医疗卫生事业的发展，一些危害人类生命的传染病，如天花等已得到了根治或逐渐绝迹。这样人们不免普遍产生了一种错觉。认为与传染病的斗争已接近大功告成。这种虚假的安全感，使得近年来许多传染病有机可乘，并以惊人的速度蔓延。

据世界卫生组织公布的资料，在过去的 20 多年间，已经发现并得到确诊的高度传染病就有 30 余种，其中包括艾搏拉出血热、艾滋病、丙型和丁型肝炎、一种新型的溶血尿毒综合症、一种新型的霍乱等等，还有克罗伊茨菲尔德—雅可布氏症的新变种，它与疯牛病极其相似。对于这许多新出现的传染病，目前尚无药物可以治疗，也没有疫苗可以预防。

另外，某些曾经被认为得到根治或控制的流行传染病又有复发。据说结核病由于和艾滋病毒的传播有关，正在世界范围内蔓延；霍乱过去在许多国家已经绝迹，但由于饮水和环境卫生恶化，又开始蔓延；由于放松了消灭蚊子，登革热已开始在城市地区发生；由于防疫措施放松，白喉、脑膜炎、黄热病、鼠疫等传染病，在一些国家又时有发生。

过去几十年间，一些抗生素和杀虫剂的研制成功，使得不少传染病得到消灭或控制。但由于这些药物使用不当，某些致病微生物和传播疾病的媒体产生了抗药性。许多有名望的抗生素，现在对一些普通的传染病，如耳炎、肺炎、结核病等，已基本失去了效用。

对于新传染病的出现和旧传染病的复发，世界卫生组织干事长中岛宏认为，原因是多方面的，其中包括，频繁的国际空中旅游；缺少安全用水和卫生环境不佳及人口密度高的巨型城市不断增加；食品生产、加工、运输和贸易的国际化，大大增加了食物源传染病的发病危险；环境的改变将人类暴露在以前人所不知的传染病场所，例如，人类毁坏森林，进入极偏远地区时，那里动物和昆虫身上的疾病就有可能跳过人兽界限传染到人体。

中岛宏还认为，世界上不少国家把有限的资金用到了其他方面，而减少了向卫生保健事业的投入，忽视了对新旧传染病的监测和对抗药性发展的了解，致使它们被发现时已显太晚。他举艾滋病毒为例，当发现它时，全球许多国家的大批人员已被感染。如果一些尚处于潜伏期的传染病能够及早发现，它们的蔓延程度或许可以减轻。

世界卫生组织呼吁各国加强对新旧传染病的监测预防，互通信息，及时发现，及时治疗，及时扑灭，不使其蔓延形成大范围的危害。

疯牛病是牛海绵状脑病的俗称。克—雅氏病是人的中枢神经系统变性疾病，其临床症状和病理组织学变化与绵羊痒病、疯牛病相似。人患克—雅氏病与吃病牛肉有关。疯牛病曾于20世纪80年代中后期在英国大流行，英国因吃疯牛肉而染上克—雅氏症者达数百人。据英国《星期日泰晤士报》报道，新的研究表明，人类形式的疯牛病可能由输血传染。疯牛病改变了欧洲人的饮食习惯，牛肉消费水平直线下降。但素食者也可能患上疯牛病，英国24岁的克莱尔·汤姆金斯已经禁食任何肉类了，但最近被诊断感染了疯牛病病毒。

不仅疯牛病毒可以感染人，鸡瘟也能死人。香港卫生署1997年8月20日公布，香港首次发现一名3岁儿童染上以往只感染鸟雀及鸡的甲类流行性感冒病毒 H_5N_1 型后，因多种并发症死亡。这是全球首宗人类感染该病毒后死亡的病例。

中国的传染病流行形势十分严峻，每年因结核病死亡的人数高达25万，鼠疫和霍乱也有小的爆发和流行，性病死灰复燃，艾滋病已经开始蔓延，一些新出现的传染病，如“0—157”大肠感染等也在我国发生病例。根据今年7月最新统计数字，全国各省、区、直辖市26种甲、乙类传染病总报告发病率和死亡率，分别比去年同期增加7.7%和14.9%。

中国是肝炎高发病区，据北京医科大学教授庄辉提供的数字，目前约有1.2亿人携带乙型肝炎病毒。在中国法定报告的传染病中，病毒性肝炎的发病率和死亡率均占首位，平均年发病率为1‰或1‰左右。据调查，中国现有慢性肝炎病人约1200万例，每年死于肝病者约为30万例，其中一半为原发性肝细胞癌，绝大多数与乙型和丙型肝炎病毒感染有关。

1991年中国卫生部颁布“全国实施乙型肝炎疫苗免疫接种规程”。目前，中国城市地区新生儿乙型肝炎疫苗的接种率已超过80%，农村地区的新生儿接种率也已接近30%。坚持新生儿防疫政策，我国30年后乙肝感染率可降至发达国家水平，70年后可望基本消灭。1986年以来，用基因技术生产的高效疫苗可望使乙肝病绝迹，专家们认为在基因控制的酵母细胞中培养的乙型肝炎疫苗是可靠而有效的。但是，传染性肝炎已经是甲、乙、丙、丁、戊、庚……诸多品种，而且品种间并不互为免疫。

要防止甲肝流行，就必须尽早地发现甲肝病毒。我国科学家建立的贝类甲肝病毒快速检测技术，日前通过了由国家海洋局组织的专家鉴定。专家认为，这项成果使我国贝类甲肝病毒的检测时间从过去的6到8周缩短为1天，标志着我国在这一领域的研究已经达到国际先进水平。国家海洋局第三研究所的研究人员经过多年努力，终于建立了利用分子生物学方法对海产品进行甲肝病毒污染的快速检测技术，可直接提取贝类中的甲肝病毒核糖核酸，进行分析鉴定，迅速准确地判断海洋环境病原微生物污染状况，提出预报，以使人们及时采取预防措施。对日趋猖獗的肝炎病毒，德国生物学家正在着手进行通过改变香蕉基因结构达到防病效果的课题研究，并已取得了很大的成功。不久的将来，只要吃一只香蕉就可以免遭可怕的肝炎病毒的侵袭。

狂犬病是当今死亡率最高的传染病。这是一种人畜共患的传染病，当病毒进入人的肌体后，每昼夜以一毫米左右的速度向大脑进攻，发病最快的6~7天，慢的潜伏期可达30年，甚至40年后才发作。最新观察表明，不光被狗咬伤可传染狂犬病，其他接触也可能传染。被恶狗咬伤，尤其是被疯狗咬伤，若不及时注射狂犬疫苗，得狂犬病者达100%！死亡率达100%！触目惊心的两个百分之百，使狂犬病已成为35种传染病中死亡率最高，死亡人数最多的一种疾病。全国城乡养狗达1.1亿只以上，我国年生产500万份狂犬疫苗和百万支抗狂犬病血清仍供不应求。

人类在与传染病进行的斗争中，一次又一次的交锋，经历了许多挫折与惨败，为寻找控制传染病的办法，人们进行了多种尝试，才逐步掌握了科学的武器，找到了控制传染病的正确方法。最早控制传染病蔓延的方法是隔离，一位名叫奥瑟玛的人，在公元736年创建了第一所隔离麻风病病人的医院，以对付在欧洲流行的麻风病传染。隔离对预防瘟疫的重要性使得海港检疫制度从此建立，并一直沿用至今。在19世纪，征服产褥热病的征途中，出生在布达佩斯的塞麦尔维斯医生，发现产褥热即是败血症后，坚决采取助产前洗手消毒的措施，产褥热的死亡率从18%迅速下降到2%～1%。消毒把死亡“洗掉”了。塞麦尔维斯于1861年完成了《产褥热的病因——认识及预防》一书，他所倡导的医疗方法逐渐受到重视和推广。人类在战胜传染病的征途上又迈进了一大步。

究竟是什么原因使人患传染病？起初，由于科学技术落后，缺乏必要的检测手段，努力没有取得进展。直到17世纪发明了显微镜，才为揭开传染病之谜提供了必要的条件。巴斯德用实验证明了微生物不是自然发生的，推翻了一直左右人们的“自然发生说”，为寻找传染病的病因铺平了道路。巴斯德还发现：一类有完整细胞结构的微生物——细菌，是一切传染病的根源，细菌在人们中间传播，就会造成传染病的蔓延。若能查明细菌寄生地，然后消灭它，就能战胜传染病。

传染病患者有着不同的症状，难道都是同一种微生物引起的吗？德国科学家科赫，用他发明的细菌学研究技术揭露了一个又一个病原细菌的真面目，证明了特定的微生物能引起特定的疾病。科赫带领助手研究了疟疾、鼠疫、伤寒、牛瘟、回归热等传染性疾病，冒着生命危险到出现流行病的地方探寻致病原因，扑灭疾病，被人们称誉为“瘟疫消防队”。在这种精神鼓舞下，19世纪末大批学者努力探求各种传染病的病原体，使数千年来危害人类健康的“瘟神”纷纷现出原形，为后人深入研究预防和治疗传染病奠定了基础。

19世纪欧洲烟草染病后大面积死亡，造成重大经济损失，于是，科学家们开始了对烟草病原的探寻。1897年，荷兰细菌学家贝哲林克经过反复试验，打破了当时医学界普遍信奉的“细菌致病学说”的独家垄断地位，提出了“病毒”这个概念，使他成为具有划时代影响的人物。在他的理论指导下，到1931年，科学家共发现麻疹、水痘、流行性感冒、狂犬病等近40种疾病是由病毒引起的。德国物理学家厄恩斯特·腊斯卡发明电子显微镜后，1939 年德国科学家借助电子显微镜首次看到了 19 世纪在欧洲大蔓延的烟草花叶病病毒的真面目，它是一种杆状小体。目前，人类已掌握了许多病毒的大小和形状。尽管病毒的形态各不相同，都有着共同特点：它们都是最简单的生命模式，仅由遗传物质核心和保护性蛋白质色膜所组成。

使人患传染病的细菌和病毒被找出来了，但怎样才能制服它呢？为此，科学家一直在努力寻找病菌、病毒的天敌，以利用它们战胜传染病。1917 年，加拿大细菌学家德爱莱尔经过反复试验，深入研究，断定他培养的痢疾杆菌被另一种比细菌体更小的生命体捕食了。他把这种能“捕食”细菌的微小生命叫做“噬菌体”，这在希腊文中就是“食细菌”的意思。噬菌体的发现，对医学的发展起了很大作用，人们用它克制了许多危害人体的细菌，挽救了许多人的生命。随着科学技术的发展，人类研制出各种疫苗、菌苗，发展各种抗菌素生产，对传染病进行了有效的防治。

天花的流行曾给人类带来巨大灾难。值得庆幸的是，现在天花在地球上已经绝迹。1980 年世界卫生组织大会正式宣告：全世界已消灭了天花，这是 1796 年詹纳发现牛痘接种法预防天花以来，经过世界各国长达 180 余年的共同努力所取得的成就。1975 年，世界上约有 75 个实验室保存有天花病毒，1977 年减少为 18 个。1978 年，英国伯明翰大学医学实验室里保存的天花病毒通过其空调装置发生泄漏，致使一名工作人员感染天花病毒而死亡。在世界卫生组织的干预下，现在世界上仅有两处实验室保存天花病毒，一是俄罗斯的莫斯科，一是美国的亚特兰大。保存天花病毒的目的是一旦将来天花病毒死灰复燃，能迅速制备疫苗。为了避免病毒泄漏事件重演，有关专家建议，这两个实验室的天花病毒也应销毁，因为，在生物基因工程高度发展的今天，天花病毒完全可以制造出来。另外，有些人担心，实验室保存的天花病毒可能被作为生物战武器，历史上曾有此先例。天花绝迹至今长达十余年，人群中抗天花的免疫力也消耗殆尽，天花又是通过空气而传播，一旦出现疫情，后果不堪设想。

过去的一种定论说，感冒病毒是由鸟类传播到世界的，因为科学家早就发现，在感冒病毒中存在许多来自鸟类特有病毒的遗传基因。不久前，英国天文学家提出了不同看法。英国威尔士大学的霍伊尔博士和威克马辛格博士认为，感冒病毒来自宇宙空间。因为从1761年以来发生的17次世界性感冒大流行，大都与同时期太阳黑子活动的高峰期相一致。每当太阳黑子活动的高峰期，太阳发射的微粒子流就会增强，这种称为“太阳风”的微粒子流会把漂浮在宇宙空间包括感冒病毒在内的各种微粒，裹携到地球上来。微粒会长期在大气同温层内漂浮，每到冬季就会有一部分降至地面。如果这种见解成立，那么世界各地往往同时流行感冒的疑问就可迎刃而解了。从去年末到今年，英国患流行感冒的人迅速增加，究其流行的原因，也可用去年太阳黑子创纪录的活动来加以说明。

流行性感冒是由流感病毒引起的急性呼吸道传染病，最显著的特点为突然爆发，迅速蔓延，影响面大，发病率高，并有一定的死亡率。流感病毒主要是由患者通过空气飞沫传播，一个喷嚏、一声咳嗽甚至说话都有可能将病毒传给他人，而一个喷嚏可以使飞沫在1秒钟内喷射6米远。由于流感令机体抵抗力下降，因此得了流感又易受细菌并发感染，常见的并发症有肺炎、心肌炎。流感的流行具有一定的季节性。比如我国的北方，流行高峰通常在冬季，南方则常有夏季和秋季两个流行高峰。令人遗憾的是，像所有病毒引起的感染性疾病一样，流感没有特效药。因此，对于流感最好的方法还是预防。预防流感一般采取隔离、中草药对症治疗和加强环境卫生等，除此之外，疫苗注射可以说是现今最有效的预防方法，每年注射一次，即可达到预防流感的目的。在欧洲、美国、加拿大等发达地区和国家，注射流感疫苗十分普遍；在我国，这项工作也已经开始。接种疫苗不仅预防了流感对人体的伤害，而且从经济价值来看，治疗流感的医疗费用是接种疫苗费用的4倍。由此，世界卫生组织建议对易感人群应及早进行疫苗注射。

科学家发现，近20年来，地球上相继出现一些新病毒，例如艾滋病病毒、埃博拉病毒等，而这些致命的新病毒的发源地都在非洲。这是为什么呢？美国北卡罗来纳大学贝克博士和巴黎比沙医院营养学家杰克·弗雷克博士的研究表明，严重营养不良可以造成人体必需维生素和矿物质缺乏症，人体缺乏维生素和矿物质又可进一步导致体内发生氧化反应，这种氧化反应可以使组成病毒的基本物质——核酸发生根本性变化，造成病毒基因突变，从而产生新的病毒。据联合国有关组织统计，目前世界上有8亿人口遭受饥饿之苦，而非洲营养不良的人口已经达到2.5亿，占该地区总人口的43%。这些受饥挨饿的人是潜在的滋生突变病毒的温床。

传染病是不分国界的。

我们正面临着传染病的威胁，需要紧急行动起来，全球共同努力，共同控制、防范新出现和重新出现的传染病对人类健康的威胁。

2. 防止痨病卷土重来

谈痨色变的年代已经过去，现代医疗技术完全能够治愈结核病。但是，结核病魔并不愿轻易退出历史舞台。

1993年4月23日，世界卫生组织（WHO）宣布："结核病进入紧急状态。"

1882年，当时世界为一种不知病因的疾病所恐慌，咳嗽、发热、咯血、盗汗，人变得异常消瘦。平均7个人中就有一人会因此而离开世界。这一年的3月24日，德国医生罗伯特·权赫在显微镜下发现了致病病菌——结核病菌。从此，地球人盼来了福音，世界卫生组织把3月24日称为"结核病防治日"。

到20世纪50年代初，随着链霉素等抗菌药的发现，结核病大量治愈，世界范围的疫情得到控制。

然而在1995年，世界卫生组织又开始将3月24日命名为"世界结核病防治日"，并在1996年提出第二届的主题内容：唤起人们对结核病的重视，积极推广控制策略DOTS。

1996年世界卫生组织的报告惊心动魄地指出：1995年是有史以来结核病死亡人数最多的一年，全年有300万人死于结核病。结核病已成为传染病中第一杀手和最大死因。目前，全球约有1/3的人口感染了结核菌，每年约有900万新结核病人产生。预计到2000年全球每年死于结核病的人数可达350万。近5年，结核病不仅在许多发展中国家失控，在发达国家疫情也在急剧上升。世界卫生组织认为，亚洲地区结核病控制正面临一个非常重要的时期。

中国的结核病患病率1949年为1750/10万，到1990年已下降到525/10万，死亡率从200/10万下降到21/10万。但据1990年全国结核病流行病学抽样调查，我国结核病疫情在全球仍属高流行地区，而且部分省区疫情还呈上升趋势。目前，全国感染的人数已超过3.3亿，现患有活动性肺结核病患者600万人，每年因结核病死亡的人数高达25万，为其他各种传染病死亡人数的2倍。结核病疫情严重流行，已威胁到许多地区人民生命健康，制约了社会经济发展。

湖南省每天约有60人死于结核病，目前已有50万肺结核病人，其中有10万人处于烈性传染期。

上海这座大都市，20世纪40年中结核病情明显下降。50年代曾为全国之最，患病率达4000/10万，40年后，下降为64/10万，是全国结核病例最低的城市之一。因此，对于上海市年轻人而言，除童年记忆中有注射卡介苗的往事外，对结核病知之甚少。然而，近年来结核病卷土重来的隐患正日渐明显。上海市300万外来人口，1万~1.2万患有结核病，其中30%~40%都是开放性的结核。民工中有30%患有结核病。1996年在医院求诊的仅2200多，在上海市居民中有500例为求医者。其中年轻人和老年人居多，而年轻人的患病率又高于平均数。

结核病魔为何又卷土重来，泛滥成灾？据专家们分析，主要有以下原因：

一是盲目乐观，放松警惕，导致失控。在现代医学科学技术条件下，由于疫情一度得到控制，西方国家普遍对结核病轻描淡写，不够重视，以致服药不规范，使得多种耐药结核菌产生，耐药结核菌的治愈通常只有40%，花费却是百倍以上。另外，艾滋病携带者的增多，使结核病多了施展威力的温床，艾滋病携带者中有1/3以上的病人死于结核病，而目前，全世界有500万人是两病共有者。

二是经济困难，防治乏力，导致失控。不少发展中国家社会经济状况困难，患者无力及时检查就诊，传播源也无法得到有效控制。据有关调查，造成结核病疫情恶化的原因是多方面的，其中一个重要原因是相当数量的结核病人未被及时发现或未能及时就医，或未得到规范治疗管理，而约有一半延时就诊者是因为经济条件差。

三是机构不全，知识不足，导致失控。结核病防治机构不健全，防治知识欠缺，年轻人防范意识差，导致疫情恶化。某学生咳嗽、咯血，几家医院未能确诊，后确诊为“空洞性肺结核”，被送回家治疗，两个月后返校，导致14名与之交往密切的学生随后均传染了结核病。这次结核病爆发流行的原因就是基层医疗机构缺乏防治知识，延时发现，预防措施不力所致。

我国政府十分重视依靠科学技术防治结核病，从1992年起利用世界银行贷款，对全国12个结核病高疫情省的传染病肺结核病人免费提供药品治疗，使得很多健康人免遭结核病的感染。我国卫生部已决定将肺结核病疫情列为乙类传染病管理。这就意味着任何人发现结核病人或者疑似结核病人时，都应及时向附近的医疗保健机构报告。这些机构在城镇12小时内、在乡村24小时内对患者进行疫情登记和治疗指导，负责为非公费结核病患者提供免费诊断和全程导督治疗。对于结核病患者而言，严格按照医嘱服药并将疗程坚持到底是将病治愈的唯一办法。

控制和预防结核病不单是政府和医疗机构的事，每个公民都有义务积极参与，掌握科学知识，积极防治。病人应及早诊治。咳嗽两周以上，持续不愈、盗汗、身体虚弱就应及时就诊，而且最好到专业医疗机构就诊。医务人员应加强预防意识，发现结核病人及时转结核病防治医院、站、所。

以预防为主，治疗为辅，是防治和控制结核病，消灾免灾，提高国民健康素质的唯一有效途径。

3. 用蔬菜疫苗对付二号病

霍乱，本来是在印度恒河三角洲地区流行的一种古老的地方性传染病。19世纪初，它像天花、鼠疫一样，肆意在世界各大洲流窜，先后造成6次全球大流行（1817年~1923年间），千百万人在它的袭击下毙命。医学史上把这6次疫病大流行的“元凶”称为古典霍乱，也叫“真性霍乱”。目前它已经寿终正寝。

然而，真性霍乱的“堂兄弟”却出来捣乱了，它就是人称“埃尔托霍乱”的另一型别霍乱弧菌。“埃尔托霍乱”从发现到现在，仅有百年家世，在我国曾经被称为“副霍乱”，2号病就是其代号。

埃尔托霍乱是印度尼西亚个别岛屿的地方性腹泻病。1961年，突然在许多国家出现，短短35年内，已波及全球五大洲的140多个国家和地区，累计发病人数超过300万，数万人因之丧生。其传播速度之快、波及范围之广、发病人数之多，并不亚于古典霍乱的各次大流行，因而称为第7次世界霍乱大流行。

尤应注意的是，1992年10月，在印度和孟加拉国又出现了一种新型霍乱，人称“O139霍乱”。这种新型霍乱在短短两年中，先后在泰国、马来西亚、尼泊尔、沙特阿拉伯、巴基斯坦和缅甸等国流行，我国也未能幸免。流行病学专家们忧虑：O139霍乱可能酿成第8次世界霍乱大流行。

科学家告诉我们：霍乱是由霍乱弧菌，副霍乱是由副霍乱弧菌引起。该病潜伏期很短，只有数小时，最长只有5天。一旦发病，患者就会出现下泻、上吐。典型病例初时腹泻的为含粪质的黄水样粪便，以后为洗米水样；继而有呕吐，呈喷射状，初为胃内容物，以后为水样、米泔样。尽管病人泻吐严重，而腹痛不明显，也不发热。如果得不到及时诊断治疗，很快就出现严重脱水，水与电解质失调而死亡。副霍乱病情可较轻，腹泻次数较少。

今年厄尔尼诺现象，影响了世界上许多国家的气候。我国受厄尔尼诺现象的影响，也出现了历史上罕见的“南凉北热”气候异常。气象医学研究表明，厄尔尼诺现象与许多种疾病的流行有密切的关系，其中与霍乱的流行关系最为密切。据流行病资料统计，在厄尔尼诺年和非厄尔尼诺年，霍乱的发病率有极其明显的差异。1983年的厄尔尼诺现象影响了我国，那一年霍乱病发病率比前一年猛增6~10倍。今年我国受厄尔尼诺影响极为明显，是典型的“厄尔尼诺年”，为此，流行病学医生提醒人们，在“厄尔尼诺年”要严防霍乱的发生。霍乱是典型的“病从口入”

性传染病。引起霍乱的病菌最初污染海洋生物，人吃了污染的海产品而发病，然后通过污染水源、瓜果、蔬菜及病人使用的餐具、生活用品等传播。

对霍乱预防不是很难，只要作好饮食及粪便管理，防止“病从口入”，也就是不进食生海鲜及生的食品，饮用水要消毒或煮沸。此外，要注意提醒大家的是：平时大便正常而一日内发生无痛性腹泻三次以上者，要及时到医院诊治，并留粪便或呕吐物检验。如为霍乱或副霍乱患者，要及时住院隔离与治疗，并报告卫生防疫站对病人住处进行消毒处理。

对霍乱的治疗，随着科学技术的发展也更加有效而实惠。霍乱的大流行曾夺走了无数人的生命，后来人们依靠科学技术找到了对付霍乱的灵丹妙药——抗生素，霍乱这个恶魔才遇到了克星。但是，许多年后霍乱再次冒头流行，新型霍乱病菌已经对抗生素产生了耐药性。在贫困的非洲霍乱流行区域，许多人连便宜的疫苗也买不起。英国生物学家、遗传学家米奇·海因为此冥思苦想，寻求一种既有效又更实惠的方法对付霍乱。园艺师的本能使他首先想到了植物。他通过应用植物细胞嫁接技术抗原的基因技术，培育出一种可以预防霍乱的苜蓿疫苗。他先从霍乱病菌中分离出霍乱抗原，再利用生物工程技术把它们植入苜蓿体内，培育出第一株含有霍乱抗原的苜蓿。然后，把大量霍乱病菌注射到吃了特别苜蓿的小白鼠体内，小白鼠出现了霍乱症状，但没过多久就恢复了正常。能预防霍乱的苜蓿种子被运到非洲种植，人们吃了这种苜蓿果然获得了抵御霍乱的免疫力。

海因的成功，使科学家们大受启发和鼓舞。通过努力，能预防肝炎、白喉等病的蔬菜和水果也相继培育出来了。当前，世界许多国家的科学家都在采用生物技术以求动物成为“疫苗食品”的另一种主要供给源。美国遗传技术研究所利用基因重组技术，让奶羊生产含有 TPA 的羊奶，喝了这种奶可预防心脏病、溶解血栓，效果极佳；美国另一家饮食营养公司还培育出乳汁富含人体蛋白的母山羊，这种新型羊乳汁中含有的A——抗胰蛋白酶，可用来防治肺气肿。英国科学家们则采用基因注射的方法培育出可以生产食用药蛋的新品种母鸡，它生产的蛋含有许多药物成分，诸如血友病患者所需要的凝血因子，来用于消除主动脉血栓的药物纤维蛋白溶酶原活化剂等。在中国，科研人员也在致力开发“疫苗食品”。目前，以肽类“疫苗食品”最为引人注目。肽是由氨基酸相互聚合而成的化合物，有很高的药用价值。已推出的含有治疗心肌梗塞和血栓的组织纤维蛋白溶酶原激合剂，治疗严重贫血的肽类生长素等“疫菌食品”已成为新一代高档营养品。

4. 遏制“黑死病”的蔓延

1990年春，滇西某地。几天之间村野山边、地角屋旁突然出现了大量的死鼠。勤劳耕作的人们还没弄清个中缘由，他们中间便有人相继倒下了。肿大的淋巴腺和持续的高热都证实，他们患了腺鼠疫——一种由家鼠及染疫跳蚤传播的瘟疫，幸亏救治及时，仅有两人丧生。

1994年9月下旬，曾经销声匿迹多年的鼠疫在印度突然爆发并迅速流行。

鼠疫首先是在印度西部港口城市苏拉特发现的。9月20日前后，该市一家医院住进了几位特殊的病人，起初，医生们以为病人得的只是一般的热病。谁知这些病人发着高烧并咳嗽不止，在几天之内就离开了人世。

病人异常的症状使医生们产生了怀疑，取样化验后，医生发现病人的肺部组织遭到了严重的破坏，经过反复确诊，医学专家们断定，这些病人染上的是号称“黑死病”的致命肺鼠疫。

此后，苏拉特各大医院都发现了类似的病例。短短一周之内，该市死于鼠疫的人数很快达52人，另外还发现了350名严重鼠疫感染者。鼠疫大流行的消息不胫而走，随之而来的便是大规模的出逃，惊恐万状的市民们纷纷蒙上衣服和面具，以防病菌通过空气传染。他们携带着行李，拼命挤上牛车、公共汽车和火车，巴不得早一点离开这座梦魇般的城市。短短3天，苏拉特市200万人口中就有40万人客走他乡。

苏拉特市本以钻石加工和纺织业闻名于世，鼠疫流行之后，该市工厂停产、商店停业，学校和机关也被迫关闭，街上行人稀少，市内日常生活陷于严重瘫痪，几十吨垃圾堆积街头无人过问，昔日繁华热闹的苏拉特一下子变成了一座“废都”。

经过一周的努力后，苏拉特地区的疫情基本得到控制，但是由于大批苏拉特居民逃向了印度各地，可怕的鼠疫已经在全国很快蔓延开来，使数以千计的人染上鼠疫，造成63人死亡，经济损失达20亿美元。

鼠疫传染性强，病死率高，鼠疫是人类有史以来最大的瘟疫。世界上鼠疫大流行有史可查者有三次。第一次发生在公元6世纪古罗马帝国时代，流行遍及所有国家，持续50年，死亡累计1亿人。第二次发生于1347~1351年，横扫了欧、亚两洲和北非各国，仅欧洲死亡2700万人，是当时欧洲人口的1/4，全世界共死亡7500万人。第三次发生在19世纪，有32个国家流行。20世纪第二次世界大战后鼠疫有所缓解，80年代以来，鼠疫在世界范围有抬头趋势。

鼠疫在我国的流行曾相当严重，仅1910年、1920年、1947年三次在东北三省流行，就死亡10万人。抗日战争期间，日本侵略者在哈尔滨、长春附近组建“731”部队，生产鼠疫等细菌作为生物战略武器，人为制造鼠疫流行。解放以后，由于采取果断有效的防疫措施，至1955年鼠疫已基本控制，并将这一成就保持了30年之久。20世纪70年代以后的十几年，国内人间鼠疫每年发病控制在10例左右。但1985年至1990年由于鼠间鼠疫的活跃，导致人间鼠疫有所回升，这5年共发生人间鼠疫108例，比前5年共增加了67例，仅1990年一年就有病例75人。卫生部提出1993年要控制局部地区人间鼠疫爆发流行，1995年要遏制回升势头，2000年进一步降低人间鼠疫发病和死亡。进一步强化鼠疫防治工作已刻不容缓。

肆虐印度的鼠疫造成灾难，唤起人们可怕的回忆，很多国家和地区采取种种紧急措施，以防灾难传入本土。许多国家实行隔离禁运，中断了与印度的空中和海上交通，使印度国内经济蒙受严重损失。

在科学技术发达的今天，人们当然不会坐以待毙。用现代科技手段控制鼠疫，对人类社会来说已经不是难事。

面对仍在蔓延的趋势，印度政府采取了有力措施积极与鼠疫进行斗争。新德里等地一些关闭的学校和娱乐场所正在逐步恢复正常。为了有效控制鼠疫蔓延，孟买等大城市开展了清除垃圾的运动，印度全国上下掀起了灭鼠高潮，仅在孟买，10天内人们就歼灭了7000多只老鼠，全国消灭的老鼠更是数以万计；印度卫生部还拨出2亿卢比专款用于购买药品和杀虫剂，同时指示有关部门生产消毒药粉，以杀灭跳蚤和其他鼠疫传媒；另外，印度政府还对可疑病人进行隔离检疫并竭尽全力治疗鼠疫患者。

国际社会也向印度伸出了援助之手，美国、俄罗斯、日本和韩国等向印度提供援助，欧共体提供1200万美元用于防治鼠疫，世界卫生组织官员和美国的一些专家也到印度，帮助指导对鼠疫进行控制。

5. 向“世纪瘟疫”开火

人类面临这样一个不容忽视的严峻现实：被称为“20世纪超级瘟疫”的艾滋病就潜伏在我们身边。

自从20世纪80年代初西方首次发现并报道艾滋病至今，人类已经在其阴影下走过了15个春秋，在深感其危害时，也拿起了科学技术的武器与艾滋病进行了顽强的斗争，火力也越来越猛烈。

自艾滋病15年前出现以来，全球已有3000万人染上了这种世纪绝症，640万人发病死亡，其中150万人是儿童。目前，全世界平均每天大约有1万人染上艾滋病，其中不满15岁的儿童约有1000人。1996年因患艾滋病而死亡的人数达150万。亚洲染上艾滋病的人数已比非洲多，几乎可以肯定，占世界人口2/3的亚洲被艾滋病夺去生命的人将比非洲多。到2000年，亚洲染上艾滋病的人将增加到1200万。如果没有有效的治疗技术，到2015年以前，将有1000万亚洲人死于艾滋病。

艾滋病的蔓延已成为一种巨大的灾难。

1980年6月，美国同性恋者盖尔坦被诊断患了卡波西肉瘤，他的两名同性恋伙伴也相继在3个月内患上了这种极为罕见的疾病。医生们手足无措，只能看着他们在痛苦中死去。也许，医学界此时并没有意识到一种后来被称为“世纪瘟疫”的疾病已经在开始悄悄蔓延了。仅在两年后，欧美地区患这种疾病的人就已多达1000余例。而学者们在经过研究后，也终于在1982年为这种疾病找到了名字，正式称之为“获得性免疫综合症”英文缩写为AIDS，中国人译为“艾滋病”。

几乎任何一种疾病发病时，都存在一种被称为“细菌”或“病毒”的微生物，引起艾滋病的病毒学名为“人类免疫缺陷病毒”，英文缩写HIV。研究表明，性接触传播、共用针头吸毒、医源性传播（污染的血液、不洁的医疗器械）和母婴之间的传播是HIV的几种传播途径，而性交又是HIV在全世界范围内传播的主要方式。HIV通过上述几种途径进入健康人体后，就会通过破坏人体内的白血球来彻底破坏人体的免疫功能，使患者在发病后无不形销骨立、遍体伤斑、惨状难睹。需要指出的是，艾滋病的病毒感染者和艾滋病并非同一概念。前者是指HIV进入人体后的带毒状态，后者则是发病状态。据统计，大多数HIV感染者在多年内都没有任何症状，5~8年甚至更长时间后才会发病。

这就是艾滋病——不分种族、不分国家、不分地区地吞噬着人类的健康与生命。由于目前医学界还没有任何一种药物或疫苗可以治疗这种疾病，所以，一旦感染了艾滋病病毒，也就是领到了死亡通知书。因为大批劳动力患艾滋病死亡，一些地区已出现咖啡豆无人采摘，待耕地无人耕种的悲惨景象。

中国从1985年发现首例艾滋病病人，截止到1996年底，全国共发现艾滋病病毒抗体阳性者5990例。从总体水平来看，我国仍属低艾滋病病毒感染的国家之一。但疫情已蔓延到30个省、市、自治区。1996年报告的艾滋病病毒感染者就有2649例，为历年最多的一年。据专家估计，我国所报告的数字只占实际感染数1/10~1/20，中国艾滋病病毒感染者实际数目至少已达5万~10万人。

华盛顿大学的研究人员在近期召开的一次学术会议上说，他们在实验中发现生殖器疱疹患者的疱疹内艾滋病毒含量很高，病毒很容易通过性病患者的性行为传播。他们认为，治疗生殖器疱疹的药物在治疗疱疹的同时，还可能降低性病患者感染和传播艾滋病毒的危险。从医学界发现艾滋病毒以来，医生们就注意到艾滋病与生殖器疱疹、海毒、软下疳等性病密切相关，大约2/3的艾滋病毒感染者同时携带生殖器疱疹病毒，性病患者比普通人容易感染和传播艾滋病毒。但此前医学界一直未能找到生殖器疱疹病毒与艾滋病毒传播有关的直接证明。华盛顿大学的科研人员对12名既是艾滋病病毒感染者又是生殖器疱疹患者的病人进行研究。当病人疱疹发作时，研究人员从其疱疹中取出液体标本化验后发现绝大部分标本中都含有艾滋病毒，其中一半的标本每份至少含5000个艾滋病毒。研究人员认为，上述结果表明艾滋病毒极易在生殖器疱疹内聚集，艾滋病病毒容易从生殖器疱疹中找到突破口侵入人体。

在旧中国，性病泛滥，东北一处人口不足30万的地区，竟从娼妓中查出性病患者2943人！那么，性病这一恶魔是怎样进入中国的呢？我国的娼妓始于夏、商、周三代，而盛行于唐朝，但唐宋以前的史书和医籍上却未见性病的记载。有案可查的是，明朝时，葡萄牙人远航广州经商，才将性病传染给广州一带的娼妓，然后由这些娼妓传染给游说狎妓的男人，性病便逐渐在中国蔓延开来。新中国成立后，经过努力我国的性病基本绝迹。这些年来，性病又开始蔓延，疫情越来越严重，病例已达几十万例，发病率以两位数的速率快速增长。性病防治，已经十万火急。为了对付艾滋病的蔓延，更应该注意性病的防治。

医学科学家说：艾滋病不是一种病症，而是一种综合症。所以，一个人不会死于艾滋病，而是当艾滋病病毒瓦解了人体内的免疫系统时，人就会因各种各样的疾病而丧生，包括肺炎、结核和癌症。医学专家经过研究后明确提出了艾滋病的发病过程、感染途径和防止方法。（见表9—1）

表 9—1 **艾滋病发病的过程**

经　过	时　间	症　状　等
病　毒　侵　入		
急性感染期	感染两至数周	多数人没有症状。一部分人出现流行性感冒的症状（发热、四肢无力），但两三周后症状消除。
病毒抗体在血液中生成	感染6至8周后	艾滋病抗体检查呈阳性，在此之前，即使检查也难以发现。
潜伏期过后，病毒开始活动		
艾滋病相关综合症	感染数月至10年后	30%至50%的感染者出现发病前的症状，淋巴结肿胀，发热，腹泻，体重减轻等。
艾滋病发病	感染3至15年后（感染后不发病的例子也有）	病毒侵入血液中的淋巴细胞致使人体免疫力下降，出现各种症状 ·感染症（卡氏肺炎、念珠菌症等） ·肿瘤（卡波济氏肉瘤等） ·神经障碍（痴呆症等）
死亡	发病1至3年后	约75%的患者死亡

表 9—2　　艾滋病感染的途径和防止方法

途　径	特　征	防止方法
感染的情况		
性行为	性器官接触精液、阴道分泌物、血液，经粘膜感染，是最常见的感染途径。	使用避孕套。只要正确使用可以完全避免感染。
血　液	感染的危险性最高。献血时严格检查，对血液进行热处理，已经使感染人数减少。	输血时进行检查，防止手术时血流沾染。
母子感染	妊娠时经胎盘，出产时经产道的感染以及出产后的母乳感染。母亲感染后，孩子感染的概率 30%。	服用预防药 AZT，实行剖腹产。用奶粉哺乳。
不感染的情况		
唾　液	由于含有的病毒量极少，唾液和轻微的接吻不会感染。共用饭碗也是安全的。	
蚊虫叮咬	微量的血液不会感染，以往也没有感染的先例。	
触及尿液汗液	由于含有病毒量极少，因而不会感染。	

世界上最早发现艾滋病病毒的科学家是巴黎巴斯德研究所的吕克·蒙塔尼耶。关于艾滋病毒的发现权，美国华盛顿国立癌症研究所的罗伯特·加洛与蒙塔尼耶开展了争论，1987 年双方在法庭以外达成协议，共同享有发现权。1991 年 5 月，加洛承认他的发现是依据法国送来的病毒样品，并写信给英国《自然》杂志

表示歉意。1983年，巴斯德研究所宣布发现了艾滋病病毒。

巴黎巴斯德研究所研究员、艾滋病毒的两位发现人之一弗朗索瓦·巴尔·西努西教授认为，引起艾滋病的人体免疫缺损病毒可能是30~50年之前由黑猩猩传给人类的。

世界上最早发现艾滋病毒包含体的学者是我国解放军302医院病毒室主任李泉根和他的同事们。1992年7月，李泉根在第八届国际艾滋病会议上宣布，他和同事们在救治一名在扎伊尔感染了艾滋病毒的中国人时，从病人的血浆中发现感染细胞的胞浆内有大小不等的包含体，包含体中有无数的病毒颗粒。这一发现，是当时国际艾滋病研究中的新成果。

为什么5%的艾滋病患者能够幸存？科学家企图发现艾滋病病毒机制。纽约科学家们发现有2位艾滋病病毒感染幸存者的病毒生命力很弱。该研究小组领导人大卫·豪曾在上届国际艾滋病大会上报告了早期研究结果。为什么有些艾滋病病毒很弱呢？马萨诸塞州的新英格兰灵长目动物研究中心的科学家们可能已找到了一个原因。他们在一位幸存者的艾滋病病毒中发现了一个变化。一种被称为NEF的病毒基因并不包含正常病毒中的所有物质。另外感染这种发生了变化的病毒的猴子也没有发病。纽约大学科研人员并没有在被研究者身上找到这种发生变化的病毒。因此，某些病毒感染者可能是靠其他基因变化才幸免一死的。

猫可能为攻克艾滋病提供线索，美国科学家正在努力探索。在得克萨斯农业和机械大学研究猫免疫缺损病毒的科研人员认为，该病毒攻击猫的免疫系统的方式与艾滋病病毒攻击人免疫系统，从而导致艾滋病的方式差不多完全一样。由该大学兽医学院的病毒学家埃伦·柯里森领导的研究小组，正在寻找增加猫的免疫系统的方法，以便它们能更好地保护自己，抵御病毒的侵袭。他们希望，他们的研究发现在人类同艾滋病病毒的斗争中同样有效。

蚊子为什么不得艾滋病？经过多年研究，俄罗斯医学家特卡琴科探索出一种治疗艾滋病的新方法，并在理论上进行了论证。对吸血昆虫的研究表明，它们体内有糖蛋白类的蛋白质，所以蚊子才不传播艾滋病。因此，特卡琴科决定让蚊子为人类服务。

英国科学家提出研究艾滋病的数学模型，认为人体免疫缺陷病毒（HIV）阳性患者只有当其免疫系统不能控制体内变异的病毒时才会发展为艾滋病，这一结论是根据数学模型得出的。尽管仍需要更多的资料，但科学家认为该模型有助于解释艾滋病中许多使人困惑不解的现象，如病毒感染与发病之间的潜伏期为何较长。该模型甚至还有助于艾滋病疫苗的设计和药物治疗。

艾滋病造成严重经济损失。在我国，一个艾滋病人的医疗费和间接损失大致为6.4万～8.6万元，是人均国民生产总值的20～39倍。到2000年，艾滋病可能给世界造成3560亿～5140亿美元的经济损失。治疗艾滋病、由艾滋病引起的生产下降及其他开支，将使工业化国家损失2170亿～2790亿美元，大约占这些国家国内生产总值的1%。发展中国家因艾滋病影响的损失总额约占其国内生产总值的1.6%～2.9%。

世界各国的科学家都在探寻良方，集中火力攻克艾滋病。

药物：世界上已研究出许多治疗艾滋病的药物。然而，在科学家们尚未彻底揭开艾滋病病毒的秘密之前，所有药物均无特效，只能起到延缓病人死亡的作用。美国科学家研制出的药物——AZT、DDI和DDC已被政府批准。这三种药物能攻击艾滋病病毒，防止其复制。但是，他们不可能杀死艾滋病病毒或制止它们的传播。英国葛素医药公司研制的BTC和布里斯特托尔——迈耶尔施贵宝公司研制的D4T之类的药物，对艾滋病均有一定疗效。肯尼亚研制出来的名为“凯姆隆”（KEMRON）的药品正在许多国家使用。我国在研制艾滋病药物方面取得了可喜的成果。用“克艾可”等9种中药在坦桑尼亚对上万人次进行4年的治疗结果表明，总有效率达39.87%，对免疫功能总有效率达31.01%，其中艾滋病的死亡率仅为12.04%，比一般的50%～60%要低得多。外用药“洁尔阴”不仅对艾滋病病毒具有较好的细胞内抑制作用，而且在体外稀释100倍也能直接杀死艾滋病病毒。

疫苗：目前正在进行试验的疫苗共15种。有些疫苗可防止艾滋病病毒侵入健康人的机体，有些疫苗有助于治疗艾滋病患者或艾滋病病毒携带者，但也不能起根治作用。法国巴黎圣安托万医院的奥迪尔·皮夏研制出一种疫苗，能阻止艾滋病病毒侵入接种这种疫苗的健康人体内。美国微生物公司生产一种名为VAXSYN的疫苗，使接种这种疫苗的97%的艾滋病患者产生了抗体，病毒大量减少。美籍华裔科学家胡小乐研制出的疫苗，已在短尾猴身上获得极大成功。目前，世界卫生组织正在巴西、泰国、乌干达和卢旺达4个国家对12种疫苗进行试验。

其他疗法：诸如被动超级免疫疗法、基因疗法等，也在各国的试验中。我国科学家周林用他自己发明的生物频谱发生器治疗艾滋病，也取得一定效果。他在两年内共治疗40例艾滋病患者，其中过半数患者的病情得到缓解，部分患者能和健康人一样过正常生活。用非药物方法成功地治疗艾滋病，这在世界上尚属首次。

预防手段：只用药物、疫苗和其他疗法远不能防止艾滋病的蔓延，因此必须注意预防。正如世界卫生组织预防和控制艾滋病全球计划主任迈克尔·默森所说的那样，预防是对付艾滋病的唯一希望。世界上几乎所有国家都成立了政府专门机构，负责艾滋病的防治工作。如美国艾滋病总统委员会、英国对付艾滋病行动小组、印度国家艾滋病委员会、越南艾滋病局和古巴艾滋病咨询局。为预防艾滋病的传播，很多国家采取了严厉的控制措施。如严格入境手续，凡艾滋病病毒携带者一律禁止入境；对妓女、同性恋者和吸毒者实行强制性检验；对血液及其制品进口和使用进行严格检查；取缔卖淫和吸毒等。我国预防和控制艾滋病工作得到政府的高度重视，制定了一系列有关艾滋病防治的法律、法规、规章和规范性文件，正在筹备建立“国家艾滋病防治中心”。

世界上最先进、规模最大的艾滋病研究机构是纽约的艾伦·戴蒙德艾滋病研究中心。该中心由华人科学家何大一领导，拥有来自包括中国在内的6个国家的40多名科学家和最先进、齐备的实验设施。何先生祖籍江西新余，1953年生于台湾省，12岁随母迁居美国。

何大一首创的“鸡尾酒式”混合抗菌毒疗法使用多种抗艾滋病毒的药物并用蛋白酶的抑制因素以了解艾滋病病毒如何破坏人体内部的免疫系统，从而有效地将初期艾滋病患者血液中的病毒降低。在开始研究时，何大一曾找了21位艾滋病早期患者接受试验。他每天让他们服20粒各种抗艾滋病毒的药片，然后观察他们服药后的反应以找出最佳治疗途径。

在得知自已被《时代》杂志选为1996年度“风云人物”之后，何大一发表了一个简短的声明。他在声明中重申，当选“风云人物”这一荣誉不属于他个人，而应归功于所有共同的研究人员。他在声明中警告称，艾滋病病毒现在仅仅是被抑制，而并没有被消灭。目前，他正在致力于染上艾滋病毒3个月之内病人的治疗研究。

第一个世界艾滋病宣传日是1988年12月1日。1988年1月在伦敦召开的世界艾滋病会议决定每年12月1日为“世界艾滋病宣传日”。建立这一“宣传日”的目的，是使全世界不同国家、不同文化的人民获得有关艾滋病的知识，以便更加有效地对待艾滋病这一“世纪瘟疫”。

6. “温柔的杀手”是首敌

许多世纪以来，传染病对人类健康的危害是非常严重的。科学技术的迅速发展，传染性疾病逐渐被现代医学科学所制服，大大降低了其对人类的危害性。看看发达国家的卫生史，已翻过了传染病的一页，各类传染病已基本得到有效控制，人们的不健康和死亡已主要由恶性肿瘤、心血管和呼吸系统、神经系统以及骨关节和肌肉系统等非传染性慢性病所引起。

因此，世界卫生组织预测，人类健康的首敌将是非传染性疾病，是那姗姗而来、慢慢进入我们的生活、慢慢融入我们的身体的“温柔杀手”。

联合国世界卫生组织在 1997 年度世界卫生状况报告中强调指出，不良的饮食习惯和生活方式是造成人类许多慢性疾病的罪魁祸首，已往人们之所以缺乏对此的认识是因为慢性疾病不像艾滋病和传染病那样来势汹汹，但是这些温柔的杀手每年都要夺去全世界数以千万计的人的生命，如果我们今天还不觉悟，未来的 21 世纪人类将付出更沉重的代价。

全世界目前每年有 2400 多万人死于癌症、心脏病以及其他慢性疾病，专家们估计，按照目前的发展趋势，未来 25 年内这些可预防疾病的发病人数在许多国家还将增加一倍。报告指出，许多国家癌症发病率变化速度之快，是慢性病全球化的结果，生活的西化使越来越多的第三世界国家的人们养成了富裕社会才有的那些生活习惯，比如吸烟、摄入高脂肪等等。在美国和许多发达国家中，吸烟占整个癌症发病原因的 1/3，美国有 25%的人吸烟，在其他一些国家有吸烟习惯的人则占 50%以上。正由于上述原因，专家们能够比较可靠地预测到肺癌、口腔癌、食道癌、膀胱癌等癌症的发病率未来将显著增加。报告预计，由于吸烟的妇女越来越多，未来25年中妇女的肺癌的发病率可能会增加33%，而肉类等高脂肪食物摄入的增加对发展中国家人们健康的影响目前尚难以预测。另外，已经比较肯定的是乳腺癌、前列腺癌同生活习惯、饮食习惯的改变有着直接的联系，但是还不太清楚这些癌症的发病机理和它们的生物学基础。

未来8年中，欧洲联盟国家男子前列腺癌的发病率将猛增40%，到公元2025年，全世界糖尿病和其他与饮食有关的疾病的发病人数将比现在翻一番，达到3亿人。

一些传统上被认为是发达国家才有的疾病现在在中国已经成了多发病，比如造成死亡率最高的癌症、脑血管疾病、中风和心脏病等，而过去人们主要是死于传染性疾病。另外，患有糖尿病的人数也在上升，估计中国有1500万糖尿病患者，这是10年前患此病人数的3倍。

世界卫生组织肥胖问题专家苏格兰营养学权威詹姆斯说：肥胖症正以每5年增加一倍的趋势发展。人们变得越来越胖可能成为人类的一种灾难。据1995年的一项研究，如按目前的发展趋势，到2230年，美国每一个人都将成为胖子。许多国家也将有一半以上的人体严重超标并可能引起危害健康的心脏病、糖尿病和中风。专家们估计，在西方国家的健康预算中，有5%～10%用于与肥胖有关的支出，医生们也将肥胖视作一种需要治疗的慢性病，极度肥胖的人与常人相比患骨关节炎的危险大400%，患心脏病而死亡的危险高480%，患糖尿病的危险大5300%。

世界卫生组织说，到2020年，心脏病、抑郁症和车祸将超过传染性疾病，成为世界上造成死亡和残疾的主要原因。世界卫生组织在新公布的研究报告中说，在今后25年中，吸烟引起的疾病每年将导致超过840万人死亡。

心脏病在几十年前成为富国的头号杀手，现在正迅速蔓延到发展中国家。到2020年，心脏病将成为人类健康的头号威胁。

据中国公安部门透露，中国可能危害治安的精神病人就有120余万人。21世纪将是精神疾患更为严重地威胁人类的健康的世纪。抑郁症到2020年将成为第二号威胁，其上升的主要原因是人口老龄化，全世界人口中45岁以上的人将增加200%。总之，到2020年，穷国中死于非传染性疾病人数将占整个死亡人数的70%。

世界卫生组织报告所发现的另一种健康威胁——由事故、凶杀或自杀造成的伤亡——无法在医学上找出解决办法。现在全世界死于事故、凶杀或自杀的人数每年达500万人。

世界卫生组织呼吁在全球加强宣传，并持续开展一场运动，鼓励健康的饮食和生活方式，劝说人们减少肉类和高脂肪、高糖、高盐食物的摄入，不吸烟、多运动，根据个人的体能消耗情况决定进食量，切忌暴饮暴食。

1996年卫生统计年鉴指出，心血管疾病、恶性肿瘤、呼吸器官疾病、车祸和自杀依次分别是目前世界上的5大死因。

统计显示，根据国家不同，心血管疾病是26%～32%的男性死亡的原因，是31%～70%的女性死亡的原因。俄罗斯和土库曼斯坦死于这类疾病的比例最高，法国和日本最低。

统计年鉴指出，恶性肿瘤在各国分别造成8%～32%的男性死亡和8%～30%的女性死亡，呼吸器官疾病在男性和女性中造成的死亡比例分别是4%～15%和2%～15%。统计年鉴还指出，车祸和自杀分别是世界第4和第5大死因，世界上平均4%的死亡是车祸造成的。自杀死亡率在各国有着差异，最高的如在俄罗斯、拉脱维亚和立陶宛的男性死亡中达到5%。

据介绍，由于生活水平不断提高，人口日益老龄化和预防保健工作相对滞后，我国高血压、冠心病的发病率和死亡率持续上升。有关会议提供的资料显示，全国每年约有200万人死于心脑血管病，在全国范围的死亡原因中已占据首位。

国内近年的流行病学调查结果显示：我国城乡脑血管病发病率为120～180/10万，死亡率80～100/10万，以此推算，全国每年新发病例约150万，每年有近100万人死于脑血管病。据测算，我国每年因脑血管造成的误工损失（包括家属）和医疗费用总额高达112亿元。

1996年世界上有1790万人患癌，确诊后的平均存活期为5年。面对癌魔肆虐全球，给人类造成严重灾难，各国科技界倍加努力，希望早日铸成致癌魔于死地的科学利剑。

美国把癌症作为生物学的三大奥秘之一。国会几次讨论通过有关癌症防治法案。美国总统设立了专门的癌症研究顾问小组。仅国立癌症研究所每年的研究经费就达近20亿美元。

1981年以后的日本，癌症已攀升到国民死因的第一位。随后，成立了以首相为首由有关部长组成的癌症阁僚对策会，下设癌症专家委员会，制定了十分庞大的十年癌症研究计划。在日本15个科研优先项目中，癌症占了3个。每年用于癌症的研究经费达数百亿日元。

我国人民和癌症的斗争，可以追溯到2000多年以前。从《黄帝内经》开始，历代医书都对肿瘤作了相当丰富的记载。新中国成立后，党和政府十分重视肿瘤防治研究工作。早在20世纪60年代，周总理就曾指出：肿瘤是常见病、多发病，我国医学一定要战胜它，人类一定要控制肿瘤。

这是中国人对癌症的公开宣战！由此，癌症研究一直成为我国科研攻关的重点项目之一。中国医学界的专家们，用自己的智慧，不断探索癌症王国的层层奥秘，突破攻克癌症的重重障碍。

1975年～1979年，我国动员近百万医务界人员，完成了对全国8.5亿人口范围的3年癌症等56种死因的回顾调查，绘制了迄今为止世界上最完整的《中华人民共和国肿瘤地图集》，被外国专家誉为世界一大创举和奇迹。

职业病是职工在从事其职业活动中接触到职业性有害因素而引起的疾病，主要有尘肺、职业性中毒、职业性肿瘤等。我国的劳动卫生状况和职业病的发病情况也不容乐观。仅从湖南省来看，该省劳动卫生工作虽然取得了显著成绩，但工矿企业职工的劳动卫生状况不容乐观。统计表明：全省近40%的厂矿企业污染率超标，而乡镇企业污染更为严重。湖南尘肺病每年以1000例的速度递增，已累积发病4万多人。全省8800多家县以上企业，接触有害因素的职工达100多万人。据对43526个企业工作点监测，合格率仅为60.57%；抽测乡镇企业的两个煤矿的40个粉尘点，合格点只一个，合格率仅为2.5%。

地方病也是关系到人们健康的大问题。

在我国5000多万残疾人中，智力残疾者已占1/5。而新生的智残儿还在以每年100万的速度增长着。

人们在感叹这些数字庞大的同时，也许忽视了这样一个事实：80%以上的智残发生都是由于缺碘所致。

有“智慧泉”之称的碘，是人所必需的一种微量元素。以碘为原料合成的甲状腺素是促进人类大脑及身体发育的源泉。反之，碘缺乏（即国际代称IDD）导致脑发育不全、智力低下等一系列智能障碍。

全球有10亿人在缺碘地区生活。我国是世界上碘缺乏病流行比较严重的国家之一。大陆除上海以外的29个省、自治区、直辖市都有流行，病区达1700多个县（旗）、26000多个乡镇，人口范围5亿以上。

科学研究表明，人体智力发育在母体内至出生后2岁前就已完成80%，因之缺碘智残后天基本无法改变。据调查，碘缺乏病儿童人群平均智商比正常儿童低10—15个百分点。而智商低于70的低能儿，长大后也只能从事简单的体力劳动，不会思考。

到目前为止，我国地方性甲状腺肿病人已近700万，克汀病人近10万，亚克汀病人近800万。而对付碘缺乏症，医学界的权威结论早已作出：目前对缺碘智残尚无药可治，最好的办法就是预防，而预防的办法也很简单，就是食用碘盐。

我国科学家在一项研究中提出，地质构造不仅是形成地貌格局的核心因素，也是导致地方性疾病分布差异的基本控制因素。过去对于地方病的研究多侧重于考虑和人类健康直接联系的因素，如地貌、岩石、土壤、大气中存在的危害性因素及其健康效应。这种危害性因素，如某些地方碘元素的缺乏导致大脖子病，就是典型的一例。但是，科学家们在研究中进一步发现，地方病其实和地质构造有着更为密切的关系。地质构造的作用是通过对岩石分布的控制，来决定地方性疾病的总体分布。像全国地方性氟中毒，在我国西北地区主要分布在塔里木地台与昆仑褶皱系、天山褶皱系的接触部位，呈椭圆形分布。在我国东部地区，这种地方病的空间分布也和大地构造部位较吻合。

断层是地质构造的活动因素。我国的地热型地氟病，就主要集中在断裂构造的两侧，呈线状分布。我国有一条著名的断裂带长达数千公里，它南起安徽省庐江，北至山东半岛，并越过渤海湾，直到辽东半岛。这条断裂带的两侧，就是地热型地氟病的集中地带。科学家们认为，在地质构造这样一个更为基本的因素上，再考虑土壤、气候等环境因素，人们对地方性疾病的认识将更彻底。

7. 警惕杀人的“软刀子”

环境污染、毒气泄漏、农药中毒、植物毒品的走私、吸烟吸毒等，不仅危害人的健康，而且造成大批人员伤亡，危及社会安定。毒性灾害具有群发性、突发性、破坏性的特征，对人民健康和财产造成严重损失，成为国际社会和各国科技界关注的热点问题。

打开报纸，白纸黑字会吓我们一跳：香港医学家发现，母乳中含有 DDT，每公斤母乳含 0.47 毫克，量小毒却大。母乳中有 DDT，难免鸡蛋里没有杀虫剂，猪肉里没有性激素。泉水井水、自来水、磁化水，统统成了“毒化水”，令人不寒而栗。食用含有农药的蔬菜、水果，或食用含有其他毒素的食品，给人体健康造成的危害是慢性的，又是不易察觉的，犹如“软刀子”杀人。

环境中的毒物对人的侵害“无孔不入”。对人体的侵害途径主要有三条：口、鼻和皮肤。毒物进入人体后，通过血液循环分布到全身，对各种组织器官产生毒性损害。根据毒物种类可分为神经毒物、肝脏毒物、呼吸系统毒物、血液毒物、肾脏毒物、遗传毒物等等。如有机磷农药、一氧化碳、铝、锰等，会引起神经功能失常；酒精、黄磷、黄曲霉毒素、卤代烷等，会损害肝脏，破坏许多重要的体内新陈代谢过程。战争毒气、烟雾等损害呼吸系统。苯、某些肿瘤化疗药物等，抑制髓造血功能。金属汞、铅和某些抗生素，破坏肾脏功能，使之丧失排泄毒物的能力。遗传毒物可直接作用于生殖系统或孕体，影响生殖细胞的生成和成熟，或引起激素调节紊乱，从而影响生殖过程，如农药敌敌畏和马拉硫磷等即属此类毒物。

铝，被科学家认为是人体根本不需要的元素，也是损害人的大脑的一种物质，而我们每天在不断地吃进铝：用明矾净化的水或用高岭土及其制品过滤的水含有人体很易吸收的铝，平均每人每天从铝制炊具中摄入约 20 毫克的铝，铝膨松剂或明矾常被加入面包、蛋糕、油条、粉丝等食物中，饮茶可以喝进铝，常饮啤酒容易导致铝在体内的积存，铝制剂胃药可使人体慢性蓄铝元素。

吸烟引起肺癌。现在科学家们发现，引起肺癌的第二号凶手是一种放射性惰性气体氡，它能损害人的肺细胞，使人得肺癌而死。住在地质环境中氡的含量比较高的地区，便处在氡的威胁中。另外，一些正在使用的建筑材料也会产生氡，它们日夜与人类相伴，在慢慢地杀害人类。

铅，是一种有用的工业原料，但又是有毒的金属。铅进入人体，会损害人的神经系统，造成记忆力、注意力下降，甚至痴呆。而在我们周围，含铅物比比皆是：汽车尾气、油漆涂料、彩釉陶瓷做的餐具茶具、晶莹的水晶制品……

2000多年以前，人类历史上曾经显赫无比的古罗马帝国不明不白地衰落了。经过科学不断地探索研究，发现其衰落的原因之一却是铅中毒。原来古罗马人用铅制的自来水管供水饮用，水中的微量氧和铅相互作用，形成了溶于水的氢氧化铅，长期饮用这种水，加上大量使用含铅量很高的各类化妆品，严重损害了机体的健康，导致了罗马帝国衰亡的悲剧发生。

然而，这个历史悲剧在今天再次成为严酷的现实，而遭殃的不只是哪一个地区或国家，而是整个人类。据科学测定表明，现在全世界每年汽车发动机排放到空气中的铅约为40万~50万吨，其他工业用铅抛向大气层的铅数量更大，直接危害人体健康的程度难以估计。近十年来，人类已把500万~600万吨铅抛扬到人们自己赖以生存的空间中去，使大气中的铅含量比原始状态增加了1万~2万倍，现代人体中铅含量比原始人增加100~200倍；而英美等发达国家中人体骨骼中铅的含量比1500~4500年前的原始人高出350~600倍之多，铅的污染越来越严重。

铅污染曾经危害了古罗马帝国，现在铅的污染又给人类敲响了警钟。当我们在努力根除铅的化合物对大气污染的同时，更令人忧心的是那些来自多方面的且又日益严重的种种污染：汞污染、镉污染、各类农药污染、食用化学污染、水源污染、大气污染、食品链污染、蔬菜污染等等，这些污染不也同样地在危及人类的健康和生存吗？消除污染已成为人类防灾减灾的重大课题。

有关专家建议：为减少铅、镉污染对人体的影响，除控制吸烟外，应加强对汽油加铅量的控制，鼓励生产和使用无铅汽油；加强对乡镇企业铅、镉污染的监测、控制及对化肥和灌溉用污水的铅、镉监测、管理；还应定期开展代表人群血中铅、镉水平的监测，特别是对幼儿的血铅监测。

科技人员正在开发无损于人类健康的环保农药。新农药的开发将来源于以下几个方面：一是合成全新的结构类型；二是利用天然产物；丰富的天然产物的化学结构作为先导化合物；三是在已知领域内引入新概念。如对已知的具有生物活性的化学结构进行改变使其降低毒性和对环境的影响；四是生化指导的合成。目前尽管“生物合理性”设计仍未导致商业上的成功，但随着科学技术的发展和对生命科学的研究，此方法必将发挥应有的作用。专家认为，未来的植物保护的特点是将有害物造成的损失控制在经济允许的范围内，而不是最大限度地杀灭有害生物，更重要的是调节和控制有害生物种群的密度。

毒品，是一把公认的“软刀子”，泛滥不止的毒潮，正在使世界上千千万万的人丧失健康，丧失劳动能力、生活能力，甚至丧失宝贵的生命。

6月26日是联合国确定的“国际禁毒日”，1997年也是“国际禁毒十年”的第七年。世界各地举行多种活动，进一步推动世界范围内的反毒斗争。

20世纪80年代以来，全世界吸毒和毒品走私日趋严重。面对这一严峻形势，联合国于1987年6月12日至26日在维也纳召开了有138个国家的3000多名代表参加的麻醉品滥用和非法贩运问题部长级会议。会议提出了“爱生命，不吸毒”的口号。会议建议将每年的6月26日定为“国际禁毒日”，以引起世界各国政府对毒品问题的重视，并号召全世界人民共同抵御毒品的危害。1990年2月，在纽约召开的联合国第17届禁毒特别会议通过了《政治宣言》和《全球行动纲领》，并着重宣布将20世纪最后10年（1991—2000年）定为“国际禁毒十年”，要求各国立即开展有效而持续的禁毒斗争，以促进《全球行动纲领》的实施。

吸毒严重摧残人体健康，毒品泛滥和毒品走私无情地吞噬巨额社会财富，损害国家的经济，并派生出暴力、凶杀、卖淫等社会丑恶现象。一些国际化贩毒集团还拥有军队、现代化走私工具和洗钱机构。毒品问题直接危害国际社会的和平与稳定，对人类社会构成了极大威胁，已成为世界头等公害之一。

据联合国国际麻醉品管制局公布的数字，世界上目前吸毒人数已超过5000万，每年有近10万名毒品“瘾君子”丧命。全球毒品年交易额在8000亿至1万亿美元之间，成为仅次于军火交易的世界第二大交易。毒品蔓延的范围已扩展到五大洲的200多个国家和地区，而且出现吸毒人群日益年轻化的趋势。美国是世界上毒品消费最多的国家，吸毒人数约有1200万，每年用于毒品的金额达1000多亿美元。

面对毒品在全球瘟疫般地泛滥，世界各国积极合作，在国际范围内开展禁毒斗争，并取得了一定的成绩。据世界海关组织发表的《1996年海关与毒品报告》，1996年全球共查获鸦片剂16.8吨、可卡因76.8吨和各类大麻制品807.6吨。另外，国际大毒枭和贩毒集团成员不断落入法网。

新中国成立后毒品一度在我国绝迹，而近年不仅死灰复燃，而且迅速扩散，光是登记在册的吸毒人员就多达52万。

云南、贵州、四川历史上吸毒问题较多，现在又成为吸毒的重点地区。劳动力市场加速流动，某些利欲熏心者引狼入室，把在外地打工沾染的贩吸毒恶习引入家乡，扩大污染面。目前全国有吸毒问题的县市已占全国县市总数的70%。有的地方一直未发现吸毒问题，但一经出现，即迅速蔓延。

毒品施展魔力，所过之处目不忍睹，斑斑血泪。有一组数据为证：若一个青少年开始吸毒，寿命注定超不过40岁；注射毒品的瘾君子，比较普遍地感染甲肝、乙肝、疥疮、性病；脑水肿占吸毒致死率的60%，破伤风占致死率的5%～10%；在我国艾滋病病毒感染者中，因吸食和注射毒品而感染的占65%以上。

许多吸毒者在外界强制下多次戒毒后仍然复吸。毒品所以能牢牢俘虏吸毒者，那种毒瘾表现出特有的生理和心理强迫症特别值得一提。原来毒品中含有生物碱，在人体内发作严重时可达“五万”齐举：如万蚁啮骨、万针刺心、万蛆吮血、万虫断筋、万刃裂肤，对人体生理作用超越了人类意志忍耐极限，此外，还有持久的心理诱导作用。因此，经戒毒所治疗后的人员仍需要3～5年的巩固期才能戒断毒瘾，吸毒者经强制治疗后综合复吸率达85%。

毒魔复出首先就向青少年袭来，根据对已知吸毒者抽样调查统计，35岁以下青少年占80%以上。

近6年我国共破获毒品违法犯罪案件23万起，查获毒品违法犯罪人员32万名，缴获海洛因、鸦片等4.5865万公斤，逮捕毒品犯罪分子6.5万人。

从世界各国的经验教训看，毒品问题如果不在初始阶段下大力气治理，一旦泛滥开来，花费再大的人力、物力和财力也难以奏效。因此，我国的禁毒斗争正处在一个关键时期，能不能扭转毒品危害的严峻形势，是对我们的严峻考验。

戒断毒瘾，社会负担巨大。

强制戒毒，每个治疗期3个月平均在3000元左右，最低也需要1000元。吸毒者要去非国家开办的戒毒所，十天半月收费数千元，一两个月收费上万元。投资建一个仅收治200人的中型戒毒所，就需资金400万元。建成后，要维持正常运作，每年需经费200万元左右。而到1995年底，我国所有的500多家戒毒所，仅能收治七八万人，只占当年登记在册吸毒人数52万的

1/7。

法国科学家发现了毒品上瘾新机理。

法国科学家最近对老鼠的实验发现，毒品上瘾与大脑中的一种特殊受体有关，如果这一受体功能丧失，那么毒品就不会使老鼠产生欣快感，也不会使之上瘾。

法国细胞分子生物学国家研究所的一个科研小组在英国《自然》杂志上发表论文指出，这一受体名为 D_2，在脑细胞表层，它可接受引起欣快感的信息传递物质多巴胺，只有这两者组合后，脑细胞才会被激活产生欣快感。通常毒品会使吸毒者大脑产生过多的多巴胺，导致大脑功能紊乱，毒品上瘾者不得不继续使用毒品才能保持暂时的正常状态。

研究人员将大脑中缺乏 D_2 受体的老鼠与普通老鼠进行对比实验。结果发现，普通老鼠喜欢在接受吗啡注射的笼子中多呆一阵子，并且表现出上瘾的症状，而缺乏 D_2 受体的老鼠则没有这种表现，说明没有上瘾。研究还发现，缺乏 D_2 受体并不影响老鼠的食欲。

目前很多戒毒者仅仅使用阻止多巴胺产生的药物，尽管这样也能起到戒毒作用，但由于多巴胺在神经活动中还发挥其他作用，因而所用药物会使使用者产生类似帕金森氏症的症状。研究人员认为，如果寻找或发明一种药物能使 D_2 受体功能丧失，那么就可研制出副作用小的戒毒药物。

越南医务工作者发明的一种戒毒草药近来引起联合国开发计划署的关注。计划署决定资助约 50 万美元，对这种草药作进一步的研究。这种复合草药的疗效显著。自 1991 年以来，越南戒毒机构用这种草药为 3000 多名吸毒者进行治疗，有效地戒除了他们的毒瘾。联合国开发计划署资助的这个项目将按国际标准对这种草药作进一步的研究、鉴定。一旦其效用得到证实，这种草药将在全球推广使用。

我国科技工作者也在消除毒性灾害方面作出了努力和成绩。宁波市戒毒研究中心日前传出信息："杨氏 1+1 戒毒新疗法"研究有重大突破，海洛因成瘾者可在 6~8 小时脱毒除瘾，再经过 38 天的攻坚"快速脱毒除瘾疗法"即可成功。该疗法应用专门的戒毒药物进行一次性治疗。海洛因依赖者经过 6~8 小时浅度药物睡眠，在安全、无痛苦的状态下，高速度清洗人体细胞内结合的毒品，快速解除毒瘾造成的无法制止的痛苦症状。用此法治愈的 15 例病人，很快转入康复阶段。

吸烟，也是危及人类健康甚至生命的"软刀子"。

5 月 28 日是"世界无烟日"。1997 年"世界无烟日"的主题是"团结起来，为了一个无烟的世界"。

1997 年 8 月，以"烟草，不断蔓延的瘟疫"为主题，有 120 多个国家和地区、1500 多位代表参加的第 14 届世界烟草与健康大会在北京举行。遏止"瘟疫"蔓延，已经刻不容缓。

目前，全世界吸烟者人数已达 11 亿，其中 8 亿人在发展中国家；烟草产品每年造成 300 万人死亡，而其中的 70%也在发展中国家。世界卫生组织警告说，如不立即采取有力措施，30 年后烟草产品导致死亡的人数将会上升到每年 1000 万。

在与烟草有关的方面，中国创造了 8 项世界记录：一是烤烟种植面积世界第一。据 1993 年统计，我国烤烟种植面积高达 2600 万亩，超计划 31%，挤掉良田 1150 万亩，相当于挤掉全国人口一个月的口粮。二是烤烟产量世界第一。据 1993 年统计，我国烤烟收购量为 250 万吨，占世界烤烟总产量的 2/3。三是烤烟增产速度世界第一。1982 年收购量仅为 173.8 万吨，以后每年以 12%的速度递增。四是卷烟产量销量世界第一。据 1993 年统计，我国年产卷烟 3336 万箱（每箱 5 万支）。全世界生产的卷烟 1/3 是被中国人吸掉的。五是卷烟增产速度世界第一。1950 年仅为 160 万箱，1979 年增至 1302 万箱，以后每年以 10%的速度持续增长。自20世纪50年代至今，我国人口增加两倍，而卷烟销量却猛增20倍。六是吸烟人数世界第一。据国家统计局1993年4月公布的材料，全国15岁以上人口中，吸烟人数2.9885亿人，总吸烟率为34.9%。七是吸烟人数增加数量世界第一。我国烟民人数，从1986年到1993年增加了4800万。在全世界新增的烟民中，我国占了50%。八是烟税增长速度世界第一。中国的烟税一直居全国各业之首，从1987年的170亿元增加到1995年的710亿元，8年间增加近4倍！中国1993年烟草利税是410亿元，而因吸烟造成的经济损失至少达650亿元。全世界每年用在治疗与吸烟有关的疾病费用高达2000亿美元。

在很多国家，烟草的消耗正在妇女中上升。据世界卫生组织估计，目前全球范围大约有2亿女性烟民。在发达国家中大约有1/4的妇女吸烟，而发展中国家妇女吸烟刚刚开始流行，约为7%。我国妇女吸烟人数已达2000万左右。

美国《家庭实践》杂志刊登的一份研究报告指出，美国每年有11.5万名妇女因吸烟导致流产；每年因母亲怀孕时吸烟而导致5600名婴儿死亡，5300名婴儿早产，2.2万个婴儿一生下来就需要特别护理，还有3700个婴儿出生后仅1个月就夭折。在烟雾缭绕环境中，最大的受害者无疑是孩子，因为他们的免疫系统比成人弱得多。医学研究表明，患肺炎和支气管炎的婴儿，大多来自吸烟家庭。而且这些婴儿中咽喉炎、中耳炎和慢性哮喘的发病率也明显高于其他婴儿。除此之外，父母吸烟可使孩子成年后得癌症的可能性大大增加。据分析，吸烟家庭的子女与不吸烟家庭子女患肺癌的可能性之比是2:1。如果一个家庭的瘾君子不止一人，这个比例还会更大。

香烟中究竟有什么有害物质？科学研究的结果是：烟草由于种类、产地、生产环境、加工方法不同，各种成分的含量也不完全一样。一般干的烟草中含碳水化合物约50%，有机酸类约

12%，含氮化合物约11%，其中烟碱约1%～4%，树脂、多酚、木质素等约15%，灰分约13%。

烟在燃烧时产生的烟雾中含有2000～4000种物质。大体分为微粒成分和气体成分。微粒成分可分为尼古丁及烟焦油。尼古丁为较主要的有毒物质。烟焦油包括两类化学物质：一类为酚、脂族烃、多环芳烃；另一类为酸类、吲哚、咔唑、吡啶；此两类物质浓缩为焦油。气体成分也分为两类：一类为氮、氧、二氧化碳、一氧化碳、氢、氨、水蒸气；另一类为氢氰酸、异戊二烯、乙醛、丙酮、丙烯醛、一氧化氮。此外，烟雾中尚有放射性物质钋^{210}、碳^{14}、钾^{40}、镭等，其他元素有砷、镉、铅、镍等。这些物质中，有的量虽然很小，但其有害作用应予重视。科学家的研究表明，烟草所含化合物目前已有43种物质被确证为致癌物。

1995年1月15日出版的一期美国《癌症研究》杂志载文指出，原本是用以减少焦油吸入量的香烟过滤嘴，对人体也具有潜在的危险性：它细小的纤维会在吸烟者吸烟的过程中被吸入人体，并停留在肺部，从而对人体造成伤害。

近十多年来，已有几十个国家制订了各种禁止在公共场所吸烟的法规。我国1991年卫生部会同11个部委联合发出《关于公共场所和公共交通工具上深入开展不吸烟活动的通知》，1991年全国人大通过的《烟草专卖法》中也列入了公共场所禁烟的条款。1993年继上海、苏州后迄今已有38个地、市级以上城市颁布了公共场所禁止吸烟的规定。1995年12月北京市人大常委会审议通过了北京市的有关规定。作为首都，以立法形式作出控制吸烟规定，将对全国各地起到示范作用。今后希望各地、各有关部门加强宣传教育，提高全民控烟意识，加强立法执法，在社会各界共同努力下，早日使全国所有公共场所出现一个无烟草烟雾污染的新面貌。

减轻毒性灾害，是科技界和全社会的共同责任。应将预防和减轻毒性灾害的工作纳入救灾计划，建立预警系统和应急方案；应大力开展对毒性灾害的科学研究，建立“灾害毒理学”；应发展国际减轻毒性灾害的多种合作，全球携手，防灾减灾；应积极贯彻预防为主的方针，加强法规建设，防患于未然，防灾减灾的强烈意识，加上科学技术的不断发展，才能救人于水火。

十

拥抱安全

——事故灾害的防范与减免

1987年12月3日凌晨，印度博帕尔市郊的“联合碳化杀虫剂工厂”45吨异氰酸甲酯气体溢出。事故造成数百人在睡梦中死亡。一周后，有2500人死亡，15万人接受治疗，重症者达4000多人。人为事故酿成了这一世界瞩目的惨剧。

子夜，我国南方某大城市的一座大桥上。一辆运输浓盐酸的10吨大槽车因管道突然破裂，浓盐酸泄漏洒向桥面。刹那间，白烟滚滚，气味呛人，令人睁不开眼睛。这些有毒气体如果扩散开去，将严重威胁城市居民的健康和生命安全。

市化学救护站和环境监测中心等单位的救援车队迅速赶到。他们在下风向的地方用高压喷水，制造人工喷泉。一溜排开的喷泉架起了一道人工屏障——水幕。水幕不断升起与降落，白烟渐渐淡去，桥面重新清晰起来。毒气消失了，没有发生因毒气扩散而危害人体健康的事件。

科学技术消除了灾难，保障了人们的安全。

为什么水幕能挡住浓盐酸的毒气呢？原来，浓盐酸是一种重要的化工原料，它挥发出来的毒气是氯化氢气体（HCl），有强烈的刺激性气味，所以十分呛人。人体吸入氯化氢气体，会引起强烈的咳嗽、气喘、胸痛等病症，严重时会造成窒息死亡。但是氯化氢气体易溶于水。所以遇到水幕后立即被吸收，并随水幕降落进入江中，从而消除了毒气，防止了毒气的扩散和弥漫。降落江中的水虽然含有毒气，但迅速被江水稀释，浓度很低，因此不会造成什么毒害。

1995年，韩国汉城市中心的三丰百货大楼突然坍塌，造成500余人的死亡，1000多人受伤。没有地震，没有轰炸，一座大楼怎么会突然倒塌呢？后经查明，这座大楼在改建过程中，设计者私自增加了设施，使楼板所承受的重量大大超过了限度；而水泥中用的沙子是从海边运来的，沙中沾带的海水对钢筋有腐蚀作用，降低了钢筋的支撑能力。人类这些违背科学的行为，和其他人为因素一起，终于酿成悲剧。

事故灾害，是由人类的各种活动引起的人为灾害，是社会生产发展和生活变化的副产品。汽车的普及使公路交通事故迅速增加，航海运输和海上作业的增加使海难时有发生，航空运输的发展则出现越来越多的空难，高科技的迅猛发展带来了核事故、航天事故、电子计算机事故等。事故灾害遍及社会生产和社会生活的各个方面。各种事故灾害不仅直接给人民的生命财产造成损失，而且还在加剧自然灾害，造成更严重的后果。但事故灾害毕竟是人自己制造的，虽然在总体上不可避免，而在个体上却是可以控制的。加强防范意识，改善管理措施，发展科学技术，事故灾害是可以减免的。

为了安全，我们要从事故灾害的层层包围中走出来。

我国事故灾害涉及到各个领域，近年来，安全生产事故、人为火灾和道路交通事故呈上升趋势。据统计，1996年1~2月全国企业发生职工伤亡事故1811起，死亡1757人；1~3月，全国共发生火灾13327起，死亡699人，直接经济损失2.63亿元；共发生道路交通事故66286起，死亡17053人，直接经济损失3.83亿元。在调查各种安全事故原因时，事故责任人或有关负责人往往强调资金紧缺、设备老化等客观条件，极力推卸主观责任。

据劳动部和公安部有关人士调查：在企业安全事故中，70%以上是安全管理不善、违章指挥、违章操作、违反劳动纪律造成的；在火灾事故中，80%以上是人为因素造成的；在道路交通事故中，95%以上是违章造成的。

1996年4月2日沈阳商业城的一场大火，很重要的原因是值班人员没有按规定操作先进的防火设施。不久前，号称亚洲第一的上海某商场，国家有关部门对其进行消防设施检查时发现，虽然各项设备堪称一流，但管理工作不到位，测试中防火系统失灵。又如，公路长途客运事故严重，主要原因是一些个体户只顾挣钱，长时间疲劳驾驶，在这种情况下，制动设备再先进也难免车毁人亡。

为了防范和减免事故灾害，科技人员作了很多努力和贡献。为了使我国安全生产有技术保障，国家组织了科技攻关。“八五”国家科技攻关项目——劳动安全关键技术，通过了国家科委组织的验收。“劳动安全关键技术”研究项目，是通过对易燃、易爆、有毒、危险建（构）筑物等重大险源的辨识、评价，预测重大事故的发生规律及发生的可能性，并采取相应的技术措施，为综合治理提供科学依据。

为了使事故灾害中的受害者减少痛苦，恢复健康，医学科学家们作出了令人刮目相看的成绩。一个16岁的小伙子，因汽油爆炸事故造成60%的皮肤严重烧伤，伤势十分危急。一位两个孩子的母亲，在一次天然气爆炸事故中被严重烧伤，75%的皮肤坏死，伤势令人惨不忍睹。令人惊奇的是，仅仅46天，这两个伤员都奇迹般地病愈出院了，治愈烧伤的时间，只是通常的1/3！他们正是眼下迅速发展起来的先进的组织科学技术的受益者。利用这一技术，科学家们不仅能够制造用于移植的皮肤，还可制造心脏瓣膜、耳朵、软骨组织，肝脏等其他人体脏器。用组织工程技术制造人体组织和器官，可以使事故灾害的受害者恢复健康挽救生命。

科学技术帮助我们拥抱健康和安全。

1.“智能”抗“车祸”

世界车祸知多少？

美国每年发生车祸80多万起，死亡5万多人，重伤75万人。印度的司机是全世界司机人数的1%，但车祸却高达全球车祸率的6%。韩国平均每辆车因交通事故造成丧生的人数超过了发达国家的10倍，其经济损失占了国民生产总值的2.5%、国家预算的11%。法国30年间车祸死亡40万人，受伤者300万。在法国，19岁以前的孩子，10个之中有一个将是交通事故的受害者，法国政府每年为交通事故而付出的抚恤金和处理毁坏车辆的费用达几百万法郎。德国每年因车祸死亡约2.7万人，日本和意大利各死亡9000余人，英国死亡6000余人。世界上车祸死亡最高的10个国家都在非洲。

自20世纪汽车批量生产以来，全世界死于公路交通事故的人数累计达3000多万人。近10年来，全世界每年死于公路交通事故的人数达50万，因车祸致伤、致残者达1000多万，经济损失在500亿美元以上。

在中国，交通、火灾、工伤、溺水、煤气中毒、食物中毒等6种非正常死亡中，哪种死亡人数最多？结果是：交通肇事！中国各种机动车辆不到1000万辆，仅占美国车辆数的1/20，而交通事故比美国还严重。中国每年因车祸丧生者有5万多人，是各种刑事案例中死亡人数总和的3倍多，是火灾死亡人数的20多倍，每年的直接经济损失至少在100亿元以上。碰撞事故、翻车事故、车辆爆炸事故等严重危害人民的生命财产安全。

在法国，有一个发人深省的博物馆——车祸博物馆。这个别出心裁的博物馆所展出的全是车祸后的破车，其品种之多、数量之大，是世界上任何一个汽车展览馆都望尘莫及的。参观这一车祸博物馆，首先看到的是“教训区”。此区按照车祸现场陈列，每宗车祸都附有肇事地点、原因等说明。在肇事原因中，有80%是酒后驾车和开“飞车”，这为那些酒后驾车和开“飞车”者敲响了警钟。其次是“破车利用区”，参观者进入此区，仿佛进入超级市场，可以在数千辆汽车中，挑选自己需要的零件，一旦挑中，就自己动手拆下来，拿到博物馆出口处作价付款。由于售价便宜，前来购买者甚多。一年的收入，连门票在内，高达10亿法郎。这样，车祸博物馆把教育和盈利融为一体，获得了很好的社会效益和经济效益。

以色列科学家发明一种紧急状态下提前打开刹车灯的装置，可以减少汽车追尾事故。据英国《每日电讯报》报道，这种装置的关键是在汽车油门和脚刹部位安装一个特制的传感器，该传感器可探测司机松开油门速度的快慢，当遇到紧急情况需要急刹车时，司机松开油门的速度就加快。当传感器探测到的油门松开速度超过一定数值时，便接通刹车灯的电源，这可使刹车灯亮起的时间平均提前0.25秒。通常汽车刹车灯只有当司机踩脚刹后才显示，如果遇到紧急情况，后面的车主可能因反应时间过短而追尾撞车。据实验，如果刹车灯显示时间提前0.25秒，那么追尾事故就会减少一半。

美国密西根大学交通研究所最近一些车祸研究的结果显示，在这些车祸中，几乎有2/3的驾驶人都受到某种与汽车安全气囊有关的伤害。不过，他们大部分都只受到皮肉之伤，与没有安全气囊可能导致的致命伤害相比，这些都微不足道。

紧急刹车时，一个体重75公斤的人，会产生3吨的冲力，相当于一头大象的重量。国外常以这个“庞然大物”的形象作为交通安全标志，可谓寓意深长。

安全气囊的功能在于，当汽车高速地发生碰撞后，仅靠安全带往往不能有效抑制人体的猛烈前倾，而安全气囊则可以在瞬间完全充气，形成一个厚厚的垫子，使驾驶员和前座乘客避免与方向盘、仪表板或风挡玻璃相撞。交通安全权威机构提供的统计数字显示：安全带把交通事故的死亡率（仅限于驾驶员）降低了42%，安全气囊则为21%，两种安全措施结合起来，驾驶者在交通事故中的死亡率下降了47%。

安全气囊虽然处于辅助安全带的配角位置，却有不可替代的作用。德国欧宝汽车公司研制的安全气囊接受微电脑电子控制器的指令，由固体钠酸经过化学反应形成大量氮气而扩充起来。这一切，是在50‰秒内完成的。欧宝公司为其不同车型装备的“全尺寸”驾驶座和乘客座安全气囊容量分别达67公斤和140公斤，比“欧洲常规气囊”大两倍。这种气囊具有较大的保护面积和较强的抗冲撞性，不论是正前方或非正前方撞击，皆可提供缓冲之功能。“全尺寸”气囊所注入的压力较小（约1.2巴），人体撞击时感觉柔软。气囊与人体接触40‰秒后，气体便开始由泄气口排出，使得反弹不至太强，可减轻背部和颈部的负荷。

为了从根本上提高公路效能和安全系数，减少塞车和车祸，科学家们提出靠现代信息与通信技术实现汽车和公路的智能化。

今年夏天，美国圣地亚哥开始建造一种新型的高速公路，而且这种高速公路在未来20~30年内将随处可见。美国联邦政府资助的组织——全国自动化高速公路系统财团正积极筹措，运用世界上最先进的技术在圣地亚哥至洛杉矶繁忙的公路建一段8英里长的高速路。

这种被称为“智能”高速公路的道路是美国交通史上的新概念，目的是想利用高新技术缓解塞车现象和车祸问题。美国政府现计划2002年前将此自动化高速公路全面投入运行。

根据设计方案，今年夏天将从圣地亚哥市外10英里处建起，将铺设9.2万块磁铁，以帮助控制高速运行的车辆，这些小磁铁直径约1英寸，每隔4英尺铺设一块，而且均位于道路中心。届时，它们将形成巨大的磁场。为了使这项工程顺利展开，美国特制10辆汽车。这些车的前保险杠下都装有地磁仪，以监测磁场引力的大小，同时，磁力又可帮助司机掌握方向，使车辆始终处于路中间运行。

包括轿车、公共汽车、卡车、维护车在内的其他车辆将利用雷达导航，以使车辆始终在公路中心行驶。每条道上将可并排行驶8辆车，速度约为每小时240公里，每辆车相隔约4米。这些车辆的速度由主车决定。主车的每次刹车、加速都通过无线电通知后面的车辆。这样能使车辆安全行使避免车祸。

火车车祸，时有发生，虽然与汽车车祸相比次数很少，但每次事故都会造成更严重得多的损失。国内外都发生过多起令人震惊的大惨案。科学技术在防范和减免火车车祸中也发挥了巨大作用。

法国阿尔斯通公司研制的双层防撞列车最近进行冲撞试验取得成功，目前已开始在普通列车线上投入使用。防撞列车的重点是解决两列火车相撞后重叠挤压和车尾在惯性作用下甩出轨道的问题。新型列车车头呈子弹头型，从车头至前轮为可变形部分。列车相撞后，车头可变形部分向两侧扩张，缓冲撞击力。底盘挂钩部位有一个“防叠梳”，上面有几排铁钩，在列车相撞后，铁钩伸出插入对面列车的底部，避免了两车的重叠。此外，在车头可变形部位有一个可供司机藏身的安全区，位于驾驶室后面，当司机发现列车即将相撞时可及时躲入安全区。新型列车挂钩位置调低，列车重心亦降低，加上可变形部分在相撞后的缓冲，列车尾部甩起的问题也基本可以解决。列车相撞后，旅客车厢不变形，保证了安全。除非作用力过大，否则旅客一般不会被甩出座位。

司机睡着了，火车也会自动停。这不是神话，而是京九、京沪、沪杭、浙赣、鹰厦等铁路线上的现实，火车成了调度人员手中的“遥控玩具”。

将如此庞然大物变成“玩具”是通过铁轨来实现的。他们在轨道上有规律地安置了一些“感应点”，它们迅速地将有关数据传回调度室，经处理就可知道火车的速度、方位及运行情况。一旦发现这条“钢铁巨龙”有点不守纪律时，调度人员就会很快地发出特殊指令，通过铁轨再传回火车。每条“巨龙”的“龙头”都装有运行监控装置，它接受调度人员的指令，使之俯首贴耳。

“先行号”等准高速列车的开通，给铁路部门又带来了新课题：现在火车一提速，留给过道口人员的反应时间较短，往往就会造成事故。技术人员想出了好办法，他们在过道口较远的地方安装上探测器，火车一来探测器就会发出信号，通过线路自动拉响道口的报警装置，这样过道口的人就会有充分的反应时间，事故率也就能大大降低。

2. 卫星海上救援

说起海事灾害，人们不会忘记“泰坦尼克”号的遭难。

1912年4月15日，20世纪最大最豪华的英国远洋客轮“泰坦尼克”号，在由英国横越大西洋至加拿大时遇冰山碰撞沉没，共有1513人葬身大洋，直接经济损失达4亿多美元。

用现代高科技装备起来的船舰，也难免各种事故灾害。

1989年4月19日上午，在波多黎各东北约530公里的大西洋洋面上，正在进行演习的美国“衣阿华”号战列舰，突然腾起一团烟雾，一颗约300公斤重的炸弹在二号炮塔的中心炮筒内爆炸。这次爆炸中有47名水兵不幸丧生，1571人被炸伤，成为20世纪以来军舰史上罕见的灾难。

海事灾害，是指发生在水面上主要与船只有关的水上事故，包括海洋航运事故，近海石油开发及石油运输事故、内河航运事故。造成事故的原因，既有人为过错、操作不当、船只本身不适航，也有自然原因，如恶劣气候或其他自然灾害；还有其他意外原因，如失火、爆炸、搁浅、触礁、碰撞、犯罪分子制造沉船事故等。

据统计，全世界常年拥有100吨以上的商船7万多艘，总吨位达5亿多吨，每年平均沉没或完全损毁不能使用的大型商船230艘左右，损失率占0.3%。20世纪70年代以来，全球每年平均发生油轮事故约300多起，其中20起左右是20万吨级以上超级油轮制造的。中国有1.8万公里的海岸线和4大近海海域，远洋海运也得到迅速发展。我们在利用海洋的同时也付出了沉重的代价。内河航运也发生过不少灾难性的事故。

防范和减免水上事故灾害，除了理顺管理体制，实行严格执法外，还应依靠科学技术，严格检测和报废旧船，加强海洋天气预报，努力提高船员防灾意识和自救素质。

高科技的运用，在防范和减免水上事故灾害中发挥了新的作用。

1982年10月9日，“冈佐”号赛艇在大西洋楠塔基特岛以东海域的狂风巨浪中被打翻，水手威廉斯取出一个小型无线电发射机，按动键钮发出求救信号。

环球航空公司一架民航班机，收到了“冈佐”号的求救信号。根据信号的方位和强度，机上人员只能粗略地判断出“冈佐”号在偏离飞机航线160公里的地方。因此，他们把“冈佐”号的情况通知了美国海岸护卫队营救中心。营救人员发现，在这种恶劣天气下，如果派飞机去找，在浩瀚的洋面上找上几天，也不一定能找到，最好的办法是求助卫星。

救援卫星是一种专门为营救遇险人员而设计发射的人造卫星。由于位置高，向下俯瞰的范围大，而且对同一目标发出的信号，能在不同的轨道位置上进行多次测量，所以能很快发现并确定遇险船只的位置。当天夜里，营救中心向苏联的“宇宙 1383”号救援卫星求助。卫星在 100 万米高空，果然收到了“冈佐”号的求救信号，通过测量、计算、迅速确定了“冈佐”号的准确位置。

第二天早晨，一架“大力神”号飞机前往预定地点侦察，很快发现被暴风巨浪掀翻的赛艇，当飞机降到离目标 150 米时，飞行员看到两个从船舱破洞中伸出的脑袋，几个小时后，救援船只赶到，人们将艇上的 3 名水手都救了上来。

这是救援卫星第一次成功地营救海上遇难人员。继“宇宙 1383”号之后，科学家们又陆续发射了三颗救援卫星。这样，四颗卫星就构成了一个能够搜寻全球的救援系统。无论你从地球的哪个角落发出求救信号，都能得到救援卫星的帮助。

3. 会自我抢救的飞机

1988 年 8 月 23 日，是前西德莱姆斯坦空军基地的开放日。12 时 45 分，美国驻西欧空军第 86 联队的 4 驾 F—16 通过会场上空，拉开了飞行表演的序幕，不幸的是，意大利特技飞行表演队“三色箭”发生了严重事故。在这次灾难中，有 69 人死亡，350 人受重伤，另外至少有 500 人受轻伤。

从 1995 年 1 月至 1997 年 4 月，这短短一段时间内，全球共发生重大空难事故 6 起。其中，1996 年 7 月 17 日，美国环航 800 航班空难伤亡最为惨重，机上 230 人全部遇难，无一生还。

一幕连着一幕的惨剧，让越来越多现代人在享受飞机高速快捷现代化文明同时，心底总有一丝不安的阴影：“空难事故怎么此起彼伏，越来越多呢?”

对此，国外的大飞机制造商和航空专家们近年来不断在各种场合发表同一个观点：其实，从安全的角度考虑，飞机的安全系数是目前现有的各种交通工具中较高的，坐飞机出事的概率甚至比一个人走路摔倒的概率还低。

专家们认为，许多人头脑中“空难事故越来越多”的印象其实是种错觉。随着全球航空事业的飞速发展，现在飞机比几十年前已不知增加了多少。同时，由于空难常常伴随着巨大的人员伤亡和财产损失，空难的事故已成为媒介报道的一大重点。现在无论哪个边远地方有架飞机掉了，第二天这个消息就会传遍全世界。所以，感觉上都觉得人类已被越来越多的空难事故所包围。但事实上，近年来随着各大飞机制造商的努力，飞机的安全系数已有相当程度的加强。而近年来所发生的空难，从已查明的事故原因看80%～90%是人为因素造成的。

据国际民用航空组织报告，全世界定期航班按客运周转量计算，每亿客公里死亡率在20世纪40年代为2.8人，50年代为0.9人，70年代为0.15人，80年代为0.03～0.09人。到1992年底，世界各地拥有客机总数为14600多架，1992年全球发生民航事故82起，死亡1473人，123人受伤。从1950～1993年间，中国民航共发生机毁人亡的空难事故50多起，报废飞机约60架，死亡人数达2000多人，其中20世纪80年代以来，空难事故增多，损失惨重。

航空事故是所有与航空器及航空事业有直接关系且造成航空器、机上人员、第三者直接损害的事件的总称，包括航空器的坠毁、碰撞、被劫持，以及火灾、爆炸、在地面上的被动受灾等。造成航空事故的原因主要有人的原因、机器原因、环境原因、任务原因、火灾及其他原因。航空事故灾害的防范和减免，既要加强和完善管理，又要借助科学技术。

自20世纪60年代兴登堡空难事件发生以后曾用于飞机起飞助燃的氢，由于其极易燃烧的特性而被废弃。然而最近，德国科学家又重新提出将氢作为航空动力燃料的新方案，并研制出了新一代燃氢客机。

科学家们认为，与石油动力燃料相比，氢用作航空燃料，可使飞机具有飞行轻便、续航能力强等优点。飞机在飞行时只在空中留下较少的水蒸气雾化尾迹，燃烧时与氧结合产生水，而不像石油那样燃烧时产生上百种有毒化合物。

该新型燃氢客机与常规机大致相同，只是去掉了原来机身下面的副油箱，而在平坦的机身上面设置了一个庞大的冷冻存储箱。由于氢在－253℃时即可汽化，这就要求氢存储箱应具有耐压和真空密封的特性，以确保飞机的安全，这也是科学家们面临的一个最大难题。

最近一段时期，由于人们逐渐意识到世界石油资源很快耗尽的危机，便将兴趣转移到氢的利用上。氢资源丰富，成本又不高，如该技术开发成功，像加拿大这样水资源丰富、水电站较多的国家，将很快成为全世界重要的资源中心。

由于氢在低温下可以汽化、燃烧，人们非常担心飞机会发生火灾。当飞机发生碰撞事故时，大量的冷冻氢将在瞬间使乘客变成冰人，从而造成严重冻伤。

美军中尉怀特驾机出航的那天，天气晴朗，既没有积雨云，又没有大雾，他放心地操纵着飞机。突然，一个黑乎乎的东西迎面扑来，躲避不及了！一声巨响，发动机停转了。怀特急忙跳伞逃生，飞机则冒着浓烟一头扎到地上。事故检查中，在飞机残骸上发现了带血的鸟羽毛，由此断定是一只老鹰撞毁了飞机。

高速运动的物体具有很大的能量，会产生非常大的力。飞机在高速飞行时，飞鸟与之相撞就会导致机毁人亡的后果。过去认为飞鸟撞上飞机是没有及时躲避，被起降的飞机“吸入”造成的。最近科学家研究后认为是飞机发动机的轰鸣声震聋了鸟儿，聋鸟不知避让造成的。美国每年大约发生 1000 多起飞鸟撞飞机事件。

世界各国对这类事故很重视，研究各种办法防止事故发生，有的改进飞机结构，提高飞机抗撞击性能；有的放烟火、播放猛禽叫声驱逐鸟群。捷克一个机场实行的以鸟治鸟，用猎隼驱逐机场周围的鸟群。现在许多机场都设有先进的声纳系统，利用超声波侦察机场附近的鸟，以便及时采取措施，保障飞机安全。日本的一些大型客机则画上样子十分可怕的眼睛，防止飞鸟撞机，据说这种方法对减少飞鸟撞机的空难事故很有效。

科学研究资料表明：航空事故，除少数是人为破坏或突遇恶劣气候之外，大多数都是飞机材料本身有问题而引发的。一扇窗框因老旧而断裂，发动机内一个小螺钉断裂，机翼断裂都曾造成重大空难。如果飞机的发动机主轴有伤时会自己喊“救命”，如果窗框在“感到疲劳”时会呼救，如果飞机能像人一样在有伤时报警甚至进行自我抢救，不就能避免带伤飞行而防止事故的发生吗?

为了让飞机具有自己的“神经系统”、“肌肉”和“大脑”，科学家们将传输信号神通广大的光导纤维纵横交错地嵌入用高性能复合材料制成的飞机零件中，光导纤维便像“神经”一样可感受到飞机各处的压力，一旦受力超过设计标准，光导纤维就自动断裂，光传输立即中断，这就是事故即将出现的警告。目前，这一设想正在变为现实。为了使飞机能在空中进行自我抢救，科学家注意到了一种奇异的“电流变体”材料。它是一种在电场里发生形态变化的微小液滴。电场强度不同，电流变体可像水一样流动，也可像蜂蜜一样粘稠，还能像骨胶一样固化，而它的这种形态转变能在千分之几秒内实现。将电流变体的奇特性能应用于飞机的制造中，美国的甘迪教授设计了能进行自我抢救的机翼叶片，他把这些肉眼看不真切的微小液滴“埋入”一架直升飞机的水平旋翼的叶片中进行实验。小液滴分布在机翼的各处，一旦遇到强烈的风暴，机内的电脑就会立即发出指令，给小液滴通电。

于是，液体变为固体，机翼的强度大大提高，可避免因强风或剧烈振动所导致的机翼断裂。

随着电流变体、光导纤维及各种复合材料的不断研制、开发，越来越多的可自救的航空航天材料将陆续出现，将它们应用于飞机的制造中，人们的空中旅行将变得越来越安全。

4. 减免高科技事故灾害

1986年1月28日上午11时39分13秒，美国佛罗里达州卡纳维拉尔角的肯尼迪航天中心上空，“轰”的一声巨响，正在拖着白色烟雾向太空爬升的航天飞机“挑战者”号，顷刻之间炸成了一团红白色火雾。在场观看发射的一万多名观众还没有明白过来出了什么事的时候，一场世界载人航天史上最大的机毁人亡的悲剧已经发生，7名机组人员全部遇难死亡。

航天路上坎坷不平，荆棘满地，在科技上取得很大成就时，也发生了不少事故。到“挑战者”爆炸为止，载人航天器发射中发生的严重事故至少9起，死亡人数至少14人。不载人航天器发射中，发生的严重事故就更多了。

1960年10月24日，在前苏联咸海附近的火箭发射场，发生了一次世界上最惨烈的太空武器爆炸大悲剧。在场的前苏联导弹部队司令员涅杰林元帅当场丧生，发射台上的160名前苏联航天科学家也全部遇难。

随着宇航活动的日益发展，太空中产生的垃圾也随之增多，如失效的人造卫星、火箭以及这些人造卫星、火箭破损后产生的碎片，还有宇航员丢落的手套、照相机镜头盖等。据一些学者估计，目前用望远镜、雷达可观测到的约有7000多个，还有许多小型垃圾是从地球观测不到的。据推测，现今太空垃圾总数约300万个，总重量约3000吨，近地轨道上的太空垃圾正在以每年

2%～5%的速度增长。

太空中的垃圾较之地球上的垃圾虽说微不足道，但却不可轻视其带来的灾害，因为它们不是静止的，而是以每秒3～7.5公里的速度绕地球飞行，且运动方向自由不定。因此，与其相撞时产生的相对速度平均为每秒10～15公里。若人造卫星或装有人员的宇宙飞船与太空垃圾相撞，其后果难以想象。因此，太空垃圾是人造卫星、空间站的大敌。

计算机技术的迅猛发展，大大提高了人类处理各种信息的能力，在一定程度上使人获得了解放。作为高科技产业，计算机技术也给人类带来了巨大的经济效益。但计算机事故也就接踵而来，计算机病毒的扩散和传染以及其他计算机犯罪活动日益增多。

计算机病毒是一种人为制造的隐藏在计算机中具有极强破坏力和传染力的计算程序和密码。它犹如病原体可以从一个计算机传染到另一个计算机，并能反复增殖，慢慢腐蚀计算机的记忆部分。

计算机病毒的侵扰，被列为21世纪国际恐怖活动的五种新式武器之一。据公安部统计，我国至今已发现十几种病毒，其中主要有7种，均为国外传入，并且正在扩散。这7种病毒是："小球病毒"，发作时，使计算机屏幕突然出现不停顿的小圆白点，破坏屏幕的正常显示；"大麻病毒"，一种潜伏性、传染性和破坏性都很大的恶性病毒；"巴基斯坦病毒"，一种老资格的计算机病毒；"黑色星期五病毒"，一种定时病毒，在13日和星期五重合时发作；"雨点病毒"，发作时屏幕上如同下雨，破坏显示内容；"维也纳病毒"，出自联邦德国汉堡市一个计算机俱乐部；"音乐病毒"，表现症状是演奏音乐，在每当17点时，奏出音乐，使内存文件发生混乱。

在我国，已有人在利用计算机病毒危害社会，这引起我国计算机界的普遍关注，国务院明确指示，由公安部统一归口领导，有组织、有领导地开展病毒防治工作。

电脑病毒大灾终究没有发生，人们除了庆幸和宽慰外，更多的是在思考怎样防治电脑病毒。目前治疗电脑病毒的有效方法是使用“疫苗”程序。这是具有发现、治疗、修复功能的程序。在美国，用以治疗苹果机病毒的“疫苗”程序就有6种。在法国、荷兰等国已有“攻击”病毒的软件磁盘出售。英国的某些公司采用计策避开病毒侵袭。比如，当知道星期五要发生电脑病毒“感染”，就可编制程序将存档日期从星期四直接“过渡”到星期六，躲过令人心悸的星期五。此外，作为预防手段，应该把重要的程序和数据定期复制并存放起来，万一受到病毒破坏也不致丢失。不要胡乱利用电子邮件来传递及使用来历不明的程序，这点也很重要。

工业机器人在日、美等应用已相当普遍。机器人不仅带来一些工伤事故，还造成失业问题，与机器人一道工作的工人往往也感到难以赶上机器人的工作速度。据认为，有些新的职业病与机器人有关，日本已出现了称为“机器人医守”的教育课程。国际劳动办公室的一份报告说：“一般来说，技术革新把人们从体力劳动解脱出来时，也可能造成人们的心理负担。”

这个设在瑞士的机构提出了安全使用工业机器人的一套规则。强调机器人只能是人类的助手，不得侵害人类利益。该规则旨在防止工业机器人对人类造成的人身伤害和心理负担。其要点是：①机器人必须是为人们的良好生存作贡献而制造和使用的；②机器人只能做人们不愿做或感到危险的工作，不得在人们喜欢的工作中取代他们；③机器人必须服从人类，不得在心理和生理上欺凌他们；④机器人必须易于操作，这样才能是人们的助手。

目前，全世界已经建成438座核电反应堆，发电量占全球总发电量的17%。然而核电站在生产、运行过程中会产生废气、废液和固体废物，若处理不当，核废料发生泄漏辐射，将会像瘟疫一样危害所有生物的性命和自然环境。

长期以来，西方核工业国家通常将核废料进行“地葬”或“海葬”。以大西洋北部作为核“墓地”的国家占第一位的是英国，它倒入该区地下或海底的核废料约占总数的77.5%。在太平洋地区，核废料抛弃量以美国为最。俄罗斯当局现在承认，在过去30多年时间里，前苏联各种军用或民用核设备产生的大量放射性废料先后在三个地方埋入地下，一部分倾倒在北极海域的巴伦支海、白海及卡拉海的浅水区。客观地说，上述国家在“地葬”或“海葬”核废料时，已尽可能地采取了防卫措施。然而，由于哪怕是低度放射性的核废料，也要经过500～600年才能完成衰变，因此如果发生地质变动、自然灾害或人为原因，埋入地下或投入海底的核废料在将来发生泄漏的可能性依然存在，而其后果也将不堪设想。

原子时代的核事故层出不穷。在过去40年内，至少发生了20次重大核事故，造成巨大的人员伤亡和财产损失。

让我们看看两个实例：

1986年4月26日清晨，位于乌克兰基辅北面大约130公里的切尔诺贝利核电站反应堆熔化燃烧，保护壳爆炸。当场死亡2人，204人受到辐射损伤。220万人的居住区受污染，13.5万人被迫疏散。放射性物质在欧洲上空至少漂浮三周。至1990年初，死亡人数达237人。至1995年底，在参加切尔诺贝利核电站事故抢险工作的20万俄罗斯人中，有6000人已经死亡或成为残废。这次事故还造成俄罗斯6万平方公里土地受到核污染，波及人口近300万，其中包括60多万名儿童。在近300平方公里污染最严重的地区，农田大片荒芜，居民背井离乡。出事点附近地区繁衍一种巨蛙，重达15公斤左右，足以踩死小孩，其繁殖速度之快几乎失控，并在迅速向亚欧两洲蔓延。据一些科学家说，在农场中还有许多畸型动物出生，包括八条腿和无眼的家畜等。

在1982年，日本茨城县东海村建起了一座年处理能力为90吨的核废料处理工厂，目的是回收、提炼废料中的铀或钚，再投入使用。处理过程的第一步是先将液体核废料与沥青混合、固化。在进行这道工序时，为防止射线对人体的伤害，固体车间全部实行无人自动化作业，操作人员都在防辐射的铅化玻璃墙后面操作机器，通过电视屏幕监视机器的运转情况。1997年3月11日上午10时，电视屏幕显示沥青填充室突然冒出了浓烈的白烟，接着燃起了大火。自动喷水灭火装置启动，仅用10分钟便扑灭了大火。半小时后，作业恢复正常，但隐患并未排除。晚8时，一声巨响，固化机器发生了爆炸。顿时，车间里被炸得一片狼藉，玻璃几乎全部震碎，经检测，有近40名操作人员在这次火灾和爆炸事故中遭到微量的核辐射。

事故发生后，日本核反应堆核燃料开发事业团组成了调查小组，开始调查事故原因。根据灭火操作规程，沥青填充室着火时，要先停止向室内送风，然后再喷水灭火。但实际上操作人员并未停止送风，只是启动喷水装置灭火，结果造成机器排气口的过滤器孔被水和烟的混合物堵塞，这便成了后来发生爆炸的直接原因。消息传出，舆论大哗。日本各级官员围绕此事作了一连串的道歉，首相也在国会向国民道歉。接着，技术部门反复强调，这次事故造成的危害很小，现场受害人员遭辐射剂量远远低于警戒线，对周围环境几乎没有造成污染。

核设施发生事故着火以后，如何扑灭火灾，是讲究科学方法的。自20世纪50年代中期开始建立核电厂以来，全世界共发生过3次严重事故。其中，1979年美国费城三哩岛上的核反应堆过热，幸未起火，其余两次均引发了火灾：一次是1957年发生在英国的温斯坎尔，另一次则于1986年4月发生于乌克兰的切尔诺贝利。核反应堆起火并不会像核弹般爆炸，不过，一连串小规模的爆炸以及火灾都会破坏反应堆，泄漏大量有害的辐射物质。在扑灭温斯坎尔核电厂的反应堆火灾时，灭火人员先向火焰喷射二氧化碳，希望火因缺氧而熄灭，但收效不大。他们本不想用水灭火，怕水和燃烧的石墨起化学反应，生成氢引起爆炸，但在最后他们决定冒险一试，用消防水龙带把反应堆注满水，结果大火熄灭了，然而大量辐射已经泄漏，反应堆受严重破坏，后用混凝土覆盖不再使用。

切尔诺贝利的火灾比此凶险得多，反应堆被烧通了顶，除了用水灭火外，还运用了直升机灭火。一支直升机队运来5000吨干沙，从空中倒入反应堆。干沙中混入碳化硼，用以吸收中子，防止反应堆再次爆炸。他们还把铅倒入反应堆，铅在熔化过程中吸收热量，冷却凝固后，又可封闭反应堆。此外，又倒入石灰，以产生二氧化碳气体，笼罩住反应堆的核心，防止再度起火。经过直升机队两周的努力，大火终于扑灭，再没有辐射泄漏出来。当辐射量下降后，当局在反应堆周围建造了一个厚逾1米的混凝土外壳，把反应堆永久封藏了。

某些热带树木能吸收核废料及净化工业污水。例如，一种叫马钱子的树木种籽，即可吸收像铀这类放射性元素以及镉这类有毒金属。马钱子多生长在印度、斯里兰卡和缅甸等地，当地居民常用它来净化饮用水。科学家研究发现，这类树木的种籽吸收金属的能力是自身重量的20～25倍，原因在于种籽内含有一种特殊的蛋白质。专家们希望能破译这种蛋白质的密码，以便应用于工业生产。

1984年诺贝尔物理学奖获得者卡洛斯·鲁比阿与欧洲核研究组织的科学家，经过3年的探索提出了一份无核废料核电站的设计。欧洲核研究组织官方代表在日内瓦向新闻界吹风说，这种未来的新型核电站由两部分组成——基本粒子加速器和反应堆。加速器驱赶和加速质子，质子进入充满由众多小长方条钍围绕铅的反应堆里。质子轰击铅，击出中子流，中子流猛击钍并释放出能量。铅被加热到700℃，热能被转换成电能。这种核电站的最大特点是不用铀，因而它的废物放射性也小得多，此外，反应堆中的中子流还可“烧掉”废弃物。因此，这种核电站可称为“自我清洁核电站”。

以色列希柏莱大学核科学家拉德考斯基发明了用钍取代铀的核发电技术，这样不仅大大降低了核电成本，而且增加了核能利用的安全性。钍的藏量比铀丰富，也容易开采，拉德考斯基的发明属世界首创。他说，用钍来取代铀作燃料，可使核发电成本减少20%～30%，从技术角度讲，钍反应堆规格与常规反应堆一致，因此设备更换不成问题。使用钍反应堆解决了一个长期困扰核电国家的核废料处理难题。核废料处理成本高，而钍反应堆则大大减少了废料，且没有放射性危害。再者，钍反应堆可以消除核武器扩散的危险。目前世界上共有400多个铀反应堆，每年生产出70吨铀的副产品——钚，它可被用于制造核武器，用钍替代铀作燃料后就可消除这个忧患。据《耶路撒冷邮报》报道，美国专利局已给拉德考斯基颁发了专利证书，日本和俄罗斯政府也认可了这种新技术，拉德考斯基在美政府资助下目前正在莫斯科一个研究所修建第一座钍反应堆，预计1999年完工。拉氏已向国际原子能机构提出申请，希望将来向世界各核电国家推广这种新型反应堆。

核设施，特别是目前较多的军事核设施，要完全避免事故的发生是不可能的。怎样防灾减灾，成了科技人员关注的研究课题。

防护门是国防工程的屏障，它的抗力大小，直接影响到工事内部、人员、武器等破坏和伤亡程度。有了坚固的防护门，在遭受核打击或发生核事故时，方能最大限度地减少伤亡和损失。我国科技人员开展了《新型防护门及其优化设计》的研究。

科研组根据近区爆炸冲击波具有峰值高、衰减快的特点，首次提出了吸能加堵截的塑性大变形理论的设计思想，跳出了国内外专家普遍采用的弹性大小变形理论的圈子，把防护门抗力提高了近8倍。又经过不断的完善与改进，使新型防护门及其优化设计达到了国际领先水平。最近通过的五级评审和部级鉴定，一致认为“原子弹遇上了克星”。这种防护门对减免核事故所造成的损失也将起到非常积极的作用。

1995年5月15日，新华社向世界宣布，我国第一个核武器研制基地已全面退役。位于青海省海晏县西北部的“原子城”，如今已取名西海镇，成了海北藏族自治州的新首府。初到“原子城”，除了神秘感外人们最关心的莫过于对核污染的担心。深入昔日核基地的各分厂“探秘”，只见荒废的混凝土掩体上，成群的牛羊在悠闲地吃草；昔日的试验场，如今成了百灵鸟的乐园，甚至可以在草丛中发现鸟儿正在孵卵；20米见方的放射性污染物填埋堆上，已长出茵茵绿草。州医院的苏院长说，他到这儿已经3年多了，没有从就诊者中发现任何异常患者。州妇幼保健站的卢军大夫说，两年来这里诞生了80多名新生儿，全都健康活泼。祁连山小学前不久对518名学生作了体检，身高、视力、心肺、身体素质等各项指标均反应正常。这里的牧民平均寿命64岁，没有人得过疑难杂病。

加强防范意识，依靠科学技术，各种事故灾害，包括高科技事故灾害是能够减免的。

主要参考书目

(1)[英]P·哈特曼-彼德林等编著,李敬等译:《科学词典》,化学工业出版社,1989年11月

(2)《求是》杂志社政治理论部:《中国国情大全》,学苑出版社,1990年

(3)孟昭华等:《中国灾荒辞典》,黑龙江科技出版社,1989年

(4)民政部救灾司编:《中国救灾年鉴》,人民出版社,1990年

(5)郑功成著:《中国灾情论》,湖南出版社,1994年12月

(6)郑功成著:《中国救灾保险通论》,湖南出版社,1994年6月

(7)杜一主编:《灾害与灾害经济》,中国城市经济出版社,1988年

(8)马宗晋等编:《自然灾害与减灾600问答》,地震出版社,1990年

(9)李文海等著:《中国近代十大灾荒》,上海人民出版社,1994年12月

(10)梁必骐主编:《广东的自然灾害》,广东人民出版社,1993年12月

(11)田禾等著:《中国社会保障学概论》,西南财大出版社,1992年

(12)潘永祥主编:《自然科学发展简史》,北京大学出版社,1984年

(13)赵显明等编著:《科技五千年》,红旗出版社,1997年

(14)宋健主编:《现代科学技术基础知识》,科学出版社与中共中央党校出版社,1994年

(15)刘文超主编:《现代科学技术教程》,天津科学技术出版社,1988年

图书在版编目（CIP）数据

科技与防灾减灾／张伟超著．—3版．—太原：山西教育出版社，2012.1
（科学前沿丛书/甘师俊，陈久金主编）
ISBN 978-7-5440-5059-3

Ⅰ．①科…　Ⅱ．①张…　Ⅲ．①自然灾害-灾害防治-普及读物
Ⅳ．①X43-49

中国版本图书馆CIP数据核字（2011）第182439号

科技与防灾减灾

KE JI YU FANG ZAI JIAN ZAI

责任编辑　郭志强
复　　审　薛海斌
终　　审　刘立平
装帧设计　王耀斌
印装监制　贾永胜

出版发行　山西出版传媒集团·山西教育出版社
（太原市水西门街馒头巷7号　电话:0351-4035711　邮编:030002）
印　　装　山西人民印刷有限责任公司
开　　本　850×1168　1/32
印　　张　8.75
字　　数　214千字
版　　次　2012年1月第3版　2012年1月山西第1次印刷
书　　号　ISBN　978-7-5440-5059-3
定　　价　17.00元